O PRINCÍPIO CONSTITUCIONAL DA DIGNIDADE DA PESSOA HUMANA

www.saraivaeducacao.com.br
Visite nossa página

Ricardo Maurício Freire Soares

O PRINCÍPIO CONSTITUCIONAL DA DIGNIDADE DA PESSOA HUMANA

2ª edição

saraiva jur

saraiva EDUCAÇÃO | saraiva jur

Av. Paulista, 901, Edifício CYK, 4º andar
Bela Vista – São Paulo – SP – CEP 01310-100

SAC sac.sets@saraivaeducacao.com.br

Diretoria executiva	Flávia Alves Bravin
Diretoria editorial	Ana Paula Santos Matos
Gerência de produção e projetos	Fernando Penteado
Gerência de conteúdo e aquisições	Thais Cassoli Reato Cézar
Gerência editorial	Livia Céspedes
Novos projetos	Aline Darcy Flôr de Souza Dalila Costa de Oliveira
Edição	Samantha Rangel Ana Carolina Gomes
Design e produção	Jeferson Costa da Silva (coord.) Rosana Peroni Fazolari Camilla Felix Cianelli Chaves Lais Soriano Tiago Dela Rosa
Planejamento e projetos	Cintia Aparecida dos Santos Daniela Maria Chaves Carvalho Emily Larissa Ferreira da Silva Kelli Priscila Pinto
Diagramação	Adriana Aguiar
Revisão	Daniela Georgeto
Capa	Lais Soriano
Produção gráfica	Marli Rampim Sergio Luiz Pereira Lopes
Impressão e acabamento	

DADOS INTERNACIONAIS DE CATALOGAÇÃO NA PUBLICAÇÃO (CIP)
DE ACORDO COM ISBD
VAGNER RODOLFO DA SILVA – CRB-8/9410

S676p Soares, Ricardo Maurício Freire

O princípio constitucional da dignidade da pessoa humana / Ricardo Maurício Freire Soares. – 2. ed. – São Paulo : SaraivaJur 2024.

232 p.

ISBN: 978-65-5362-506-8 (impresso)

1. Direito. 2. Direitos humanos. 3. Dignidade da pessoa humana. 4. Princípio constitucional. I. Título.

2023-2198 CDD 341.4 CDU 341.4

Índices para catálogo sistemático:

1. Direitos humanos 341.4
2. Direitos humanos 341.4

Data de fechamento da edição: 15-9-2023

Dúvidas? Acesse www.saraivaeducacao.com.br

CÓD. OBRA 2585 CL 608229 CAE 819933

Agradecimento

À minha querida mãe, Maria Lúcia, pelo amor infinito e pelo exemplo moral que oferece diuturnamente a mim.

"Não te dei, ó Adão, nem rosto, nem um lugar que te seja próprio, nem qualquer dom particular, para que teu rosto, teu lugar e teus dons, os desejes, os conquistes e sejas tu mesmo a possuí-los. Encerra a natureza outras espécies em leis por mim estabelecidas. Mas tu, que não conheces qualquer limite, só mercê do teu arbítrio, em cujas mãos te coloquei, te defines a ti próprio. Coloquei-te no centro do mundo, para que melhor possas contemplar o que o mundo contém.

Não te fiz nem celeste nem terrestre, nem mortal nem imortal, para que tu, livremente, tal como um bom pintor ou um hábil escultor, dês acabamento à forma que te é própria."

(Pico della Mirandola)

"Quase nada há de justo ou injusto que não mude de natureza com a mudança de clima. Três graus de altura popular revolucionam toda a jurisprudência. Um meridiano decide sobre a verdade. Após alguns anos de posse, alteram-se leis fundamentais. O Direito tem as suas épocas. Divertida justiça esta que um rio ou uma montanha baliza. Verdade aquém, erro além Pirineus."

(Blaise Pascal)

Prefácio

Já faz algum tempo que venho acompanhando os estudos e as pesquisas do jovem professor Ricardo Maurício Freire Soares. Sempre demonstrando interesse e entusiasmo, Ricardo Maurício foi meu aluno no curso de Doutorado em Direito Público, do Programa de Pós-graduação da Faculdade de Direito da Universidade Federal da Bahia, na disciplina "Teoria da Constituição", ocasião em que tive a feliz oportunidade de perceber, em meio aos trabalhos de curso, aos debates e reflexões construídas em sala de aula, o seu elevado nível de conhecimento teórico, seu compromisso com a investigação científica e sua humildade intelectual diante dos pontos de vista divergentes.

Mais recentemente, fui honrado pelo ensejo de integrar a banca examinadora composta para julgar a sua tese final do curso de Doutorado. Confesso que, já sem me surpreender mais com a capacidade acadêmica do professor Ricardo Maurício, pois já a conhecia, impressionei-me com a defesa de sua tese e a forma sincera, expedita e convincente de sustentar suas ideias. Em defesa marcada pela emoção do jovem professor examinando, que contagiou a todos os presentes, o seu pensamento jurídico se notabilizou pela constante preocupação com os valores e sentimentos de justiça e a realização de um direito justo.

Muitas daquelas considerações, eloquentemente sustentadas, estão inseridas neste livro, que ora vem a lume por meio da festejada Editora Saraiva.

Na presente obra, o professor Ricardo Maurício, após descrever as várias concepções e teorias acerca do Direito, defende a necessidade de trazer para o debate jurídico a discussão em torno da legitimidade do Direito, como forma de concretizar um direito justo. Em suas próprias palavras, "o direito justo é, portanto, o sinônimo de direito legítimo, porque capaz de espelhar, num dado tempo e espaço, os valores tendentes à concretização da justiça na comunidade humana".

Esclarece, na senda de autores como John Rawls (*A theory of justice*), Ronald Dworkin (*Taking rights seriously*) e Robert Alexy (*Teoría de los derechos fundamentales*), que a partir da segunda metade do século XX, sobretudo em razão dos horrores ocorridos na 2ª Grande Guerra Mundial e da barbárie promovida sob o amparo da legalidade, surge uma corrente de pensamento – o pós-positivismo –, que procura resgatar a importância dos valores e a necessidade de reaproximar o direito da ética, da moral, da justiça e da filosofia. Nesse contexto, sublinha o autor que o Direito, para ser válido, precisa mostrar-se justo. E isso ocorre quando, para além de adequarem-se as normas jurídicas aos imperativos formais de seu processo legislativo, devem fundamentar-se em uma ordem axiológica justa, concebida a partir do princípio da dignidade da pessoa humana.

Efetivamente, com a superação histórica do jusnaturalismo – importante doutrina integrada por adeptos do direito natural e que foi injustamente acusada de metafísica e anticientífica em razão de suas ideias universais de justiça e moral – deu-se a ascensão, no final do século XIX, a uma nova corrente do pensamento jurídico, conhecida como positivismo jurídico, que dominou toda a segunda metade do século XX, pregando a necessidade de segurança jurídica e objetividade científica, discurso com o qual defendeu a equiparação do Direito à lei, separando-o de qualquer debate associado à sua legitimidade e aos seus fundamentos axiológicos.

Para o positivismo jurídico, o Direito se fundamenta exclusivamente na lei, sendo a norma legal a sua única fonte de produção; ademais, não interessa ao positivismo jurídico se a lei é justa e moral, mas se ela é válida em confronto com a norma superior que estabelece o seu processo formal de elaboração. A doutrina juspositivista, contudo, permaneceu inquestionável entre nós até meados do século XX, ocasião em que se originou, na Europa, um novo pensamento jurídico, alicerçado no sentimento e na consciência geral da importância dos valores da pessoa humana, voltado a reconhecer a supremacia material e axiológica da Constituição, cujo conteúdo, dotado de força normativa e expansiva, passou a condicionar a validade e a compreensão de todo o Direito e a estabelecer deveres de atuação para os órgãos de direção política.

Esse pensamento, que recebeu a sugestiva denominação de neoconstitucionalismo, proporcionou o florescimento de um novo paradigma jurídico, o Estado Constitucional de Direito, fundado na Constituição e nos valores mais caros à humanidade, com a superação do Estado Legalista e Formalista e de todas as suas formas de compreensão e aplicação do Direito, que se assentava na ideia de lei desprovida de qualquer conteúdo ético e de justiça.

Sob o domínio do Estado Constitucional de Direito, mudanças significativas ocorreram nos fundamentos científicos do próprio Direito, entre as quais se sobressaem a importância dos direitos humanos, que também assumem a condição de parâmetros axiológicos de controle dos atos do Estado e do indivíduo; o resgate da autoridade e prestígio dos valores (como a dignidade da pessoa humana, justiça, liberdade e igualdade) e a atribuição de força normativa aos princípios constitucionais, que provocaram a passagem das Constituições contemporâneas da periferia para o centro dos sistemas jurídicos, operando a submissão de toda ordem jurídica à Constituição. Esse conjunto amplo de alterações provocou a releitura de diversos institutos e temas jurídicos e a modificação de determinados conceitos, com a queda de certos dogmas outrora inatingíveis.

Enfim, o presente trabalho, sem perder as características da objetividade, completude e precisão, reflete as preocupações do autor relativamente à necessidade de investigar a legitimidade do Direito com vistas a realizar um direito justo, a partir de uma leitura moral e ética das normas jurídicas.

O professor Ricardo Maurício, que me deu a alegria de prefaciar o seu livro, revelou grande domínio e conhecimento sobre o tema, que logrou discorrer com tanta simplicidade e altivez, mostrando um incomparável talento, já conhecido de todos, e o seu compromisso, como pessoa e profissional, com os valores mais caros e elevados num Estado Democrático.

O presente livro é trabalho que se recomenda e que deve fazer parte das leituras e lições cotidianas dos estudantes, professores e operadores do Direito!

Estão de parabéns o professor Ricardo Maurício e a Editora Saraiva pela parceria e união que ora celebram, em contribuição para o estudo científico do Direito.

Todos nós agradecemos.

Salvador, setembro de 2008.

Dirley da Cunha Júnior

Doutor em Direito Constitucional pela PUCSP. Mestre em Direito pela UFBA. Professor de Direito Constitucional no Curso de Graduação, Mestrado e Doutorado da UFBA, da UCSAL e da Faculdade Baiana de Direito. Conferencista e autor de diversas obras jurídicas. Juiz Federal na Bahia.

Índice

Introdução

A presente obra trata do discurso constitucional da dignidade da pessoa humana, como proposta de concretização do direito justo no pós-positivismo brasileiro.

O problema que norteou a pesquisa pode ser expresso por meio do seguinte questionamento: como se pode, no atual momento evolutivo da experiência jurídica brasileira, diante das inconsistências do jusnaturalismo e juspositivismo, fundamentar e operacionalizar uma proposta de direito justo?

Ao se deparar com o referido problema, formulou-se a seguinte hipótese de investigação científica: o princípio constitucional da dignidade da pessoa oferece o embasamento axiológico para a concretização do direito justo no sistema jurídico pátrio.

A escolha do tema justifica-se plenamente pelas seguintes razões: teórica, prática e social.

Em primeiro lugar, destaca-se sua relevância teórica, visto que a dignidade da pessoa humana figura hoje como o centro de um novo paradigma de compreensão e aplicação do Direito, chamado de pós-positivismo jurídico, desafiando o labor doutrinário de inúmeros juristas.

No que se refere à importância prática, não há negar o uso do discurso constitucional da dignidade da pessoa humana pela jurisprudência nacional, sendo constantemente invocada para, no âmbito das relações processuais, solucionar os conflitos de interesse entre agentes públicos e privados.

A seu turno, a relevância social pode ser vislumbrada com nitidez, à medida que a correta delimitação do sentido ético-jurídico do princípio da dignidade da pessoa humana figura como pressuposto para a materialização dos direitos fundamentais dos cidadãos, em suas dimensões individuais, sociais e difusas.

No desenvolvimento dessa investigação científica, utilizou-se o marco teórico do pós-positivismo jurídico, que simboliza a superação das correntes jusnaturalista e positivista para a fundamentação e legitimação do direito justo.

Decerto, o problema da legitimidade de um direito justo costuma ser vislumbrado ora como a procura de uma estrutura universal e racional que legitima o direito, ora como um sentimento subjetivo, irracional e, portanto, incognoscível.

A busca de uma estrutura universal e racional para o direito justo encontra a sua expressão mais emblemática no jusnaturalismo, ao oferecer o direito natural como a fórmula perene e imutável de justiça, subordinando a validade à legitimidade da ordem jurídica.

A doutrina do direito natural ofereceu diversos fundamentos para a compreensão de um direito justo ao longo da história do Ocidente: o jusnaturalismo cosmológico, vigente na Antiguidade Clássica; o jusnaturalismo teológico, surgido na Idade Média, tendo como fundamento jurídico a ideia da divindade; o jusnaturalismo racionalista, surgido no seio das revoluções liberais burguesas, tendo como fundamento a razão humana universal; o jusnaturalismo contemporâneo que enraíza a justiça no plano histórico-social de cada cultura humana.

Embora o jusnaturalismo permita uma reflexão sobre os valores jurídicos, abrindo espaço para a discussão sobre a justiça e sobre os critérios de edificação de um direito justo, a doutrina jusnaturalista é, ao mesmo tempo, criticada por confundir os planos do ser e do dever ser, pressupor a justiça como uma estimativa a-histórica e identificar os atributos normativos da validade e legitimidade, ao afirmar que a norma jurídica vale se for justa, o que compromete as exigências de ordem e segurança jurídica.

De outro lado, a procura por um direito justo num sentimento subjetivo e arbitrário costuma ser o caminho percorrido pelas variadas manifestações de positivismo jurídico, ao rejeitar o debate racional sobre a justiça, subordinando o problema da legitimidade à validade normativa. A concepção do positivismo jurídico nasce quando o direito positivo passa a ser considerado direito no sentido próprio, ocorrendo a redução de todo o direito a direito positivo, com a exclusão do direito natural da categoria ontológica de juridicidade.

Sucede, contudo, que o positivismo jurídico, em suas mais diversas manifestações – legalista, lógico e funcionalista –, revela propostas limitadas e insatisfatórias, porque a identificação entre direito positivo e direito justo e a excessiva formalização da validez normativa não propiciam uma compreensão mais adequada das íntimas relações entre direito, legitimidade e justiça.

O positivismo legalista desemboca numa ideologia conservadora que ora identifica a legalidade com o valor-fim da justiça, em face da crença na divindade do legislador, ora concebe a ordem positivada pelo sistema normativo como valor-meio suficiente para a realização de um direito justo.

Por sua vez, o positivismo lógico da Teoria Pura do Direito abdica o tratamento racional do problema da justiça, ao afastar quaisquer considerações fáticas e, sobretudo, valorativas do plano da Ciência Jurídica, de molde a assegurar os votos de castidade axiológica do jurista. A busca do direito justo passa a depender das inclinações político-ideológicas de cada indivíduo, relegando ao campo do cepticismo e do relativismo a compreensão do direito justo.

Outrossim, o positivismo funcionalista, em nome da operacionalidade autopoiética do direito, sustenta que a legitimidade das normas figura como uma ilusão funcionalmente necessária, apresentando-se o direito justo como uma fórmula de contingência que não afeta a autonomia sistêmica, o que torna irrelevante uma teoria da justiça como critério exterior ou superior do sistema jurídico.

Com a crise da modernidade jurídica, oportuniza-se o surgimento de um direito plural, reflexivo, prospectivo, discursivo e relativo, abrindo margem para a emergência de um conjunto amplo e difuso de reflexões acerca da função e interpretação do Direito, que costuma ser definido como pós-positivismo jurídico.

O movimento pós-positivista, como movimento que busca superar a dicotomia jusnaturalismo x positivismo jurídico, reintroduz as noções de justiça e legitimidade para a compreensão axiológica e teleológica do sistema jurídico, fundamentando e legitimando um novo significado para o direito justo.

Com efeito, os reflexos do pós-positivismo jurídico podem ser verificados em vários campos da Ciência do Direito, descortinando novas possibilidades de realização do direito justo. Para os fins do presente trabalho, importa destacar os contributos do movimento pós-positivista nos seguintes campos: o delineamento de uma nova hermenêutica jurídica; a transição do pensamento sistemático para o pensamento tópico; a desformalização da lógica jurídica; e a valorização da principiologia jurídica.

No tocante a esse último aspecto, o movimento pós-positivista permite a superação do reducionismo do fenômeno jurídico a um sistema formal e fechado de regras legais, abrindo margem para o tratamento axiológico do direito e a utilização efetiva dos princípios jurídicos como espécies normativas que corporificam valores e finalidades sociais.

O pós-positivismo, baseado no uso dos princípios, oferece um instrumental metodológico mais compatível com o funcionamento dos sistemas jurídicos contemporâneos, a fim de harmonizar legalidade com legitimidade e reafirmar os laços éticos privilegiados entre o direito e a moralidade social.

Sendo assim, a consolidação de um paradigma pós-positivista passou a formular novas propostas de compreensão do significado de um direito justo, buscando compatibilizar as exigências de validade e legitimidade da ordem jurídica, mediante o delineamento de variadas alternativas teóricas, com destaque, dentro do paradigma neoconstitucionalista, para a valorização do princípio constitucional da dignidade da pessoa humana, como alternativa de fundamentação e legitimação das opções hermenêuticas e decisórias.

As diversas concepções neoconstitucionalistas convergem para o entendimento de que o Direito é um constructo axiológico e teleológico, que impõe a compreensão e aplicação de princípios jurídicos, especialmente aqueles de natureza constitucional, de modo a potencializar a realização da justiça, o que se manifesta plenamente com a aplicação do princípio constitucional da dignidade da pessoa humana.

A dignidade da pessoa humana, antes mesmo de seu reconhecimento jurídico nas Declarações Internacionais de Direito e nas Constituições de diversos países, figura como um valor, que brota da própria experiência axiológica de cada cultura humana, submetida aos influxos do tempo e do espaço.

A proclamação da normatividade do princípio da dignidade da pessoa humana, na maioria das Declarações Internacionais e Constituições contemporâneas, conduziu ao reconhecimento dos princípios como normas basilares de todo o sistema jurídico, afastando-se a concepção de programaticidade, que justificava a neutralização da eficácia dos valores e fins norteadores dos sistemas constitucionais.

No ordenamento jurídico brasileiro, o princípio constitucional da dignidade da pessoa humana se desdobra em inúmeros outros princípios e regras constitucionais, conformando um arcabouço de valores e finalidades a ser realizadas pelo Estado e pela sociedade civil, como forma de concretizar a multiplicidade de direitos fundamentais, expressos ou implícitos, da Carta Magna brasileira e, por conseguinte, da normatividade infraconstitucional derivada.

Pode-se afirmar que o princípio ético-jurídico da dignidade da pessoa humana importa o reconhecimento e tutela de um espaço de integridade físico-moral a ser assegurado a todas as pessoas por sua existência ontológica no mundo, relacionando-se tanto com a manutenção das condições materiais de subsistência quanto com a preservação dos valores espirituais de um indivíduo que sente, pensa e interage com o universo circundante.

Esse princípio da dignidade da pessoa humana permite reconstruir o modo de compreensão e aplicação dos direitos fundamentais no sistema jurídico brasileiro, potencializando a realização da justiça ao oportunizar: a aceitação da aplicabilidade direta e imediata dos direitos fundamentais; o reconhecimento da fundamentalidade dos direitos sociais de cunho prestacional; a inadequação dos conceitos de "reserva do possível" no constitucionalismo brasileiro; a aceitação da ideia de vedação ao retrocesso no campo dos direitos fundamentais; e a recusa à hipertrofia da função simbólica dos direitos fundamentais.

Com base também no paradigma do pós-positivismo jurídico, o exame do sentido e alcance da cláusula do *due process of law*, em suas acepções procedimental e substantiva, não pode ser apartado da investigação sobre o significado ético-jurídico do princípio da dignidade da pessoa humana, porquanto o devido processo legal se afigura como uma das projeções principiológicas da cláusula mais genérica da dignidade humana, despontando como o instrumento capaz de materializar e tutelar o respeito à existência digna, como síntese da totalidade dos direitos fundamentais dos cidadãos.

O objetivo geral da obra foi demonstrar que o princípio constitucional da dignidade da pessoa humana instaura um marco axiológico que permite a concretização do direito justo no pós-positivismo brasileiro.

Os objetivos específicos do trabalho foram: evidenciar os limites das fundamentações jusnaturalista e positivista do direito justo; descrever os caracteres do pós-positivismo jurídico como movimento de superação da dicotomia jusnaturalismo x juspositivismo; elucidar as transformações paradigmáticas geradas no pensamento jurídico pelo movimento pós-positivista; evidenciar a relevância teórica e prática dos princípios jurídicos no contexto pós-positivista; destacar a centralidade do princípio da dignidade da pessoa humana no neoconstitucionalismo ocidental e brasileiro; descrever os caracteres, as funções, os efeitos do princípio constitucional da dignidade da pessoa humana; demonstrar a conexão desse princípio constitucional com uma nova teoria dos direitos fundamentais e com uma visão substancial do devido processo legal no Estado Democrático de Direito.

A metodologia aplicada à presente obra apresentou caráter exploratório, objetivando-se descrever o problema colocado para a investigação científica e refletir criticamente sobre ele.

A coleta de dados, propiciada por sucessivas pesquisas documentais e bibliográficas, foi baseada tanto em fontes primárias (*v.g.*, Constituição Federal de 1988, legislação infraconstitucional, declarações de direito internacional, livros, periódicos especializados e jurisprudência) quanto em fontes secundárias (*e.g.*, relatos de entrevistas, participação em eventos técnico-científicos).

Daí resultou o presente trabalho, estruturado em nove capítulos: o primeiro capítulo aborda o significado de um direito justo, como reflexo da própria essência axiológica do fenômeno jurídico, que reclama, por conseguinte, a conciliação entre os atributos normativos da validade e da legitimidade da ordem jurídica.

O segundo capítulo expõe as variações históricas sobre a justiça oferecidas pelo movimento jusnaturalista, que, em suas variegadas manifestações doutrinárias, identifica o direito natural com o direito justo.

O terceiro capítulo buscou elucidar o tratamento dado pelo juspositivismo legalista, lógico e funcionalista ao problema da justiça, demonstrando como, em nome da ordem e da segurança jurídica, o direito justo é reduzido à condição de direito positivo.

No quarto capítulo, considerando o contexto mais amplo da crise da modernidade jurídica, delinearam-se os aspectos que caracterizam o pós-positivismo jurídico, enquanto paradigma emergente de fundamentação e legitimação do direito justo.

O quinto capítulo descreve as mudanças paradigmáticas promovidas pelo pós-positivismo jurídico, que descortinam novas tendências para um direito justo, tais como a nova hermenêutica jurídica, a transição do pensamento sistemático para o pensamento tópico, a desformalização da lógica do direito e a valorização da principiologia jurídica.

O sexto capítulo trata o processo histórico de afirmação dos direitos humanos fundamentais no Ocidente, que culminou com a constitucionalização do direito justo no pós-positivismo brasileiro, mediante o reconhecimento do princípio da dignidade da pessoa humana como marco axiológico fundamental.

No sétimo capítulo, a dignidade da pessoa humana é abordada em sua dimensão semântica, ao permitir a releitura da fundamentalidade jurídica como caminho para o direito justo, por meio de vertentes como: a aceitação da aplicabilidade direta e imediata dos direitos fundamentais; o reconhecimento da fundamentalidade dos direitos sociais de cunho prestacional; a inadequação dos conceitos de "reserva do possível" no constitucionalismo brasileiro; a aceitação da ideia de vedação ao retrocesso no campo dos direitos fundamentais; e a recusa à hipertrofia da função simbólica dos direitos fundamentais.

No oitavo capítulo, a dignidade da pessoa humana é estudada em sua dimensão pragmática, por meio da transformação do "devido" processo legal em "justo" processo legal, porquanto o *due process of law* desponta como o instrumento capaz de materializar e tutelar o respeito à existência digna, como síntese da totalidade dos direitos fundamentais dos cidadãos.

No nono capítulo, verificou-se como ocorre a materialização do direito justo no pós-positivismo brasileiro, mediante a aplicação da dignidade da pessoa humana pela jurisprudência do Supremo Tribunal Federal, seguindo-se, naturalmente, as considerações finais sobre o tema do presente trabalho científico.

Capítulo 1 Direito justo: uma reflexão necessária

Desde a Antiguidade Clássica até as discussões travadas no mundo contemporâneo, direito e justiça são termos que costumam estar profundamente associados. Isso porque, entre os diversos anseios fundamentais do ser humano, destaca-se a busca incessante pelo justo, seja na orientação das condutas individuais, seja na organização coletiva da vida em sociedade.

Como assinala Eduardo Bittar[1], a ideia de justiça, independentemente da tomada de posição, costuma remeter a uma complexidade de expectativas que tornam difícil sua conceituação. Conhecendo a pluralidade de perspectivas em que se desdobra a ideia de justiça, podem-se constatar, no curso da história do pensamento ocidental, inúmeras concepções sobre o justo e o injusto, que emergem do interminável debate travado em torno do tema.

O surgimento da problemática do justo, como objeto de especulação, foi o resultado de uma multimilenar evolução histórica. A partir do instante em que o ser humano buscou situar-se perante a divindade de modo autônomo, o supremo poder dos deuses passou a ser questionado. Antes desse momento de autoconsciência espiritual, o justo permanecia enclausurado no âmbito divino, apresentando-se como algo de objetivo, independente da subjetividade humana. Doravante, a história da justiça passou a desenvolver-se mediante uma dialética permanente entre o que há de subjetivo ou objetivo na experiência social.

Seguindo o magistério imorredouro de Orlando Gomes[2], a ideia de justiça não pode ser imobilizada nos quadros rígidos de um conceito inflexível. As oscilações que tem sofrido, na linha do tempo, indicam que ela se plasma em moldes forjados pelo ambiente histórico, político e social. O justo, não raro, transforma-se em injus-

1 BITTAR, Eduardo Carlos Bianca. **Curso de filosofia do direito**. São Paulo: Atlas, 2001, p. 429.

2 **A crise do direito**. São Paulo: Max Limonad, 1955, p. 41.

to, e vice-versa. A evolução jurídico-social dos povos conhece inúmeras mudanças dessa natureza.

Sendo assim, a justiça nunca se põe como um problema isolado, válido em si e por si, porque sempre se acha em essencial correlação com outros da mais diversa natureza, desde os filosóficos aos religiosos, dos sociais aos políticos, dos morais aos jurídicos, conforme o demonstra sua vivência ao longo da história, estando sempre inserida em distintos conjuntos de interesses e de ideias.

Por sua vez, o debate sobre a legitimidade do ordenamento jurídico remete à necessidade de fundamentar o Direito em padrões valorativos ou estimativas sociais, perquirindo as possibilidades de materialização da justiça. Direito justo é, portanto, o sinônimo de direito legítimo, porque capaz de espelhar, em certo ambiente histórico-cultural, os valores tendentes à concretização do valor do justo numa dada comunidade humana.

Seguindo a lição de Miguel Reale[3], pode-se dizer que o Direito, enquanto experiência ética de harmonização dos comportamentos humanos, é concebido como uma atualização crescente de Justiça, por meio da realização dos valores que, no plano histórico-cultural, possibilitem a afirmação de cada ser humano segundo as virtudes socialmente aceitas. Todo direito deve ser, portanto, uma tentativa de direito justo, o que evidencia a dimensão do calor e o sentido humanístico da vida jurídica.

O problema da justiça é o problema da correspondência ou não da norma jurídica aos valores últimos ou finais que inspiram um dado ordenamento jurídico. Examinar se uma norma jurídica é justa ou injusta equivale à verificação do contraste entre o mundo ideal e o mundo real, na dimensão deontológica do direito.

Como bem leciona Tercio Sampaio[4], a indissociabilidade entre direito e justiça se afigura tão evidente que nenhum homem pode sobreviver numa situação em que a justiça, enquanto sentido unificador de seu universo moral, foi destruída, pois a carência de sentido torna a vida insuportável.

No plano existencial, deve-se reconhecer que a justiça confere ao direito um significado que lhe confere a própria razão de existir, visto que se afirma, correntemente, que o direito deve ser justo ou, caso contrário, não teria sentido a obrigação de respeitar os seus preceitos ou comandos normativos.

3 **Filosofia do direito**. São Paulo: Saraiva, 1995, p. 700.

4 FERRAZ JÚNIOR, Tercio Sampaio. **Introdução ao estudo do direito**: técnica, decisão e dominação. São Paulo: Atlas, 1994, p. 351.

Tratando da justiça como valor jurídico, assevera João Maurício Adeodato[5] que o direito positivo realiza a justiça na medida em que corresponde à intuição dos valores levada a efeito pela comunidade como um todo, processando-se tal correspondência por intermédio da institucionalização de bens jurídicos, isto é, de situações (hipóteses) e de alternativas de comportamento consideradas justas (prestações).

Sendo assim, não basta ao jurista somente verificar se a norma jurídica apresenta validade, por ter sido produzida de acordo com a normatividade jurídica superior, conforme os parâmetros imputativos de validade formal que regulam a sua criação, ao estabelecer quem deve prescrever (competência) e como deve ser prescrito (procedimento) o comando normativo.

Ao tratar da aceitabilidade de uma norma jurídica, Aulis Aarnio[6] critica a exclusividade da concepção de validez formal, sustentando que diferentes tipos de critérios axiológicos desempenham um papel importante e decisivo na dogmática jurídica e na jurisprudência, pelo que, comumente, deixa de ser cumprida a norma jurídica que, embora formalmente válida, não responda ao sistema de valores geralmente aceito.

Nesse sentido, além do exame técnico da validez formal da normatividade jurídica, é indispensável que o jurista vislumbre a dimensão axiológica do direito, de modo a constatar se o fenômeno jurídico se revela justo, por apresentar algum grau de legitimidade.

Para Norberto Bobbio[7], o problema da legitimidade diz respeito à correspondência (ou não) entre a norma e os valores supremos ou finais que inspiram determinado ordenamento jurídico. Segundo ele, estudar o problema da justiça de uma norma jurídica requer o exame da sua aptidão para realizar as estimativas axiológicas de uma sociedade, fazendo convergir o mundo ideal (plano do dever ser) e o mundo real (plano do ser).

Ao longo da evolução do pensamento jurisfilosófico, o problema da legitimidade de um direito justo e as variações sobre a justiça foram vislumbrados, basicamente, de duas formas. A primeira, como a busca de uma estrutura universal e racional que legitima o direito e o reconhece como ilegítimo. A segunda, como a constatação de que a consideração de um direito legítimo repousa num sentimento subjetivo, irracional e, portanto, incognoscível.

---

5 **Filosofia do direito**: uma crítica à verdade na ética e na ciência. São Paulo: Saraiva, 2005, p. 158.

6 **Lo racional como razonable**: un tratado sobre la justificación jurídica. Madrid: Centro de Estudios Constitucionales, 1991, p. 83.

7 **Teoría generale del derecho**. Santa Fe de Bogotá: Temis, 1999b, p. 20.

A primeira vertente, entendida como a busca de uma estrutura universal e racional para o direito justo, encontra a sua expressão mais emblemática no jusnaturalismo, ao oferecer o direito natural como a fórmula perene e imutável de justiça, subordinando a validade à legitimidade da ordem jurídica.

A segunda corrente, que faz residir a procura por um direito justo num sentimento subjetivo e arbitrário, costuma ser o caminho percorrido pelas variadas manifestações de positivismo jurídico, ao rejeitar o debate racional sobre a justiça, subordinando o problema da legitimidade à validade normativa.

Com o ressurgimento das teorizações sobre a justiça, na segunda metade do século XX, a Filosofia do Direito, mediante a consolidação de um paradigma pós-positivista, passou a formular novas propostas de compreensão do significado de um direito justo, buscando compatibilizar as exigências de validade e legitimidade da ordem jurídica, mediante o delineamento de variadas alternativas teóricas, com destaque, dentro do paradigma neoconstitucionalista, para a valorização do princípio constitucional da dignidade da pessoa humana, como alternativa de fundamentação e legitimação das opções hermenêuticas e decisórias.

Desse modo, cumpre rastrear, no transcurso histórico do conhecimento jusfilosófico ocidental, os modelos de inteligibilidade da relação mantida entre direito, legitimidade e as variações sobre a justiça, com o propósito de verificar os limites e as possibilidades de compreensão do significado de um direito justo, desembocando no exame do sentido e alcance do discurso constitucional da dignidade da pessoa humana no sistema jurídico brasileiro.

Capítulo 2

O jusnaturalismo e as variações históricas sobre a justiça: o direito natural como direito justo

2.1. CARACTERES DO JUSNATURALISMO

O jusnaturalismo se afigura como uma corrente jurisfilosófica de fundamentação do direito justo que remonta às representações primitivas da ordem legal de origem divina, passando pelos sofistas, estoicos, padres da igreja, escolásticos, racionalistas dos séculos XVII e XVIII, até a filosofia do direito natural do século XX.

Com base no magistério de Norberto Bobbio[1], podem ser vislumbradas duas teses básicas do movimento jusnaturalista. A primeira tese é a pressuposição de duas instâncias jurídicas: o direito positivo e o direito natural. O direito positivo corresponderia ao fenômeno jurídico concreto, apreendido por meio dos órgãos sensoriais, sendo, desse modo, o fenômeno jurídico empiricamente verificável, tal como ele se expressa mediante as fontes de direito, especialmente aquelas de origem estatal. Por sua vez, o direito natural corresponderia a uma exigência perene, eterna ou imutável de um direito justo, representada por um valor transcendental ou metafísico de justiça. A segunda tese do jusnaturalismo é a superioridade do direito natural em face do direito positivo. Nesse sentido, o direito positivo deveria, conforme a doutrina jusnaturalista, adequar-se aos parâmetros imutáveis e eternos de justiça. O direito natural enquanto representativo da justiça serviria como referencial valorativo (o direito positivo deve ser justo) e ontológico (o direito positivo injusto deixar de apresentar juridicidade), sob pena de a ordem jurídica identificar-se com a força ou o mero arbítrio. O direito vale caso seja justo e, pois, legítimo, daí resultando a subordinação da validade à legitimidade da ordem jurídica.

Embora se oriente pela busca de uma justiça eterna e imutável, a doutrina do direito natural ofereceu, paradoxalmente, diversos fundamentos para a compreensão

---

1 **O positivismo jurídico**: lições de filosofia do direito. São Paulo: Ícone, 1999a, p. 22.

de um direito justo ao longo da história do Ocidente. Diante disso, o jusnaturalismo pode ser agrupado nas seguintes categorias: a) o jusnaturalismo cosmológico, vigente na Antiguidade Clássica; b) o jusnaturalismo teológico, surgido na Idade Média, tendo como fundamento jurídico a ideia da divindade como um ser onipotente, onisciente e onipresente; c) o jusnaturalismo racionalista, surgido no seio das revoluções liberais burguesas do século XVII e XVIII, tendo como fundamento a razão humana universal; d) o jusnaturalismo contemporâneo, gestado no século XX, que enraíza a justiça no plano histórico e social, atentando para as diversas acepções culturais acerca do direito justo.

Convém, portanto, analisar cada uma dessas modalidades de jusnaturalismo, de forma mais minudente, de molde a investigar o sentido do direito justo como direito natural.

2.2. JUSNATURALISMO COSMOLÓGICO

O jusnaturalismo cosmológico foi a doutrina do direito natural que caracterizou a Antiguidade greco-latina. Funda-se na ideia de que os direitos naturais corresponderiam à dinâmica do próprio universo, refletindo as leis eternas e imutáveis que regem o funcionamento do cosmos.

De acordo com Danilo Marcondes[2], antes mesmo do surgimento da filosofia, nos moldes conhecidos pelo Ocidente, já se firmavam vagas ideias e diversas concepções sobre o significado do justo. Desde a Grécia anterior ao século VI a.C., durante o denominado período cosmológico, já se admitia uma justiça natural, emanada da ordem cósmica, marcando a indissociabilidade entre natureza, justiça e direito. Nesse momento, inúmeros pensadores se propuseram a formular os princípios mais remotos de justiça, com base em diversos fundamentos, tais como: a necessidade humana (Homero); o valor supremo da comunidade e protetora do trabalho humano (Hesíodo); a igualdade (Sólon); a segurança (Píndaro); a ideia de retribuição (Ésquilo); o valor perene da lei natural (Sófocles); a eficácia da norma (Heródoto); e a identificação com a legalidade (Eurípedes).

Com o advento da filosofia, os primeiros filósofos, conhecidos como pré-socráticos, priorizavam a busca da origem do universo e o exame das causas das transformações da natureza, revelando uma inequívoca preocupação cosmológica, que norteou os estudos das suas diferentes vertentes de pensamento.

No contexto da escola jônica, merece registro Tales de Mileto, para quem a cosmologia estava baseada na água como *physis*, ou seja, como elemento primordial do

---

2 **Iniciação à história da filosofia**. Rio de Janeiro: Zahar, 1997, p. 26.

eterno. Para Tales de Mileto, todas as coisas encerrariam a divindade, que regula o mundo, mediante normas da ordem moral e jurídica e social. De outro lado, destaca-se também Heráclito de Éfeso, cultor da ideia da mobilidade universal, ao sustentar uma dependência entre a lei divina e as leis humanas, reconhecendo a justiça como uma projeção da *physis* nas relações humanas.

Já no âmbito da escola itálica, cumpre mencionar a obra de Pitágoras de Samos, que vislumbra a justiça como uma relação aritmética, nos termos de uma equação ou igualdade. Para Pitágoras, o número é o princípio universal que origina todas as coisas e, pois, o fundamento da ideia de uma justiça igualitária.

Na escola eleática, emergiu o pensamento de Parmênides de Eleia, que, coerente com sua concepção perene e imóvel do ser, propugna que a justiça, como a expressão da natureza, afigura-se como a eterna identidade do direito consigo mesmo.

Na escola atomística, convém referir a incisiva contribuição de Demócrito, que, por meio de sua filosofia atomista, propõe que a justiça consiste em atender aos interesses dos cidadãos, despontando, portanto, como a maior das virtudes cívicas.

Em seguida, com o desenvolvimento assistemático da ciência e da política, as conclusões obtidas revelaram uma grande diversidade e um patente antagonismo, suscitando sérias dúvidas em relação à existência da verdade. É nesse contexto que se desenvolve, na Grécia antiga, o pensamento sofístico, que reúne como expoentes Protágoras, Górgias, Hípias, Trasímaco, Pródico, Evêmero, Licofron, Polo, Crítias, Tucídides, Alcidamas, Cármides, Antifronte e Cálicles.

Conforme o magistério de Machado Neto[3], os sofistas dedicavam-se ao conhecimento da retórica, o qual passou a ser mercantilizado, especialmente para as famílias nobres e abastadas. Como professores itinerantes, cobravam os sofistas pelo ensino ministrado, o que lhes rendeu críticas contundentes, desferidas por Sócrates e Platão. Os temas abordados pelos sofistas estavam intimamente ligados à política e à democracia grega, envolvendo o debate sobre o direito, a justiça, a equidade e a moral. Para os sofistas, não importava a verdade intrínseca da tese propugnada, mas, ao revés, o próprio processo de convencimento, ainda que a proposição fosse errônea. A verdade figurava como um dado relativo, dependendo, portanto, da capacidade de persuasão do orador.

Nesse sentido, os sofistas se apresentavam como a maior expressão do relativismo filosófico, porque não acreditavam na capacidade humana de conhecer as coisas, ao duvidar da potencialidade cognitiva do ser humano e sustentar que ele não estava

3 MACHADO NETO, Antônio Luís. **Sociologia do direito natural**. Salvador: Progresso, 1957, p. 14.

apto a alcançar a verdade. Essa crise da razão humana descambou para a crise social, pois, se o ser humano não poderia alcançar a verdade, as instituições político-jurídicas da pólis grega não poderiam alcançar a verdade e, portanto, a justiça plena, lançando-se as sementes do jusnaturalismo. Sendo assim, ao valorizar o poder do discurso, a retórica sofística desemboca na relativização da justiça, situando-a no plano do provável, do possível ou do convencional.

Com os sofistas, descortinaram-se duas grandes tendências antagônicas do jusnaturalismo cosmológico. Para a primeira corrente, o direito natural, que deveria inspirar o direito positivo, corresponderia à noção da igualdade (concepção democrática). Sendo assim, o universo apresentaria essa ideia de igualdade, devendo, portanto, o direito positivo refleti-la com a maior plenitude possível. A seu turno, para a segunda corrente, o direito natural estaria identificado com a ideia da supremacia do mais forte sobre o mais fraco (concepção aristocrática), devendo contemplar a ideia da desigualdade.

Posteriormente, como leciona Machado Neto[4], o desenvolvimento do pensamento jusnaturalista se processa ao lume das decisivas contribuições do humanismo socrático, do idealismo platônico e do realismo aristotélico, os quais correspondem ao período ático da filosófica grega, considerado como a idade de ouro da cultura humana.

O estudo do pensamento socrático é realizado, sobretudo, em face de sua oposição ao movimento dos sofistas. Enquanto Sócrates sustentava a obediência às leis e praticava seus ensinamentos de forma gratuita, os sofistas, por outro lado, ensinavam o desprezo às leis e cobravam pelas suas exposições. Sendo assim, Sócrates entendia que o ceticismo sofista era temerário, visto que não permitia a correta orientação acerca do sentido da ética e do bem.

A expressão "conhece-te a ti mesmo", gravada na fronte do templo do Oráculo de Delfos, desponta como a palavra-chave para a compreensão do humanismo socrático. Para tanto, servia-se da maiêutica, como método de questionamento. Ao mesmo tempo que convida o interlocutor a tomar consciência de seu próprio pensamento, Sócrates fá-lo compreender que, na verdade, ignora o que acreditava saber. Tal é a ironia que significa a arte de interrogar. Sócrates faz perguntas e sempre dá a impressão de buscar uma lição no interlocutor. As indagações formuladas por Sócrates levam o interlocutor a descobrir as contradições de seus pensamentos e a profundidade de sua ignorância. Nesse sentido, Sócrates não acreditava ser possível ao indivíduo conhecer a realidade objetiva se desconhecesse a si mesmo, pelo que a formação ética demandaria a busca pelo conhecimento e pela felicidade.

---

4 MACHADO NETO, Antônio Luís. **Sociologia jurídica**. São Paulo: Saraiva, 1987, p. 339.

Enquanto os sofistas sustentaram a efemeridade e a contingência das leis variáveis no tempo e no espaço, Sócrates empenhou-se em restabelecer para a cidade o império do ideal cívico, liame indissociável entre indivíduo e sociedade. Sendo assim, onde estivesse a virtude estaria a justiça e, pois, a felicidade, independente dos julgamentos humanos. Possui tal confiança no saber e na verdade que está firmemente convencido de que os injustos e os maus não passam de ignorantes. Se conhecessem verdadeiramente a justiça, eles a praticariam, pois ninguém é, voluntariamente, mau, divisando o saber como o caminho da elevação espiritual.

Na evolução do pensamento filosófico, adquire relevo o idealismo platônico. Platão foi o mais fervoroso discípulo de Sócrates e responsável pela criação de doutrina ou teoria das Ideias. Segundo o idealismo platônico, o mundo sensível não passaria de um conjunto de meras sombras das verdades perfeitas e imutáveis, presentes no mundo metafísico e transcendental das Ideias.

Para ele, a justiça ideal expressa a hierarquia harmônica das três partes da alma – a sensibilidade, a vontade e o espírito. Ela também se encontra em cada uma das virtudes particulares: a temperança nada mais é que uma sensibilidade regulamentada segundo a justiça; a coragem é a justiça da vontade; e a sabedoria é a justiça do espírito. De outro lado, a justiça política revela uma harmonia semelhante à justiça do indivíduo. A política de Platão divisa a seguinte estratificação social: os artesãos, dos quais a justiça exige a temperança; os militares, dos quais a justiça reclama a coragem; os chefes, dos quais a justiça demanda sabedoria. Sendo assim, desponta a justiça como a imperativa adequação da conduta humana à ordem ideal do cosmos, constituindo ela a lei suprema da sociedade organizada como Estado.

A grande tríade filosófica grega se completa com o pensamento aristotélico. A subordinação da ideia de justiça a uma prévia visão do universo e da vida pode ser também encontrada nos ensinamentos de Aristóteles, a quem coube estabelecer parâmetros ainda hoje utilizados para a compreensão do problema da justiça.

Embora fosse discípulo de Platão, o mundo platônico do conhecimento sensível e das ideias puras foi rejeitado por Aristóteles, visto que, segundo ele, as ideias seriam imanentes às coisas, como essências conformadoras da matéria, razão pela qual somente por abstração a matéria existiria desprovida de forma. Dentro de sua perspectiva realista, os objetos somente poderiam ser conhecidos por meio da unidade estabelecida entre a forma e a matéria.

Para ele, a justiça é inseparável da pólis e, portanto, da vida em comunidade. Sendo o homem um animal político, defluiria sua necessidade natural de convivência e de promoção do bem comum. A pólis grega figura, pois, como uma necessidade humana, cuidando da existência humana, assim como o organismo precisa cuidar de suas partes vitais. Na visão aristotélica, essas premissas fundamentam a necessidade de regulação da vida social mediante a lei, respeitando os critérios da justiça.

Apresenta-se a justiça como uma virtude, adquirida pelo hábito, com a reiteração de ações em determinado sentido. Trata-se da busca pelo justo meio, contraposto ao vício da injustiça, por excesso ou por defeito.

A classificação aristotélica segue o princípio lógico de estabelecer as características ou propriedades do geral, para depois analisar os casos particulares. Distingue, inicialmente, dois tipos de justo político: o natural e o legal. O justo natural expressa uma justiça objetiva imutável, a qual não sofre a interferência humana. Já o justo legal é a lei positiva que tem sua origem na vontade do legislador e sofre a variação espaçotemporal. Existem, ainda, a justiça geral e a justiça particular. De um lado, a justiça geral figura como a virtude da observância da lei, o respeito à legislação ou às normas convencionais instituídas pela pólis. Tem como objetivo o bem comum, a felicidade individual e coletiva. A justiça geral corresponde ao que se entende por justiça legal. De outro lado, a justiça particular tem por objetivo realizar a igualdade entre o sujeito que age e o sujeito que sofre a ação. Refere-se ao outro singularmente, no tratamento entre as partes.

A justiça particular divide-se em justiça distributiva e justiça corretiva. A distributiva consiste na distribuição ou repartição de bens, honrarias, cargos, deveres, responsabilidades e honrarias, segundo os méritos de cada um, configurando uma igualdade geométrica ou proporcional. Por sua vez, a justiça corretiva visa ao restabelecimento do equilíbrio rompido entre os indivíduos, que pode ocorrer de modo voluntário, a exemplo dos acordos e contratos, ou de modo involuntário, como nos delitos em geral. Busca-se uma igualdade aritmética. Nesta forma de justiça, surge a necessidade de intervenção de uma terceira pessoa, que deve decidir sobre as relações mútuas e o eventual descumprimento de acordos ou de cláusulas contratuais. O juiz, segundo Aristóteles, passa a personificar a noção do justo.

Ademais, Aristóteles divide a justiça corretiva em duas categorias: a justiça comutativa, que significa a reciprocidade das trocas dentro da malha social, como os contratos, adquirindo natureza essencialmente preventiva, já que a justiça prévia iguala as prestações recíprocas; e a justiça reparativa, que implica o retorno ao *statu quo ante*, buscando reprimir a injustiça, reparar os danos e aplicar punições.

Acrescente-se ainda a importante função desempenhada pela equidade no estudo da filosofia de Aristóteles. Na visão aristotélica, cabe à equidade adequar a lei ao caso particular e concreto. Para ele, a justiça e a equidade são a mesma coisa, embora a equidade seja a melhor resposta para uma situação específica. O que cria o problema é o fato de o equitativo ser justo, não o justo segundo a lei, mas, isto sim, um corretivo da justiça legal. A razão é que toda lei é de ordem geral, mas não é possível fazer uma afirmação universal que seja correta a certos aspectos particulares.

No período pós-socrático, a filosofia grega passa a ser dominada pela preocupação humanística centralizada no problema da moral. As magnas questões metafísicas são agora ultrapassadas pela preocupação com a felicidade do homem. Despontam, assim, as correntes do epicurismo e do estoicismo.

Para o epicurismo, o critério único da verdade do conhecimento radicaria na sensação ou na percepção imediata evidente. Nesse sentido, o critério supremo da ética seria a evidência do prazer, e o da moralidade, o sentimento. Assim, a moral tem por objeto a felicidade humana, a qual não se confunde com o gozo grosseiro dos sentidos. O prazer epicurista é a ausência de dor. No contexto da moral epicurista, a virtude não é um fim, mas o meio de o atingir, pois o fim é o prazer tranquilo.

A justiça, enquanto virtude, participa desse mesmo caráter. Assim, ela é instrumento e não a medida do que deve caber a cada um, porém o meio de evitar a dor, jamais prejudicando a quem quer que seja. A justiça consiste em conservar-se longe da possibilidade de causar dano a outrem ou sofrê-lo. O meio técnico de tornar efetiva essa moral do prazer tranquilo consiste no direito justo, cujo escopo é prescrever as ações que propiciem a felicidade ao maior número de pessoas e vedar, em contrapartida, as ações prejudiciais.

Já segundo o estoicismo, o único bem do homem é a virtude, concebida como fim e não como meio, sendo o vício o único mal. Ambos são absolutos, isto é, não admitem graduações intermediárias. A posse de uma virtude implica a de todas e constitui a sabedoria; e a prática de um vício torna o seu autor réu de todos. O homem deve dominar as paixões, sobrepondo a elas a razão, e, assim, alcançar a impassibilidade absoluta, a apatia. A concepção jusnaturalista que se construiu na doutrina estoica retoma a noção do *logos*. A razão universal que rege todas as coisas está presente em cada homem, sem distinções; enquanto parte da natureza cósmica, o homem é racional, donde se infere a existência de um direito natural universalmente válido e baseado na razão, o qual não se confunde com o direito posto pelo Estado.

Desse modo, o fundamento da ética e de todo o conceito de justiça reside na ordenação cósmico-natural. A ética estoica caminha no sentido de postular a independência do homem com relação a tudo que o cerca (*ataraxia*), mas ao mesmo tempo no sentido de afirmar seu profundo atrelamento com causas e regularidades universais. Daí advém o direito natural, fundado na reta razão, que ordena a conduta humana. Observando a natureza das coisas, o ser humano haverá de atingir um grau de afinidade e harmonia com as leis divinas que regem o todo.

Como bem observa Miguel Reale[5], do ponto de vista da Filosofia do Direito, o pensamento pós-socrático acaba por fundamentar uma concepção mais cosmopolita do homem, adaptada à nova realidade do Estado-Império, cristalizando a ideia do

5 **Teoria tridimensional do direito**. São Paulo: Saraiva, 1994, p. 627.

direito natural que irá impregnar a Roma Antiga. A jurisprudência romana se desenvolve, então, sob a égide da doutrina do direito natural, na esteira das concepções herdadas do pensamento clássico. Em Roma, as ideias mais ou menos difusas na moral estoica, de que os postulados da razão teriam força e alcance universais, encontraram ambiência favorável à sua aplicação prática. O direito natural passa a ser, então, concebido como a própria natureza baseada na razão, traduzida em princípios de valor universal.

Decerto, os grandes jurisconsultos romanos, especialmente Cícero, eram orientados pelo estoicismo, razão pela qual o humanismo estoico passou a conceber o dever e a determinar a escolha da atitude racionalmente mais aceitável para a edificação de uma ordem justa. Para Cícero, existiria uma verdadeira lei: a reta razão conforme a natureza, difusa em todos e sempre eterna. Nesta definição o jurisconsulto identifica a razão com a lei natural, centralizando as tendências estoicas na fundamentação racional de uma visão cosmopolita do direito e da justiça, inaugurando um direito natural racionalista, oposto à fundamentação metafísica da antiga tradição pré-socrática. Essa lei, consubstanciada na razão, fundamentava não só o *jus naturale*, como também o *jus civile* e o *jus gentium*, não havendo, portanto, oposição entre as três expressões do direito, pois cada uma delas corresponderia a determinações graduais do mesmo princípio da *reta ratio*.

Sendo assim, no mundo romano, o direito se desenvolve em consonância com o pensamento estoico, conferindo ênfase à natureza, que devia ser obedecida necessariamente. O que os romanos, notadamente com Cícero, nos dão de novo é a ideia de *ratio naturalis*, isto é, a conexão íntima entre a natureza e a razão.

2.3. JUSNATURALISMO TEOLÓGICO

Segundo Paulo Nader[6], o jusnaturalismo teológico se consolida enquanto doutrina jusfilosófica na Idade Média, sob a decisiva influência do cristianismo. A doutrina cristã veio introduzir novas dimensões ao problema da justiça. Tratando-se de uma concepção religiosa de justiça, deve-se dizer que a justiça humana é identificada como uma justiça transitória e sujeita ao poder temporal. Para o cristianismo, não é nela que reside necessariamente a verdade, mas na lei de Deus, que age de modo absoluto, eterno e imutável.

Com o advento do cristianismo, ocorreu verdadeira revolução da subjetividade, prevalecendo a atitude ou disposição de ser justo sobre a aspiração de ter uma ideia

6 **Filosofia do direito**. Rio de Janeiro: Forense, 2000, p. 117.

precisa de justiça. Continua esta, porém, a ser vista em um quadro superior de ideias, já agora subordinado a uma visão teológica, a partir do princípio de um Deus criador, do qual emana a harmonia do universo.

Na Idade Média, o jusnaturalismo apresentava um conteúdo teológico, pois os fundamentos do direito natural eram a inteligência e a vontade divina, pela vigência do credo religioso e do predomínio da fé. Os princípios imutáveis e universais do direito natural podiam ser sintetizados na fórmula segundo a qual o bem deve ser feito, daí advindo os deveres dos homens para consigo mesmos, para com os outros homens e para com Deus. As demais normas, construídas pelos legisladores, seriam aplicações desses princípios às contingências da vida, *v.g.*, do princípio jusnatural de que o homem não deve lesar o próximo decorreria a norma positivada que veda os atos ilícitos. Segundo o jusnaturalismo teológico, o fundamento dos direitos naturais seria a vontade de Deus: o direito positivo deveria estar em consonância com as exigências perenes e imutáveis da divindade.

Podem ser identificados dois grandes movimentos partidários do jusnaturalismo teológico: a patrística e a escolástica.

Patrística é o nome que se utiliza para designar o pensamento filosófico desenvolvido pelos Padres da Igreja Católica ou Santos Padres entre os séculos II e VI. Mediante suas especulações filosóficas, procuraram explicar os dogmas da religião católica. Percebe-se, na patrística, que a filosofia se apresenta como alicerce da teologia. Entre os Santos Padres destacam-se Tertuliano, Latâncio, Santo Ambrósio, São João Crisóstomo e, principalmente, Santo Agostinho.

Santo Agostinho, indubitavelmente, é o maior expoente da patrística e um dos mais célebres pensadores de todas as épocas. As contribuições e formulações filosóficas agostinianas são vastas e relevantes. Inicialmente, trata de dois conceitos de Estado: o conceito helênico pagão que corresponde à *civitas* terrena e o conceito cristão que corresponde à *civitas caelestis*. A primeira, povoada por homens vivendo no mundo (Estado Pagão); a segunda, composta por almas libertas do pecado e próximas de Deus. O homem deve procurar o estabelecimento da cidade celeste (submissão do Estado à Igreja).

A respeito da doutrina geral da lei, difere a *lex aeterna* da *lex naturalis*. Deus é o autor da lei eterna, enquanto a lei natural é a manifestação daquela no coração do homem. Portanto, a lei natural é a lei eterna transcrita na alma do homem, em razão do seu coração, também chamada lei íntima. A lei humana deve derivar da lei natural, do contrário não será autêntica. Preceito humano injusto não é a lei. O legislador deve procurar não só restringir tudo que perturbe a ordem das coisas, como também ordenar o que favoreça essa ordem. A lei humana tem por fim o governo dos homens, manter a paz entre eles, enquanto a lei eterna e a natural se referem ao campo da moralidade. No que se refere à justiça, Santo Agostinho compartilha da definição de Cícero, segundo a qual a justiça é a tendência da alma de dar a cada um o que é seu.

Por sua vez, a escolástica tem seu início marcado pela anexação de Grécia e Roma por Carlos Magno ao Império Franco. Nessa época, a característica denunciante da genialidade dos homens transparecia pelo equilíbrio entre a razão e a fé, o qual fora alcançado por Santo Tomás de Aquino ao demonstrar que fé e razão são diferentes caminhos que levam ao verdadeiro conhecimento. Por seus grandes trabalhos intelectuais, o Doutor Angélico foi considerado o maior pensador da doutrina escolástica.

Na *Summa Theologica*, ao tratar da justiça, Tomás de Aquino afirma que ela pode ser vista como uma virtude geral, uma vez que, tendo por objeto o bem comum, ordena a este os atos das outras virtudes. Como cabe à lei ordenar para o bem comum, tal justiça é chamada de justiça legal. Por meio dela, o homem se harmoniza com a lei que ordena os atos de todas as virtudes para o bem comum. Assim, a justiça legal é na verdade uma virtude particular cujo objeto próprio é o bem comum. Todavia, comanda todas as outras virtudes, sendo denominada também justiça geral.

Santo Tomás de Aquino admite uma diversidade de leis: a lei divina revelada ao homem, a lei humana, a lei eterna e a lei natural; contudo, não as considera como compartimentos estanques. A lei eterna é a razão oriunda do divino que coordena todo o universo, incluindo o homem. A natural, o reflexo da lei divina existente no homem. Afirma ele a necessidade da complementação da lei natural pelas leis divina e humana, a fim de conseguir a certeza jurídica e a paz social, bem como facilitar a interpretação dos juízes. Para Santo Tomás de Aquino, por ser a lei natural proveniente da eterna disposição divina, ela é soberana, participando, assim, do absoluto poder divino, não cabendo ao homem modificá-la, anulá-la, nem desconhecê-la.

Na visão tomista, divide-se ainda o direito natural em duas categorias. A primeira seria o direito natural estritamente dito, relacionado às exigências da natureza dos animais. À outra categoria pertenceria o direito das gentes, formado pelas normas de ação derivadas dos princípios da lei natural, conhecidos por todos os homens. Para ele, a ordem jurídica não deve restringir-se apenas a um conjunto de normas, visto que está fundado na virtude da justiça. Idealizava que um governo justo seria aquele no qual o soberano almejasse o bem da comunidade.

2.4. JUSNATURALISMO RACIONALISTA

Quando o homem do Renascimento produziu uma inversão antropocêntrica na compreensão do mundo, vendo-o a partir de si mesmo, e não mais a partir de Deus, o tratamento do problema da justiça sofreu uma marcante inflexão. A concepção do jusnaturalismo teológico foi, gradativamente, substituída, a partir do século XVII, em face do processo de secularização da vida social, por uma doutrina jusnaturalista subjetiva e racional, buscando seus fundamentos na identidade de uma razão humana universal.

O jusnaturalismo racionalista consolida-se, então, no século XVIII, como o advento da ilustração, despontando a razão humana como um código de ética universal e pressupondo um ser humano único em todo o tempo e em todo espaço. Os iluministas acreditavam, assim, que a racionalidade humana, diferentemente da providência divina, poderia ordenar a natureza e vida social. Esse movimento jusnaturalista, de base antropocêntrica, utilizou a ideia de uma razão humana universal para afirmar direitos naturais ou inatos, titularizados por todo e qualquer indivíduo, cuja observância obrigatória poderia ser imposta até mesmo ao Estado, sob pena de o direito positivo corporificar a injustiça.

Do ponto de vista histórico, o jusnaturalismo racionalista serviu de alavanca teórica para as revoluções liberais burguesas que caracterizaram a modernidade jurídica (Revolução Inglesa, Independência norte-americana, Revolução Francesa), orientando o questionamento aos valores positivados na ordem jurídica do Antigo Regime. Nessa época, os direitos de liberdade, igualdade e fraternidade passam a ser difundidos e contrapostos ao poder absoluto da monarquia.

Refere Maria Helena Diniz[7] que, no âmbito da presente concepção jusnaturalista, a natureza do ser humano foi concebida de diversas formas: genuinamente social; originariamente individualista; ou decorrente de uma racionalidade prática e inata.

Na visão de pensadores como Grotius, Pufendorf e Locke, a natureza humana seria genuinamente social.

No jusnaturalismo dos séculos XVII e XVIII, desponta a obra de Grotius, considerado o pai do Direito Internacional, ao formular a distinção entre *jus naturale* e *jus voluntarium*. O direito natural seria o ditame da justa razão destinado à moralidade dos atos, segundo a natureza racional do homem. O direito voluntário seria posto pela família (direito familiar), pelo Estado (direito civil) e pela comunidade internacional, para regular as relações entre povos e Estados (direito internacional). Libertando o conhecimento de fundamentos teológicos, sustentou que o senso social, peculiar à inteligência humana, é fonte do direito positivo e preside a criação da sociedade civil. Os preceitos do justo e do injusto continuariam válidos, porque racionais, mesmo suposta a inexistência de Deus.

7 **Compêndio de introdução à ciência do direito**. São Paulo: Saraiva, 2005, p. 38.

Para Pufendorf, a *lex naturalis* não seria a voz interior da natureza humana, como pretendia Grotius, mas resultava de forças exteriores, unindo os homens em sociedade. As prescrições do direito natural pressupunham a natureza decaída do homem, pelo que a ordem jurídica teria uma função imperativa, estabelecendo proibições em prol da dignidade da pessoa humana. Da *imbecillitas* – o estado da solidão – decorreria a *socialitas* – a necessidade natural de o homem conviver em sociedade.

Por sua vez, Locke afirma que a lei natural é mais inteligível do que o direito positivo. Só o pacto social sanaria as deficiências do estado de natureza, instaurando o governo do estado civil, com três órgãos (Executivo, Legislativo e Federativo). Caberia ao Estado liberal-democrático garantir os direitos naturais, mormente o direito inato à posse e uso de bens adquiridos pelo trabalho.

Sob a perspectiva de pensadores como Hobbes e Rousseau, a natureza humana é vislumbrada como originariamente individualista.

Na visão de Hobbes, no estado de natureza, o indivíduo tinha o direito de tudo fazer e ter, não havendo distinção entre o justo e o injusto. Para ele, as leis naturais incutem no ser humano o desejo de garantir a autoconservação e sua defesa por uma ordem político-social, garantida por um poder coercitivo absoluto – o Estado-Leviatã. Para Hobbes, o pacto social somente pode ter por fim a preservação da ordem e da paz graças ao fortalecimento do aparato estatal. Por tais motivos, a justiça é concebida como constante obediência ao Estado-Leviatã, cujo poder desmesurado resultou da abdicação voluntária de parcelas da liberdade individual.

Segundo Rousseau, o contrato social espelharia uma ordem justa, correspondente ao estado de natureza e submetida à vontade geral. Para Rousseau, o pacto social figura como a base de uma comunidade democrática, buscando assegurar o livre exercício de direitos iguais em sociedade. Nesse sentido, a vontade geral é uma vontade de pactuar e de formar uma sociedade que saiba preservar direitos, como a liberdade e a igualdade, inerentes ao ser humano.

É, entretanto, com a concepção de Kant que a proposta de racionalização do jusnaturalismo atinge um maior grau de profundidade. O criticismo transcendental de Immanuel Kant procura conciliar o empirismo e o idealismo, desembocando num racionalismo que redimensiona os rumos da filosofia moderna e contemporânea. Para ele, o conhecimento só é possível com a interação entre a experiência e as condições formais da razão. Promove verdadeira revolução copernicana na teoria do conhecimento, ao valorizar a figura do sujeito cognoscente.

Kant preocupa-se em fundamentar a prática moral não na pura experiência, mas em uma lei inerente à racionalidade humana, o chamado imperativo categórico – age somente segundo uma máxima tal que possas querer, ao mesmo tempo, que se torne uma máxima universal. A razão prática é legisladora de si, definindo os limites da conduta humana. O ser humano que age moralmente deverá fazê-lo, não porque visa à realização de qualquer outro objetivo, mas pelo simples fato de colocar-se de acordo com a máxima do imperativo categórico. O agir de acordo com o dever é fazer de sua lei subjetiva um princípio de legislação universal, inscrita em toda a natureza humana.

A obediência do homem ao imperativo categórico, pela sua vontade autônoma, constitui a essência do jusnaturalismo. As normas jurídicas serão de direito natural se sua obrigatoriedade for cognoscível pela razão e serão de direito positivo se a sua obrigatoriedade resultar de norma externa. Nessa hipótese, deve-se pressupor uma lei natural que justifique a autoridade do Estado. Trata-se da lei de liberdade, ideal da razão prática, que autoriza ao legislador coagir quem impede a liberdade.

Kant, portanto, pode ser considerado um jusnaturalista, porquanto admite normas jurídicas anteriores ao direito positivo e atreladas à ideia de liberdade. Trata-se de direitos naturais que obrigam *a priori*, independentemente de qualquer imposição de autoridade humana, fundadas que estão na racionalidade prática. O jusnaturalismo kantiano aparece, pois, como uma filosofia metafísica da liberdade.

Desse modo, revela-se a preocupação kantiana de superar o plano empírico, a fim de atingir uma regra de justiça de validade universal. Para Kant, a justiça se impõe como um imperativo da razão, segundo regras que se complementam: age de modo a tratar a humanidade, na sua como na pessoa de outrem, sempre como fim, jamais como simples meio, bem como age segundo uma máxima que possa valer ao mesmo tempo como lei de sentido universal. Somente assim poderia haver um acordo universal de liberdade, base de uma comunidade universal. Não trata Kant de definir a justiça, ao contrário do que faz com o direito, preferindo inseri-la no sistema de sua visão transcendental da vida ética.

Assim, com o jusnaturalismo racionalista moderno, o conhecimento jurídico passa a ser uma construção sistemática da razão, conforme o rigor lógico da dedução, e um instrumento de crítica da realidade, ao permitir a avaliação crítica do direito posto em nome de padrões éticos contidos em princípios reconhecidos pela razão humana.

2.5. JUSNATURALISMO CONTEMPORÂNEO

O século XX é dominado pelo positivismo científico, ao priorizar um tratamento empírico dos fenômenos estudados, não havendo espaço para as especulações abstratas e metafísicas do direito natural. Se a ciência positivista é convertida na única via válida para a obtenção da verdade, o debate acerca do sentido de um direito justo se torna acessório e irrelevante.

No século XIX surgiram as ciências sociais como a Sociologia, a Antropologia e a Etnologia, que passaram a apontar a diversidade cultural das sociedades humanas. Diante disso, essas ciências sociais passariam a evidenciar que a concepção de justiça seria variável no tempo e no espaço, ao contrário do conceito eterno e perene da justiça difundido pelos jusnaturalistas.

Refere Paulo Dourado de Gusmão[8] que, se o jusnaturalismo sofreu um refluxo no século XIX, ocorreu o seu retorno durante o século XX, sob o influxo das contribuições do historicismo e do sociologismo jurídico, antigos antagonistas do próprio jusnaturalismo. Acrescente-se a esse impulso a renovação do debate sobre a justiça, após a Segunda Guerra Mundial, com destaque para as obras de Rudolf Stammler e Giorgio Del Vecchio.

Por um lado, Rudolf Stammler propõe um jusnaturalismo de conteúdo variável, rejeitando o direito natural material baseado na natureza humana. Enaltece, em verdade, o método formal para sistematizar uma dada matéria social, em cada momento histórico, no sentido de um direito justo. O direito natural não é um sistema de preceitos absolutos, mas um critério diretor de valoração, que permite plasmar as figuras jurídicas, de acordo com as condições espácio-temporais. Há uma só ideia regulativa de justiça – respeito mútuo e participação – e inúmeros direitos justos, conforme as circunstâncias sociais, culturais e históricas. O direito positivo é a tentativa do direito justo.

De outro lado, Giorgio Del Vecchio confere ao jusnaturalismo uma base idealista depurada, procurando tornar compatíveis os vários materiais histórico-condicionados com o ideal do justo, permanente e imutável. Partindo de uma concepção teleológica de natureza humana, afirma que o direito natural representa o reconhecimento das propriedades e exigências essenciais da pessoa humana, devendo o direito positivo adequar-se a esse princípio ético universal.

Nesse sentido, o jusnaturalismo contemporâneo incorpora as críticas feitas a ele próprio no século XIX, ao reconhecer a relatividade do conceito de justiça e sustentar que cada cultura valora a justiça de determinada forma. Sendo assim, repele-se a ideia de uma justiça perene e imutável, apresentando, em contrapartida, uma visão relativista quanto às possibilidades de configuração de um direito justo. Trata-se da constatação de que, em qualquer sociedade humana, haverá uma forma de vivenciar o direito justo, porquanto a justiça se revela um anseio fundamental da espécie hu-

---

8 **Filosofia do direito**. Rio de Janeiro: Forense, 1985, p. 30.

mana. O conteúdo do que seja o direito justo variará, contudo, no tempo e no espaço, ao sabor das exigências valorativas de cada cultura humana.

2.6. CRÍTICAS AO JUSNATURALISMO

Do ponto de vista jurisfilosófico, a doutrina jusnaturalista desempenhou a função relevante de sinalizar a necessidade de um tratamento axiológico para o direito. Isso porque o jusnaturalismo permite uma tematização dos valores jurídicos, abrindo espaço para a discussão sobre a justiça e sobre os critérios de edificação de um direito justo.

Em face da necessidade de delimitar o que seja o direito justo, a doutrina jusnaturalista não oferece, entretanto, uma proposta satisfatória de compreensão dos liames mantidos entre direito, legitimidade e justiça.

Nesse sentido, salienta Auto de Castro[9] que, ao encerrar o jusnaturalismo todos os postulados metafísicos, resta demonstrado que a epistemologia jurídica, em consonância com os resultados da teoria do conhecimento, não reconhece os títulos de legitimidade da doutrina do direito natural, ante a sua abstração e imprecisão na tentativa de fundamentar e legitimar um direito justo.

Inicialmente, o jusnaturalismo confunde os planos do ser e do dever ser. Isso porque, para a maioria dos jusnaturalistas, o direito injusto seria descaracterizado como fenômeno jurídico. Para que um fenômeno ético merecesse a nomenclatura "direito" deveria estar em consonância com a justiça, sob pena de configurar a imposição do arbítrio ou da força por um poder constituído. Ademais, os jusnaturalistas não visualizam a bipolaridade axiológica: todo valor é correlato a um desvalor. Os valores humanos estão estruturados em binômios, tais como: justo x injusto, útil x inútil, sagrado x profano ou belo x feio. Isso, portanto, não autoriza a assertiva de que o direito injusto não é direito, pois os juízos de fato e de valor se situam em planos distintos de apreensão cognitiva.

Em segundo lugar, a compreensão da justiça como uma estimativa a-histórica, atemporal e aespacial, em que pese a crítica do jusnaturalismo contemporâneo, merece sérias objeções. O justo não pode ser concebido como um valor ideal e absoluto, envolto em nuvens metafísicas, visto que a axiologia jurídica contemporânea já demonstrou como o direito é um objeto cultural e como a justiça figura como um valor histórico-social, enraizado no valor da cultura humana. O conceito de justiça é, pois, sempre relativo, condicionado ao tempo e ao espaço.

---

9 **A ideologia jusnaturalista**: dos estoicos à ONU. Salvador: S.A. Artes Gráficas, 1954, p. 28.

Por derradeiro, o jusnaturalismo acaba por identificar os atributos normativos da validade e legitimidade, ao afirmar que a norma jurídica vale se for justa, o que compromete as exigências de ordem e segurança jurídica, que se traduzem no respeito à legalidade dos Estados Democráticos de Direito.

Capítulo 3

Positivismo jurídico e as variações históricas sobre a justiça: o direito positivo como direito justo

3.1. CARACTERES E ORIGEM DO POSITIVISMO JURÍDICO

O termo "positivismo jurídico" não deriva do positivismo filosófico, embora no século XIX tenha havido uma associação. Tanto é verdade que o primeiro surge na Alemanha e o segundo na França. A expressão "positivismo jurídico" deriva da locução "direito positivo", contraposta à expressão "direito natural".

A concepção do positivismo jurídico nasce quando o direito positivo passa a ser considerado direito no sentido próprio. Ocorre a redução de todo o direito a direito positivo, e o direito natural é excluído da categoria de juridicidade. O acréscimo do adjetivo "positivo" passa a ser um pleonasmo. O positivismo jurídico é aquela doutrina segundo a qual não existe outro direito senão o positivo.

A passagem da concepção jusnaturalista à positivista está ligada à formação do Estado moderno, que surge com a dissolução da sociedade medieval. Ocorre, assim, o processo de monopolização da produção jurídica pelo Estado, rompendo com o pluralismo jurídico medieval (criação do direito pelos diversos agrupamentos sociais) em favor de um monismo jurídico, em que o ente estatal prescreve o Direito, seja por meio da lei, seja indiretamente por meio do reconhecimento e controle das normas de formação consuetudinária.

Antes, o julgador podia obter a norma tanto de regras preexistentes na sociedade quanto de princípios equitativos e de razão. Com a formação do Estado moderno, o juiz, de livre órgão da sociedade, torna-se órgão do Estado, titular de um dos poderes estatais, o Judiciário, subordinado ao Legislativo. O direito positivo – direito posto e aprovado pelo Estado – é, pois, considerado o único e verdadeiro direito.

3.2. O POSITIVISMO LEGALISTA E O PROBLEMA DA JUSTIÇA

Segundo Norberto Bobbio[1], o positivismo legalista apresenta-se sob três aspectos: a) como certo modo de abordagem do direito; b) como certa teoria do direito; c) como certa ideologia do direito.

O primeiro problema diz respeito ao modo de abordar o direito. Para o positivismo jurídico, o direito é um fato e não um valor. O jurista deve estudar o direito do mesmo modo que o cientista estuda a realidade natural, vale dizer, abstendo-se de formular juízos de valor. Desse comportamento deriva uma teoria formalista da validade do direito. Com efeito, a validade do direito se funda em critérios que concernem unicamente à sua estrutura formal, prescindindo do seu conteúdo ético. Nesse sentido, o debate sobre a justiça sofre profundo esvaziamento ético, visto que a formalização do atributo da validez normativa afasta o exame da legitimidade da ordem jurídica.

No segundo aspecto, encontram-se algumas teorizações do fenômeno jurídico. O positivismo jurídico, enquanto teoria, baseia-se em seis concepções fundamentais: a) teoria coativa do direito, em que este é definido em função do elemento da coação, pelo que as normas valem por meio da força; b) teoria legislativa do direito, em que a lei figura como a fonte primacial do direito; c) teoria imperativa do direito, em que a norma é considerada um comando ou imperativo; d) teoria da coerência do ordenamento jurídico, que considera o conjunto das normas jurídicas, excluindo a possibilidade de coexistência simultânea de duas normas antinômicas; e) teoria da completitude do ordenamento jurídico, que resulta na afirmação de que o juiz pode sempre extrair das normas explícitas ou implícitas uma regra para resolver qualquer caso concreto, excluindo a existência de lacunas no direito; f) teoria da interpretação mecanicista do direito, que diz respeito ao método da ciência jurídica, pela qual a atividade do jurista faz prevalecer o elemento declarativo sobre o produtivo ou criativo do direito.

No terceiro aspecto, trata-se de uma ideologia do direito que impõe a obediência à lei, nos moldes de um positivismo ético. O positivismo como ideologia apresentaria uma versão extremista e uma moderada. A versão extremista caracteriza-se por afirmar o dever absoluto de obediência à lei, enquanto tal. Essa afirmação não se situa no plano teórico, senão no plano ideológico, pois não se insere na problemática cognoscitiva referente à definição do direito, mas numa dimensão valorativa, relativa à determinação do dever das pessoas. Assim como o jusnaturalismo, o positivismo extremista identifica ambas as noções de validade e de justiça da lei. Enquanto

1 **O positivismo jurídico**: lições de filosofia do direito. São Paulo: Ícone, 1999a, p. 131.

o primeiro deduz a validade de uma lei da sua justiça, o segundo deduz a justiça de uma lei de sua validade. O direito justo se torna mera decorrência lógica do direito válido. Seu turno, a versão moderada afirma que o direito tem um valor enquanto tal, independente do seu conteúdo, não porque, como sustenta a versão extremista, seja sempre por si mesmo justo, pelo simples fato de ser válido, mas porque é o meio necessário para realizar certo valor, o da ordem. Logo, a lei é a forma mais perfeita de manifestação da normatividade jurídica, visto que se afigura como a fonte do direito que melhor realiza a ordem.

Para o positivismo ético, o direito, portanto, tem sempre um valor; mas, enquanto para sua versão extremista trata-se de um valor final –, a estimativa suprema de justiça –, para a moderada trata-se de um valor instrumental, ao priorizar a ordem como condição axiológica para a realização dos demais valores jurídicos.

3.3. O POSITIVISMO LÓGICO E A IMPOSSIBILIDADE DE UM TRATAMENTO RACIONAL DA JUSTIÇA

Com o advento da Teoria Pura do Direito de Hans Kelsen, na primeira metade do século XX, o positivismo jurídico se converte numa variante de normativismo lógico, aprofundando o distanciamento da Ciência do Direito em face das dimensões fática e valorativa do fenômeno jurídico. Sendo assim, ao isolar o direito dos fatos sociais, Hans Kelsen rejeita o tratamento científico da efetividade da ordem jurídica. Por sua vez, ao apartar o direito da especulação axiológica sobre a justiça, expurga a compreensão da legitimidade da ordem jurídica do campo do conhecimento jurídico.

Como bem assevera Orlando Gomes[2], a teoria pura só se ocupa do direito tal como é, até porque é uma teoria do direito positivo, pelo que o valor justiça lhe é indiferente. Toda valoração, todo o juízo sobre o direito positivo deve ser afastado. O fim da ciência jurídica não é julgar o direito positivo, mas, tão só, conhecê-lo na sua essência e compreendê-lo mediante a análise de sua estrutura.

Privilegia-se tão somente a validade da norma jurídica, verificada por meio do exame imputativo da compatibilidade vertical da norma jurídica com os parâmetros de fundamentação/derivação material e, sobretudo, formal que são estabelecidos pela normatividade jurídica superior. Sendo assim, norma jurídica validade é aquela produzida de acordo com o conteúdo (o que deve ser prescrito), a competência (quem deve prescrever) e o procedimento (como deve ser prescrito) definidos pela

2 **Raízes históricas e sociológicas do Código Civil brasileiro**. São Paulo: Martins Fontes, 2003, p. 57.

norma jurídica superior, dentro da totalidade sistêmica hierarquizada e escalonada a que corresponde a pirâmide normativa. O sistema jurídico estaria, em última análise, fundamentado numa norma hipotética fundamental (*grundnorm*), como pressuposto lógico-transcendental do conhecimento jurídico, cuja função seria impor o cumprimento obrigatório do direito positivo, independentemente da sua eficácia e da sua legitimidade enquanto direito justo.

Hans Kelsen[3] se dedica a debater o problema da justiça no plano exclusivamente ético, fora, portanto, dos limites científicos de sua Teoria Pura do Direito. Para Kelsen, a Ciência do Direito não tem de perquirir o que é justo, isto é, prescrever como se devem tratar os comportamentos humanos, mas descrever aquilo que é valorado como justo, sem se identificar com um destes juízos de valor sobre a justiça.

Para fundamentar a sua tese de que a justiça é um dado variável, desenvolve estudo das sagradas escrituras, fonte divina que deveria oferecer um conceito absoluto do justo. Demonstra algumas supostas incongruências entre o Antigo e o Novo Testamento, como a franca oposição entre o princípio da retaliação ensinado por Javé e a lei do amor e do perdão ensinada por Jesus Cristo. Acentua ainda a diferença entre a lei mosaica, a doutrina crística e os ensinos paulianos. Kelsen critica ainda o idealismo platônico, pela falta de solidez de seu conceito de justiça, transformado num valor transcendente e, pois, destituído de conteúdo material, bem como o pensamento aristotélico, por buscar uma matematização da justiça. Ademais, objeta as teses preconizadas pelo jusnaturalismo, pela fluidez do conceito de natureza como fundamento para o justo.

O cepticismo axiológico da Teoria Pura do Direito se estende, portanto, para a filosofia kelseniana da justiça, para quem não existe, nas questões valorativas, nenhuma objetividade possível. Sustenta-se, então, o mais extremado subjetivismo, negando qualquer alternativa de racionalidade e consenso valorativo.

Para Kelsen[4], uma axiologia relativista não implica – como muitas vezes se defende – que não haja valor algum e, especialmente, que não haja nenhuma justiça. Significa, sim, que não existe uma justiça absoluta, mas somente uma justiça relativa. Logo, os valores que se constituem mediante atos produtores de normas não podem apresentar-se com a pretensão de excluir a possibilidade de estimativas opostas.

Nega-se, assim, o tratamento racional da justiça, pois, na visão kelseniana, racionalizar a qualificação de uma conduta como justa, sob o ponto de vista de seu valor

3 **O problema da justiça**. São Paulo: Martins Fontes, 2003, p. 16.

4 KELSEN, Hans. **Teoria Pura do Direito**. São Paulo: Martins Fontes, 1994, p. 76.

intrínseco, significaria negar a diferença entre a lei físico-matemática e a lei moral. Rejeita, assim, a possibilidade de uma razão prática, ante a rigidez do dualismo ser e dever ser no plano jurídico.

Kelsen[5] assinala que, de fato, não pode dizer o que seja a justiça absoluta. Sendo assim, satisfaz-se com uma justiça relativa, só podendo asseverar o que significa o justo para ele próprio. Propõe uma justiça sob cuja égide a ciência pode avançar e, ao lado dela, a verdade. Para ele, trata-se da justiça da liberdade, da paz, da democracia e da tolerância.

A Teoria Pura do Direito, no entanto, não nega lugar aos valores como integrantes da experiência jurídica e reconhece sua presença na prática profissional dos juristas. Isso porque a moldura da norma superior combina vinculação e indeterminabilidade do conteúdo da norma inferior, pelo que o processo criativo do direito abarca, dentro de si, a imperiosa necessidade de interpretação. Diferentemente do que sucede com a interpretação doutrinária, a interpretação autêntica, incumbida ao órgão aplicador do direito no exercício de sua competência normativa, é gestada como ato de vontade vinculante, produtor de normas jurídicas. Enquanto aquela se desenvolve no plano das proposições jurídicas, como atividade que se limita a apontar as alternativas hermenêuticas abertas pela indeterminação linguística dos termos normativos, a interpretação autêntica não é ato de conhecimento, mas de vontade, segundo o qual o intérprete realiza escolha valorativa, conforme critérios discricionários que escapam do domínio da Ciência do Direito.

3.4. O POSITIVISMO FUNCIONALISTA E A JUSTIÇA COMO ILUSÃO SISTÊMICA

Ao longo do século XX, a doutrina positivista sofre novos aperfeiçoamentos, em contato com as mais recentes contribuições das Ciências Sociais. O exemplo mais emblemático continua sendo o positivismo funcionalista, que encontra sua mais acabada expressão na teoria dos sistemas preconizada por Niklas Luhmann, para quem o direito se afigura como um sistema comunicativo de natureza autopoiética.

Segundo Luhmann[6], a teoria de sistemas deve poder tudo explicar (universalidade), inclusive o próprio ato de teorizar (reflexividade), o que faz explicando tudo como sendo sistema (autorreferência) e o que não configura esse sistema – o am-

---

5 Id. **O que é Justiça?** São Paulo: Martins Fontes, 2001, p. 25.

6 LUHMANN, Niklas. **El derecho de la sociedad**. México, D.F.: Universidad Iberoamericana, 2002, p. 380.

biente. Por sua vez, o sistema autopoiético é autônomo porque o que nele se passa não é determinado por nenhum componente do meio circundante, mas por sua própria organização sistêmica.

Essa autonomia do sistema pressupõe sua clausura, pois os elementos interagem por meio dele próprio. A seu turno, o sistema jurídico se propõe a reduzir a complexidade do ambiente, absorvendo a contingência da intersubjetividade humana e garantindo a generalização congruente de expectativas comportamentais, a fim de fornecer uma imunização simbólica de expectativas contra outras possibilidades sociais de conduta.

Conforme o magistério autorizado de Willis Guerra[7], o sistema jurídico integra o sistema imunológico das sociedades, imunizando-as de conflitos surgidos já em outros sistemas sociais. Isso não é feito pela negação dos conflitos, mas com os conflitos, assim como os sistemas vivos se imunizam das doenças com seus germes. Para tanto, a complexidade da vida social, com sua extrema contingência, é reduzida pela construção de uma pararrealidade, codificada a partir do esquema binário Direito/Não Direito (Lícito/Ilícito). Demarca, assim, seu próprio limite, autorreferencialmente, na complexidade própria do meio ambiente, mostrando o que dele faz parte, seus elementos, que ele e só ele, enquanto autônomo, produz, ao conferir-lhes validade normativa e significado jurídico às comunicações que nele se processam. Para a constituição desse sistema autopoiético, o Direito necessita também da formação de unidades procedimentais. Mantém-se autônomo o Direito em face dos demais sistemas sociais, na medida em que continua operando com seu próprio código, e não por critérios oferecidos por algum dos outros sistemas (economia, moral, política e ciência). Ao mesmo tempo, o sistema jurídico há de realizar o seu acoplamento estrutural com outros sistemas sociais, para o que desenvolve cada vez mais procedimentos de reprodução jurídica (*e.g.*, procedimentos legislativos, administrativos, judiciais e contratuais).

Por sua vez, Gunther Teubner[8] elucida o funcionamento do direito como um sistema autopoiético, mencionando que a sociedade aparece concebida como um sistema autopoiético de comunicação, ou seja, um sistema caracterizado pela organização autorreprodutiva e circular de atos de comunicação. A partir desse circuito comunicativo geral e no seio do sistema social, novos e específicos circuitos comunicativos se vão gerando e desenvolvendo.

---

7 GUERRA FILHO, Willis S. **Autopoiese do direito na sociedade pós-moderna**. Porto Alegre: Livraria do Advogado, 1997a, p. 63.

8 **O direito como sistema autopoiético**. Lisboa: Fundação Calouste Gulbenkian, 1993, p. 12.

O sistema jurídico tornou-se, assim, um subsistema social funcionalmente diferenciado, com o desenvolvimento de um código binário próprio (legal/ilegal). É esse código que, operando como centro de uma rede circular e fechada de operações sistêmicas, assegura a originária autorreprodução recursiva de seus elementos básicos e a sua autonomia em face dos restantes subsistemas sociais.

Com efeito, Niklas Luhmann examina o problema da justiça como elemento do sistema jurídico autopoiético, retirando-lhe o significado ético para emprestar-lhe a função de unidade operacional do sistema, obediente a suas regras internas e destinado a atuar como uma fórmula de contingência, cuja função é garantir a consistência às decisões. A legitimidade das normas é, assim, uma ilusão funcionalmente necessária, que não pode ser revelada, sob pena de abalar-se a própria crença no sistema jurídico.

Em face da clausura operativa do sistema, não há, pois, na teoria luhmanniana da justiça espaço para o consenso, sendo irrelevante a discussão sobre a natureza intrínseca dos argumentos que fundamentam as decisões. O que importa é que o resultado da atividade hermenêutica possa neutralizar a insatisfação, independentemente do conteúdo dos argumentos, geralmente importados da periferia do sistema jurídico, porque capazes de consubstanciar elementos oriundos da moral, da ciência, da política, da economia e da ideologia.

Nesse sentido, Marcelo Neves[9] refere que a autonomia do sistema não é, então, nada mais do que o operar conforme o próprio código. Pressuposto que à positividade do direito é inerente não apenas a supressão da determinação imediata do Direito pelos interesses, vontades e critérios políticos dos donos do poder, mas também a neutralização moral do sistema jurídico, torna-se irrelevante para Luhmann uma teoria da justiça como critério exterior ou superior do sistema jurídico: todos os valores que circulam no discurso geral da sociedade são, após a diferenciação de um sistema jurídico, ou juridicamente irrelevantes, ou valor próprio do Direito.

Em face do exposto, dentro da visão sistêmica do Direito, preconizada por Niklas Luhmann, a justiça só pode ser considerada a partir do interior do sistema jurídico. Dessa forma, trata-se, pelo lado externo, da abertura cognitiva adequada ao meio ambiente e, pelo aspecto interno, da capacidade de reprodução normativa autopoiética. Nos termos da concepção luhmanniana do fechamento normativo e da abertura cognitiva do Direito moderno, a justiça é alocada para a dimensão da complexidade adequada do sistema jurídico e da consistência de suas decisões.

---

9 NEVES, Marcelo C. P. **A constitucionalização simbólica**. São Paulo: Acadêmica, 1994, p. 122.

3.5. CRÍTICAS AO POSITIVISMO JURÍDICO

Em face do problema da fundamentação do direito justo, o positivismo jurídico, em suas mais diversas manifestações, revela propostas limitadas e insatisfatórias. Isso porque a identificação entre direito positivo e direito justo e a excessiva formalização da validez normativa não propiciam uma compreensão mais adequada das íntimas relações entre direito, legitimidade e justiça.

Ao constatar os mencionados limites do positivismo jurídico, Karl Engisch[10] critica a redução normativista operada pela doutrina do direito positivo, afirmando que a ordem jurídica deve ser entendida como um conjunto de valores, por meio dos quais os juristas elaboram juízos axiológicos sobre a justiça dos acontecimentos e das condutas humanas.

Decerto, o positivismo legalista desemboca numa ideologia conservadora que ora identifica a legalidade com o valor-fim da justiça, em face da crença na divindade do legislador, ora concebe a ordem positivada pelo sistema normativo como valor--meio suficiente para a realização de um direito justo.

Por sua vez, o positivismo lógico da Teoria Pura do Direito abdica o tratamento racional do problema da justiça, ao afastar quaisquer considerações fáticas e, sobretudo, valorativas do plano da Ciência Jurídica, de molde a assegurar os votos de castidade axiológica do jurista. A busca do direito justo passa a depender das inclinações político-ideológicas de cada indivíduo, relegando ao campo do cepticismo e do relativismo a compreensão do direito justo.

A seu turno, o positivismo funcionalista, em nome da operacionalidade autopoiética do direito, sustenta que a legitimidade das normas figura como uma ilusão funcionalmente necessária, apresentando-se o direito justo como uma fórmula de contingência que não afeta a autonomia sistêmica. Desse modo, torna-se irrelevante uma teoria da justiça como critério exterior ou superior do sistema jurídico.

Ademais, o dogma da segurança jurídica, um dos pilares da doutrina positivista, admite questionamentos bastante incisivos.

Para a doutrina positivista, a segurança se afigura como um dos valores mais importantes do plexo axiológico da experiência jurídica, sinalizando a importância da estabilidade e da previsibilidade nas relações sociais como meios para a concretização do direito justo.

Não se trata, contudo, de um valor absoluto, supostamente capaz de esgotar a ideia de justiça. Decerto, em nome do valor da segurança, o positivismo jurídico

---

10 **El ámbito de lo no jurídico**. Córdoba: Universidad Nacional de Córdoba, 1960, p. 74.

erigiu a primazia do direito positivo em face do direito natural, reduzindo o direito justo ao direito estampado no sistema normativo da ordem jurídica, independentemente de sua legitimidade e efetividade. Isso propiciou, ao longo da história do Ocidente, experiências sociais muitas vezes trágicas, a exemplo dos arbítrios cometidos pelos regimes totalitários do século XX, sob o manto da legalidade.

Embora se revele limitada essa proposta de fundamentação positivista de direito justo, não há como negar que a segurança jurídica integra, ao lado dos demais valores jurídicos, a fórmula da realização da justiça no direito.

Segundo Carlos Aurélio Mota de Souza[11], segurança e justiça não se contrapõem, mas enquanto esta é, muitas vezes, um poder ético, desarmado, sua garantia de efetivação no direito repousa na materialidade objetiva da segurança jurídica.

Decerto, a segurança jurídica permite também a realização do direito justo, porque a ideia de justiça liga-se intimamente à ideia de ordem. No próprio conceito de justiça é inerente uma ordem, que não pode deixar de ser reconhecida como valor mais urgente, o que está na raiz da escala axiológica, mas é degrau indispensável a qualquer aperfeiçoamento ético.

Para que este valor possa ser realizado na órbita das relações jurídicas, a estimativa da segurança jurídica costuma ser corporificada em princípios constitucionais, enunciados em diversas Cartas Magnas do Ocidente, como também sucede com a Constituição Federal de 1988. Com efeito, da leitura atenta do art. 5º da Constituição Federal extraem-se diversos exemplos de sua concretização: irretroatividade da lei, autoridade da coisa julgada, respeito ao direito adquirido e ao ato jurídico perfeito, outorga de ampla defesa e contraditório aos acusados em geral, prévia lei para a configuração de crimes e cominação de penas e o devido processo legal, entre outros. Sendo assim, nos Estados Democráticos de Direito, o valor da segurança jurídica pode ser considerado um princípio basilar da ordem jurídico-constitucional, como forma de garantir a tutela dos direitos fundamentais do cidadão.

Por sua vez, a noção de certeza do direito está umbilicalmente ligada ao entendimento do que seja a segurança jurídica.

Segundo Carlos Aurélio Mota de Souza[12], a segurança se traduz objetivamente como um elemento anterior, mediante as normas e instituições positivadas no sistema jurídico, enquanto a certeza do direito se forma intelectivamente nos destinatários dessas normas e instituições, como um elemento de convicção posterior. Dessa for-

---

11 **Segurança jurídica e jusrisprudência:** um enfoque filosófico-jurídico. São Paulo: LTr, 1996, p. 269.

12 SOUZA, 1996, p. 25.

ma, a segurança objetiva das leis confere ao cidadão a certeza subjetiva das ações justas, segundo o direito positivo.

De outro lado, os juristas procuram reforçar a certeza do direito no imaginário de cada cidadão, por meio do desenvolvimento das seguintes atividades: aplicação do princípio da legalidade; preenchimento das lacunas jurídicas; correção das antinomias jurídicas; simplificação da linguagem do legislador; aplicação da analogia a casos semelhantes; adequação à jurisprudência dominante, entre outros exemplos.

A segurança e a certeza do direito são necessárias para que haja justiça e, pois, direito justo, visto que a desordem institucional e a desconfiança subjetiva inviabilizam o reconhecimento de direitos e o correlato cumprimento das obrigações jurídicas.

Deve-se, entretanto, ressaltar que já não se aceita o argumento formalista, típico do positivismo jurídico, de que a segurança jurídica e a certeza bastariam para a materialização do direito justo. O sistema normativo, como expressão da cultura humana, está em permanente mudança, exigindo a apropriação de novos valores e fatos na experiência jurídica. Sendo assim, a segurança jurídica e a certeza do direito não são dados absolutos, nem tampouco a justificativa para que uma norma jurídica possa permanecer em vigor, mesmo que a sua aplicação, num dado caso concreto, esteja desprovida de efetividade e, sobretudo, legitimidade, por comprometer a ideia de justiça.

Exemplo ilustrativo é o debate atual sobre a possibilidade de relativização da coisa julgada, no panorama doutrinário e jurisprudencial brasileiro, visto que muitos estudiosos entendem que a consolidação das situações jurídicas pela coisa julgada deve quedar diante da constatação, em face de novos elementos probatórios, de eventuais injustiças cometidas contra uma das partes.

Desse modo, o valor da segurança jurídica e a convicção da certeza do direito, embora relevantes para a realização abstrata de justiça, comportam a relativização em determinadas circunstâncias, a fim de que se realize, num dado caso concreto, a melhor interpretação e aplicação de um direito justo.

Como se apreende do exposto, as referidas variações do positivismo jurídico não abordam, com profundidade, o problema da justiça, priorizando as preocupações com os valores da ordem e segurança, além de subordinar o exame da legitimidade do direito à especial observância dos critérios de validez formal que presidem a produção das normas jurídicas.

Capítulo 4

A emergência do pós-positivismo jurídico: o novo paradigma do direito justo

4.1. A CRISE DA MODERNIDADE E SEUS REFLEXOS SOBRE O DIREITO

Desde a época do Renascimento, a humanidade já havia sido guindada ao patamar de centro do universo. Típica da nova perspectiva era a visão de Francis Bacon, segundo a qual os homens poderiam desvendar os segredos da realidade, para, então, dominar a natureza. Posteriormente, René Descartes lançou as bases filosóficas do edifício moderno, definindo a essência humana como uma substância pensante (*cogito, ergo sum*) e o ser humano como um sujeito racional autônomo. Na mesma senda, Isaac Newton conferiu à modernidade o seu arcabouço científico ao descrever o mundo físico como uma máquina, cujas leis imutáveis de funcionamento poderiam ser apreendidas pela mente humana. Na seara político-social, despontou o pensamento de John Locke, vislumbrando a relação contratual entre governantes e governados, em detrimento do absolutismo, e a supremacia dos direitos naturais perante os governos tirânicos.

Abeberando-se neste rico manancial de ideias, coube ao movimento iluminista, no século XVIII, consolidar o multifacetado projeto da modernidade, em que Diderot, Voltaire, Rousseau e Montesquieu inaugurariam, de modo triunfal, a idade da razão. Sob a influência do iluminismo, Immanuel Kant complementaria o ideário moderno, ao enfatizar o papel ativo da mente no processo de conhecimento. Para Kant, o intelecto sistematizaria os dados brutos oferecidos pelos órgãos sensoriais por meio de categorias inatas, como as categorias de espaço e tempo. Nessa perspectiva, o "eu pensante", ao desencadear suas potencialidades cognitivas, afigurava-se como o criador do próprio mundo a ser conhecido. A pretensão transcendental de Kant supunha, assim, que a cultura e a ética refletiriam padrões universalmente racionais e humanos, submetendo-se os deveres ao princípio supremo da razão prática – o imperativo categórico. Ao conferir posição privilegiada ao sujeito do conhecimento, Kant elevou o respeito a pessoa humana como um valor ético absoluto. O sujeito kantiano tornava-se capaz de sair da menoridade e ser protagonista da história.

Com efeito, Kant[1] preocupa-se em fundamentar a prática moral não na pura experiência, mas em uma lei inerente à racionalidade universal humana, o chamado imperativo categórico – age só segundo uma máxima tal que possas querer, ao mesmo tempo, que se torne uma máxima universal. A ética é, portanto, o compromisso de seguir o próprio preceito ético fundamental, e pelo fato de segui-lo em si e por si. O homem que age moralmente deverá fazê-lo, não porque visa à realização de qualquer outro algo, mas pelo simples fato de colocar-se de acordo com a máxima do imperativo categórico. O agir livre é o agir moral. O agir moral é o agir de acordo com o dever. O agir de acordo com o dever é fazer de sua lei subjetiva um princípio de legislação universal, a ser inscrita em toda a natureza humana.

Sendo assim, o programa moderno estava embasado no desenvolvimento implacável das ciências objetivas, das bases universalistas da ética e de uma arte autônoma. Seriam, então, libertadas as forças cognitivas acumuladas, tendo em vista a organização racional das condições de vida em sociedade. Os proponentes da modernidade cultivavam ainda a expectativa de que as artes e as ciências aperfeiçoariam não somente o controle das forças da natureza, como também a compreensão do ser e do mundo, o progresso moral, a justiça nas instituições sociais e até mesmo a felicidade humana.

Não é outro o entendimento de Alain Touraine[2], para quem a ideia de modernidade, na sua forma mais ambiciosa, foi a afirmação de que o homem é o que ele faz, e que, portanto, deve existir uma correspondência cada vez mais estreita entre a produção, tornada mais eficaz pela ciência, a tecnologia ou a administração, a organização da sociedade, regulada pela lei, e a vida pessoal, animada pelo interesse, mas também pela vontade de se liberar de todas as opressões. Sobre o que repousa essa correspondência de uma cultura científica, de uma sociedade ordenada e de indivíduos livres, senão sobre o triunfo da razão? Somente ela estabelece uma correspondência entre a ação humana e a ordem do mundo, o que já buscavam pensadores religiosos, os quais, porém, foram paralisados pelo finalismo próprio às religiões monoteístas baseadas numa revelação. É a razão que anima a ciência e suas aplicações; é ela também que comanda a adaptação da vida social às necessidades individuais ou coletivas; é ela, finalmente, que substitui a arbitrariedade e a violência pelo Estado de Direito e pelo mercado. A humanida-

1 KANT, Immanuel. **Crítica da razão prática**. Tradução de Rodolfo Schaefer. São Paulo: Martin Claret, 2005, p. 121.

2 **Crítica da modernidade**. Petrópolis-RJ: Vozes, 1994, p. 9.

de, agindo segundo suas leis, avança simultaneamente em direção à abundância, à liberdade e à felicidade.

Sendo assim, nas suas conotações mais positivas, o conceito de modernidade indica uma formação social que multiplicava sua capacidade produtiva, pelo aproveitamento mais eficaz dos recursos humanos e materiais, graças ao desenvolvimento técnico e científico, de modo que as necessidades sociais pudessem ser respondidas, com o uso mais rigoroso e sistemático da razão. A modernidade caracterizava-se também pela forma participativa das tomadas de decisões na vida social, valorizando o método democrático e as liberdades individuais. O objetivo da sociedade moderna era oferecer uma vida digna, na qual cada um pudesse realizar sua personalidade, abandonando as constrições de autoridades externas e ingressando na plenitude expressiva da própria subjetividade.

A realização dos objetivos do projeto da modernidade seria garantida, no plano histórico, pelo equilíbrio entre os vetores societários de regulação e emancipação. As forças regulatórias englobariam as instâncias de controle e heteronomia. De outro lado, as forças emancipatórias expressariam as alternativas de expansão da personalidade humana, oportunizando rupturas, descontinuidades e transformações.

Nesse sentido, salienta Boaventura Santos[3] que o projeto sociocultural da modernidade é muito rico, capaz de infinitas possibilidades e, como tal, muito complexo e sujeito a desenvolvimentos contraditórios. Assenta-se em dois pilares fundamentais, o pilar da regulação e o pilar da emancipação. São pilares, eles próprios, complexos, cada um constituído por três princípios. O pilar da regulação é constituído pelo princípio do Estado, cuja articulação se deve principalmente a Hobbes; pelo princípio do mercado, dominante sobretudo na obra de Locke; pelo princípio da comunidade, cuja formulação domina toda a filosofia política de Rousseau. Por sua vez, o pilar da emancipação é constituído por três lógicas de racionalidade: a racionalidade estético-expressiva da arte e da literatura; a racionalidade moral-prática da ética e do direito; e a racionalidade cognitivo-instrumental da ciência e da técnica.

O programa da modernidade fundar-se-ia na estabilidade dos referidos pilares, assegurada pela correlação existente entre os princípios regulatórios e as lógicas emancipatórias. Assim, a racionalidade ético-prática, que rege o direito, seria relacionada ao princípio do Estado, uma vez que o Estado moderno era concebido como o detentor do monopólio de produção e aplicação das normas jurídicas. A racionalidade cognitivo-instrumental, por seu turno, seria alinhada ao princípio do mercado,

3 SANTOS, Boaventura de Sousa. **Pela mão de Alice**: o social e o político na pós-modernidade. São Paulo: Cortez, 1995, p. 77.

porquanto a ciência e a técnica se afiguravam como as molas mestras da expansão do sistema capitalista.

Com efeito, no plano gnoseológico, o projeto da modernidade trouxe a suposição de que o conhecimento seria preciso, objetivo e bom. Preciso, pois, sob o escrutínio da razão, tornava-se possível compreender a ordem imanente do universo; objetivo, porquanto o modernista se colocava como observador imparcial do mundo, situado fora do fluxo da história; bom, pois o otimismo moderno conduzia à crença de que o progresso seria inevitável e de que a ciência capacitaria o ser humano a libertar-se de sua vulnerabilidade à natureza e a todo condicionamento social.

O cerne do programa moderno residia, indubitavelmente, na confiança na capacidade racional do ser humano. Os modernos atribuíam à razão papel central no processo cognitivo. A razão moderna compreende mais do que simplesmente uma faculdade humana. O conceito moderno de razão remetia à assertiva de que uma ordem e uma estrutura fundamentais são inerentes ao conjunto da realidade. O programa moderno se alicerçava na premissa de que a correspondência entre a tessitura da realidade e a estrutura da mente habilitaria esta última a discernir a ordem imanente do mundo exterior.

A ideia de uma modernidade denotava, assim, o triunfo de uma razão redentora, que se projetaria nos diversos setores da atividade humana. Essa razão deflagraria a secularização do conhecimento, conforme os arquétipos da Física, da Geometria e da Matemática. Viabilizaria a racionalidade cognitivo-instrumental da ciência, concebida como a única forma válida de saber. Potencializaria, por meio do desenvolvimento científico, o controle das forças adversas da natureza, retirando o ser humano do reino das necessidades. Permitiria ao homem construir o seu destino, livre do jugo da tradição, da tirania, da autoridade e da sanção religiosa.

Nesse compasso, refere João Carlos Petrini[4] que o projeto da modernidade nasceu para desenvolver a ciência objetiva, a moralidade e a lei universais e a arte, com total autonomia de qualquer instância superior. O desenvolvimento das ciências deveria permitir o domínio da natureza, respondendo progressivamente às necessidades dos homens e ampliando, portanto, a esfera da liberdade. A racionalidade desenvolvida nas ciências exatas e nas ciências naturais seria aplicada também à elaboração de formas racionais de organização da sociedade, proporcionando a emancipação, a libertação da escassez e das calamidades naturais. Esse processo de domínio, por parte da razão cartesiana, de todas as esferas da realidade humana e social

4 **Pós-modernidade e família**: um itinerário de compreensão. Bauru-SP: EDUSC, 2003, p. 27.

era considerado irreversível e levaria à libertação da irracionalidade dos mitos, das superstições, das religiões.

O programa moderno abria margem para a emergência do paradigma liberal-burguês na esfera jurídica. O conceito de Estado Constitucional de Direito é, ainda hoje, a pedra angular para o entendimento da modernidade jurídica. Surgido na dinâmica das revoluções burguesas (Revolução Gloriosa, Independência norte-americana, Revolução Francesa), o Estado Constitucional de Direito sintetiza um duplo e convergente processo de estatização do Direito e juridicização do Estado. Essa nova forma de organização estatal inaugura um padrão histórico específico de relacionamento entre o sistema político e a sociedade civil. Tal relação é intermediada por um ordenamento jurídico que delimita os espaços político e social. A ordem jurídica acaba por separar a esfera pública do setor privado, os atos de império dos atos de gestão, o interesse coletivo das aspirações individuais.

Para J. J. Gomes Canotilho[5], o conceito de Estado Constitucional se apresenta mais como um ponto de partida do que como um ponto de chegada, sendo o produto do desenvolvimento histórico de certas fórmulas político-jurídicas. O termo "Constituição" significa constituição da sociedade, dentro da visão oitocentista, aspirando a ser um corpo jurídico de regras aplicáveis ao corpo social. Nos principais teóricos do constitucionalismo (Montesquieu, Rousseau, Locke), encontra-se a ideia de que a Constituição se refere não apenas ao Estado, mas à própria comunidade política, ou seja, à *res publica*.

A partir do início do século XIX, a Constituição passa a ter como referente o Estado e não a sociedade, em face de diversas razões. Em primeiro lugar, merece registro a evolução semântica do conceito, que passou a orientar-se pela noção de Estado-nação. A segunda razão político-sociológica relaciona-se com a progressiva estruturação do Estado liberal, cada vez mais assentado na separação Estado-sociedade civil. Em terceiro lugar, aponta-se uma justificativa filosófico-política, pois, sob a influência da filosofia hegeliana e do juspublicismo germânico, a Constituição passa a designar a ordem do Estado, reduzindo-se à condição de simples lei do Estado e do seu poder. Nesse sentido, desponta a Constituição como a lei proeminente que conforma o Estado.

De outro lado, o conceito moderno de Estado se afigura como uma forma histórica de organização jurídica do poder dotada de qualidades que a distinguem de outros poderes e organizações de poder. Entre esses atributos, destaca-se a qualidade de poder soberano, que se traduz num poder supremo no plano interno e num poder

---

5 **Direito Constitucional e Teoria da Constituição**. 3. ed. Coimbra: Almedina, 1998, p. 87.

independente no plano internacional, daí decorrendo os elementos constitutivos do Estado: poder político de comando, povo e território.

Salienta ainda o autor que, embora a ideia de unidade política soberana do Estado esteja em crise como resultado da globalização/internacionalização/integração interestatal, continua a ser um modelo operacional tal qual uma comunidade juridicamente organizada. Apresenta-se, assim, o Estado tanto como um esquema aceitável de racionalização institucional das sociedades modernas quanto como uma tecnologia de equilíbrio político-social, por meio da qual se combatem a autocracia absolutista e os privilégios das corporações medievais.

Ainda segundo J. J. Gomes Canotilho[6], o Estado Constitucional de Direito, gestado durante a modernidade jurídica, deve ser entendido como um Estado de Direito democrático. A concretização do Estado Constitucional de Direito gera a necessidade de procurar o pluralismo de estilos culturais, a diversidade de circunstâncias, condições históricas e códigos de observação próprios dos ordenamentos jurídicos concretos, na tentativa de alicerçar a noção de juridicidade estatal, sendo ilustrativas as noções de *rule of law*, *always under law*, *l'État légal* e *Rechtsstaat*.

Com efeito, a fórmula britânica do *rule of law* comporta quatro dimensões básicas: a observância de um processo justo regulado, quando se tiver de julgar e punir os cidadãos, privando-os da liberdade e da propriedade; a proeminência das leis e costumes do país perante a discricionariedade do poder real; a sujeição de todos os atos do Executivo à soberania do parlamento; a igualdade de acesso aos tribunais por parte dos cidadãos, segundo os princípios do direito comum (*common law*).

Por sua vez, a noção de Estado Constitucional nos Estados Unidos deve ser referida à ideia de *always under law*, advindo daí três importantes desdobramentos. Em primeiro lugar, decorre o direito do povo de fazer uma lei superior em que se estabeleçam os esquemas essenciais do governo e os respectivos limites, com a tutela das liberdades dos cidadãos. Em segundo lugar, o Estado Constitucional associa a juridicidade do poder à justificação do governo, visto que as razões de governo devem ser razões públicas, tornando patente o consentimento do povo em ser governado em determinadas condições. O governo tem a obrigação jurídico-constitucional de governar segundo leis dotadas de unidade, publicidade, durabilidade e antecedência. Em terceiro lugar, merece registro a ideia de que os tribunais exercem a justiça em nome do povo, que neles deposita a confiança de preservação dos princípios de justiça e dos direitos condensados na lei superior, o que justifica inclusive o instituto do *judicial review of legislation*.

---

6 CANOTILHO, 1998, p. 92.

A seu turno, a ideia do Estado de Direito no constitucionalismo francês foi assentada na construção de um *État légal* concebido como uma ordem jurídica hierárquica (Declaração de 1789, Constituição, legislação e atos do Executivo de aplicação das leis), embora o Estado Constitucional se tenha transmutado em simples Estado legal, neutralizando a concepção de uma supremacia da Constituição. Daí por que se afirma que o constitucionalismo francês pode ser considerado um "constitucionalismo sem Constituição".

De outro giro, a palavra *Rechtsstaat* expressa uma dimensão da via especial do constitucionalismo alemão, que defendeu um modelo de Estado de Direito como Estado liberal, porque limitado à tutela da ordem e segurança públicas, remetendo-se os domínios econômicos e sociais para os mecanismos da liberdade individual e da liberdade de concorrência. Daí defluiriam os seguintes postulados: afirmação de direitos fundamentais fundados no respeito à esfera de liberdade individual, submissão do soberano ao império da lei, princípio da legalidade da administração, princípio da proibição do excesso e a exigência do controle judicial da atividade da administração.

Sendo assim, o Estado Constitucional moderno não é nem deve ser entendido apenas como um Estado de Direito, pois ele tem de estruturar-se como Estado de Direito democrático, isto é, como uma ordem de domínio legitimada pelo povo, tal qual sintetizado no princípio da soberania popular. Decerto, Estado de Direito e democracia correspondem a dois modos de ver a liberdade, concebida, na primeira hipótese, como liberdade negativa e, na segunda hipótese, como liberdade positiva.

O Estado Constitucional moderno corresponde a mais do que o Estado de Direito, visto que o elemento democrático serve não só para limitar o Estado, mas também para legitimar o exercício do poder político. Logo, é o princípio da soberania popular, segundo o qual todo o poder vem do povo, que, concretizado segundo procedimentos juridicamente regulados, permite harmonizar os pilares do Estado de Direito e do Estado democrático, potencializando a compreensão da fórmula moderna do Estado de Direito democrático.

Nesse sentido, o Estado Constitucional de Direito apresenta, como traços marcantes de sua conformação histórica, os princípios da soberania nacional, da independência dos Poderes e da supremacia constitucional. O princípio da separação dos Poderes, técnica destinada a conter o absolutismo, atribui a titularidade da função legislativa a parlamentos compostos pelos representantes da nação, restringe o campo de atuação do Poder Executivo aos limites estritos das normas legais e confere ao Poder Judiciário a competência para julgar e dirimir conflitos, neutralizando-os politicamente. O Estado submete-se ao primado da legalidade. A lei é concebida como uma norma abstrata e genérica emanada do parlamento, segundo um processo previsto pela Constituição. A Carta Magna, na acepção liberal, apresenta-se como uma ordenação sistemática da comunidade política, plasmada em regra num documento escrito, mediante o qual se estrutura o poder político e se asseguram os direitos fundamentais dos cidadãos.

Como se depreende dos elementos integrantes da noção de Estado Constitucional de Direito, a ideia moderna de que os homens se encontravam aptos a delinear um projeto racional informa as definições clássicas de lei e Constituição. As normas legais afiguram-se como instrumentos de uma razão planificante, capaz de engendrar a codificação do ordenamento jurídico e a regulamentação pormenorizada dos problemas sociais. A Constituição, produto de uma razão imanente e universal que organiza o mundo, cristaliza, em última análise, o pacto fundador de toda a sociedade civil.

O fenômeno da positivação é, pois, expressão palmar da modernidade jurídica, permitindo a compreensão do Direito como um conjunto de normas postas. Ocorrido, em larga medida, a partir século XIX, corresponde à legitimidade legal-burocrática preconizada por Max Weber, porquanto fundada em ritos e mecanismos de natureza formal. A positivação desponta como um conjunto de procedimentos capazes de moldar valores e padrões de conduta.

Para Tercio Sampaio Ferraz Junior[7], o fenômeno da positivação concebe o direito positivo como o que vale em virtude de uma decisão e somente por força de nova decisão pode ser revogado, concepção presente no legalismo que reduziu o direito a lei. "Positivação" e "decisão" são termos correlatos, visto que o fenômeno da positivação do direito é aquele mediante o qual todas as valorações, normas e expectativas de comportamento na sociedade têm de ser filtradas mediante processos decisórios antes de poderem adquirir a validade. Logo, o fenômeno da positivação estabelece o campo em que se move a Ciência do Direito moderna, não fazendo do direito positivo o seu objeto único, mas envolvendo o ser humano de tal modo que toda reflexão sobre o Direito tem de tomar posição sobre ela.

Sendo assim, a lei, resultado de um conjunto de atos e procedimentos formais (iniciativa, discussão, quórum, deliberação), torna-se, dessarte, a manifestação cristalina do Direito. Daí advém a identificação moderna entre Direito e Lei, restringindo o âmbito da experiência jurídica. A análise global da conjuntura da época possibilita o entendimento do sentido dessa idolatria à lei.

Em primeiro lugar, o apego excessivo à norma legal refletia a postura conservadora de uma classe que ascendera no plano social, na esteira do movimento jusnaturalista. Decerto, o jusnaturalismo racionalista consolida-se com o advento da ilus-

---

7 **A ciência do direito**. São Paulo: Atlas, 1980, p. 40.

tração, despontando a racionalidade humana como um código de ética universal e pressupondo um ser humano único em todo o tempo e em todo espaço. Os iluministas acreditavam, assim, que a racionalidade humana, diferentemente da providência divina, poderia ordenar a natureza e vida social. Esse movimento jusnaturalista, de base antropocêntrica, utilizou a ideia de uma razão humana universal para afirmar direitos naturais ou inatos, titularizados por todo e qualquer indivíduo, cuja observância obrigatória poderia ser imposta até mesmo ao Estado, sob pena de o direito positivo corporificar a injustiça.

Historicamente, o jusnaturalismo racionalista serviu de alavanca teórica para as revoluções liberais burguesas que caracterizaram a modernidade jurídica (Revolução Inglesa, Independência norte-americana, Revolução Francesa), orientando o questionamento aos valores positivados na ordem jurídica do Antigo Regime. Nessa época, os direitos naturais de liberdade, igualdade e fraternidade passam a ser difundidos e contrapostos ao poder absoluto da monarquia.

Para Tercio Sampaio[8], o direito, no âmbito do movimento jusnaturalista, se, de um lado, quebra o elo entre jurisprudência e procedimento dogmático fundado na autoridade, de outro, procura aperfeiçoar tal procedimento dogmático ao dar-lhe a qualidade de sistema. A teoria jurídica passa a ser uma construção sistemática da razão, e em nome da própria razão, como uma crítica da realidade. Desse modo, remanescem duas contribuições importantes: o método sistemático conforme o rigor lógico da dedução; e o sentido crítico-avaliativo do direito posto em nome de padrões éticos contidos nos princípios reconhecidos pela razão humana.

Sendo assim, ao encampar o poder político, a burguesia passou a utilizar a aparelhagem jurídica em conformidade com seus interesses, pois, se a utopia jusnaturalista impulsionou a revolução, a ideologia legalista legitimou a preservação do *statu quo* pelo argumento de que o conjunto de leis corporificava o justo pleno, cristalizando formalmente os princípios perenes do direito natural.

A passagem da concepção jusnaturalista à positivista legalista está ligada à formação do Estado moderno, que surge com a dissolução da sociedade medieval. Ocorre, assim, o processo de monopolização da produção jurídica pelo Estado, rompendo com o pluralismo jurídico medieval (criação do direito pelos diversos agrupamentos sociais) em favor de um monismo jurídico, em que o ente estatal prescreve o Direito, seja por meio da lei, seja indiretamente por meio do reconhecimento e controle das normas de formação consuetudinária. Antes, o julgador podia obter a norma tanto de regras preexistentes na sociedade quanto de princípios equitativos e

8 FERRAZ JUNIOR, 1980, p. 30.

de razão. Com a formação do Estado moderno, o juiz, de livre órgão da sociedade, torna-se órgão do Estado, titular de um dos poderes estatais, o Judiciário, subordinado ao Legislativo. O direito positivo – direito posto e aprovado pelo Estado – é, pois, considerado o único e verdadeiro direito.

Além disso, as demandas do industrialismo e a celeridade das transformações econômicas exigiam um instrumental jurídico mais dinâmico e maleável. Em contraste com o processo de lenta formação das normas consuetudinárias, a lei se afigurava como um instrumento expedito, pronto a disciplinar as novas situações de uma realidade cambiante. Ocorreu a institucionalização da mutabilidade do direito, isto é, a ordem jurídica tornou-se contingencial e manipulável conforme as circunstâncias.

O fastígio do princípio da separação de Poderes, técnica de salvaguarda política e garantia das liberdades individuais, foi outro fator preponderante na configuração da modernidade jurídica. Na concepção moderna, o julgador, ao interpretar a lei, deveria ater-se à literalidade do texto legal, para que não invadisse a seara do Poder Legislativo, razão pela qual o magistrado deveria restringir-se à vontade da lei – *voluntas legislatoris*. A aplicação do direito seria, então, amparada no dogma da subsunção, motivo por que o raciocínio jurídico consistiria na estruturação de um silogismo, envolvendo uma premissa maior (a diretiva normativa genérica) e uma premissa menor (o caso concreto), nos moldes preconizados pelo positivismo jurídico.

Para muitos estudiosos, o programa moderno, contudo, enquanto realizava o seu desiderato de constituir sujeitos autônomos e sociedades racionalmente organizadas, também desenvolvia os fermentos e as forças de sua própria dissolução.

Nesse diapasão, acentua Marshall Berman[9] que a experiência ambiental da modernidade anula todas as fronteiras geográficas e raciais, de classe e nacionalidade, de religião e ideologia. Nesse sentido, pode-se dizer que a modernidade une toda a espécie humana. Porém é uma unidade paradoxal, uma unidade da desunidade; como um turbilhão de permanente desintegração e mudança, de luta e contradição, de ambiguidade e angústia. Ser moderno é fazer parte de um universo no qual, como disse Marx, tudo que é sólido desmancha no ar.

Os desvios e excessos do projeto da modernidade abrem margem para o aprofundamento de interpretações críticas, aptas a vislumbrar a feição repressiva do racionalismo ocidental. Desse modo, o pensamento contemporâneo sinaliza para uma

---

9 **Tudo o que é sólido desmancha no ar**: a aventura da modernidade. São Paulo: Companhia das Letras, 1986, p. 15.

transição paradigmática do programa moderno a uma cultura pós-moderna, cujos caracteres passam a ser delineados com o colapso da idade da razão.

Com a crise da modernidade, muitos estudiosos referiram a emergência de um novo paradigma de compreensão do mundo – a pós-modernidade. A perspectiva pós-moderna passou a indicar a falência das promessas modernas de liberdade, de igualdade, de progresso e de felicidade acessíveis a todos. A desconfiança de todo discurso unificante torna-se também o marco característico do pensamento pós-moderno. A realidade social, dentro da perspectiva pós-moderna, não existe como totalidade, mas se revela fragmentada, fluida e incerta.

Não é outro o entendimento de Zygmunt Bauman[10], para quem uma das consequências do "mal-estar da pós-modernidade" seria a vivência pessoal e coletiva de uma sensação de infelicidade. Se os mal-estares da modernidade provinham de uma espécie de segurança que tolerava uma liberdade pequena demais na busca da felicidade individual, os mal-estares da pós-modernidade provêm de uma espécie de liberdade de procura do prazer que tolera uma segurança individual pequena demais. Para ele, a liberdade sem segurança não assegura mais firmemente uma provisão de felicidade do que segurança sem liberdade.

Com efeito, no decorrer de seu transcurso histórico, o projeto da modernidade entrou em colapso. A vocação maximalista dos pilares regulatório e emancipatório, bem como dos princípios e lógicas internas, inviabilizou o cumprimento da totalidade de suas promessas. Ocorreu, em determinados momentos, a expansão demasiada do espaço social ocupado pelo mercado, a maximização da racionalidade científica e, de modo geral, o desenvolvimento exacerbado do vetor da regulação ante o vetor da emancipação. O pilar emancipatório assumiu a condição de roupagem cultural das forças de controle e heteronomia, comprometendo o equilíbrio tão almejado entre os pilares modernos.

O programa da modernidade dissolveu-se num processo de racionalização da sociedade, que acabou por vincular a razão às exigências do poder político e à lógica específica do desenvolvimento capitalista. O conhecimento científico da realidade natural e social, entendido como meio de emancipação do ser humano, é submetido às injunções do poder vigente.

No que se refere à modernidade jurídica, assinala Boaventura Santos[11] que ao direito moderno foi atribuída a tarefa de assegurar a ordem exigida pelo capitalismo,

10 **O mal-estar da pós-modernidade**. Rio de Janeiro: Zahar, 1998, p. 10.

11 SANTOS, Boaventura de Sousa. **Crítica da razão indolente**: contra o desperdício de experiência. São Paulo: Cortez, 2001, p. 119.

cujo desenvolvimento ocorrera num clima de caos social que era, em parte, obra sua. O direito moderno passou, assim, a constituir um racionalizador de segunda ordem da vida social, um substituto da cientifização da sociedade, o *ersatz*, que mais se aproximava – pelo menos no momento – da plena cientifização da sociedade, que só poderia ser fruto da própria ciência moderna.

Denuncia-se o entrelaçamento das formações discursivas com as relações de poder. Com o aparecimento de uma razão tecnocrática, o saber se torna o serviçal e corolário lógico do poder. O discurso, mormente o científico, é convertido em eficiente instrumento de domínio. O discurso já não é simplesmente aquilo que traduz as lutas ou os sistemas de dominação, mas aquilo pelo que se luta, o poder de que todos querem apoderar-se.

Sendo assim, a razão de matriz iluminista se banalizou, restringindo seu horizonte e delimitando seu campo de indagação aos interesses do poder. Favoreceu o progresso técnico e o crescimento econômico, mas engendrou problemas sociais. A racionalidade moderna não mais atendeu às exigências originárias do homem (liberdade, justiça, verdade e felicidade), mas, ao contrário, sucumbiu às exigências do mercado.

Salientando esse aspecto, sustenta Max Horkheimer[12] que, tendo cedido em sua autonomia, a razão tornou-se um instrumento e algo inteiramente aproveitado no processo social. Seu valor operacional, seu papel no domínio dos homens e da natureza, tornou-se o único critério para avaliá-la. É como se o próprio pensamento se tivesse reduzido ao nível do processo industrial, submetido a um programa estrito, em suma, como se tivesse tornado uma parte e uma parcela de produção.

Conquanto tenha desencadeado o progresso material da sociedade moderna, o racionalismo do Ocidente acabou promovendo o cerceamento desintegrador da condição humana, a perda da liberdade individual, o esvaziamento ético e a formação de um sujeito egoísta, direcionado, precipuamente, ao ganho econômico. Os indivíduos foram convertidos a meros receptáculos de estratégias de produção, enquanto força de trabalho (alienação); de técnicas de consumo, enquanto consumidores (coisificação); e de mecanismos de dominação política, enquanto cidadãos da democracia de massas (massificação). A alienação, a coisificação e a massificação se tornaram patologias de uma modernidade em colapso.

Os pressupostos gnoseológicos da modernidade foram também solapados. Já não prevalece a suposição de que o conhecimento é bom, objetivo e exato. O otimismo moderno no progresso científico é substituído pelo ceticismo no tocante à

12 **Eclipse da razão**. Rio de Janeiro: Labor, 1976, p. 27.

capacidade da ciência para resolver os grandes problemas mundiais. Não se aceita a crença na plena objetividade do conhecimento. O mundo não é um simples dado que está "lá fora" à espera de ser descoberto e conhecido.

A aproximação entre o sujeito e o objeto é uma tendência presente em todas as modalidades de conhecimento científico. O trabalho do cientista, como o de qualquer ser humano, é condicionado pela história e pela cultura. A verdade brota de uma comunidade específica. Assim, o que quer que seja aceito como verdade, e até mesmo o modo como ela é vista, depende da comunidade da qual se participa. Esse relativismo se estende para além das percepções da verdade e atinge sua essência: não existe verdade absoluta e universal. A verdade é sempre fruto de uma interpretação.

Nesse diapasão sustenta Edgar Morin[13] que a ciência derrubou as verdades reveladas, as verdades absolutas. Do ponto de vista científico, essas verdades são ilusões. Pensou-se que a ciência substituía essas verdades falsas por verdades verdadeiras. Com efeito, ela fundamenta suas teorias sobre dados verificados, reverificados, sempre reverificáveis. Contudo, a história das ciências mostra que as teorias científicas são mutáveis, isto é, sua verdade é temporária. A retomada dos dados desprezados, o aparecimento de novos dados graças aos progressos nas técnicas de observação/experimentação destroem as teorias que se tornaram inadequadas e exigem outras, novas.

Decerto, a epistemologia contemporânea, por meio de uma grande plêiade de pensadores, vem fortalecendo a constatação de que as afirmações científicas são probabilísticas, porquanto se revelam submetidas a incertezas. Com a emergência da geometria não euclidiana, da física quântica e da teoria da relatividade, instaurou-se a crise da ciência moderna, abalando os alicerces do positivismo científico: a certeza, o distanciamento sujeito-objeto e a neutralidade valorativa.

Nesse compasso, Karl Popper[14] afirma que a ciência não figura como um sistema de enunciados certos ou bem estabelecidos, nem como um sistema que avança constantemente em direção a um estado final. Desse modo, o velho ideal científico da *episteme* – do conhecimento absolutamente certo, demonstrável – mostrou-se inconsistente. A exigência da objetividade científica torna inevitável que todo enunciado científico permaneça provisório para sempre.

Sendo assim, o valor de uma teoria não seria medido por sua verdade, mas pela possibilidade de ser falsa. A falseabilidade figuraria, assim, como o critério de avalia-

---

13 **Para sair do século XX**. Tradução de Vera Harvey. Rio de Janeiro: Nova Fronteira, 1986, p. 197.

14 **O mito do contexto**. Lisboa: Edições 70, 1999, p. 55.

ção das teorias científicas e garantiria a ideia de progresso científico, visto que a mesma teoria seria corrigida pelos fatos novos que a falsificam. Segundo Karl Popper, a ortodoxia representa a morte do conhecimento científico, uma vez que o aumento do conhecimento dependeria inteiramente da existência da discordância.

De outro lado, coube a Thomas Kuhn[15] demonstrar que a ciência é um fenômeno dinâmico, vale dizer, um construto cultural. A ocorrência das revoluções científicas revelaria que a ciência não deve ser vislumbrada como uma compilação de verdades universais objetivas. Para ele, o progresso científico seria marcado por revoluções paradigmáticas. Com efeito, nos períodos de normalidade, o paradigma, visão de mundo expressa numa teoria, serviria para auxiliar os cientistas na resolução de seus problemas, sendo, posteriormente, substituído por outro paradigma, quando pendentes questões não devidamente respondidas pelo modelo científico anterior.

Nesse sentido, os fundamentos do discurso científico e da própria verdade científica tornam-se, em última análise, sociais. A ciência não se embasa numa observação neutra de dados, conforme propõe a teoria moderna. Sendo assim, a noção de paradigma científico possibilita explicar o desenvolvimento científico como um processo que se verifica mediante rupturas, por meio da tematização de aspectos centrais dos grandes esquemas gerais de pré-compreensão, permitindo que se apresentem grades seletivas gerais pressupostas nas visões de mundo prevalentes e tendencialmente hegemônicas em determinadas sociedades por certos períodos de tempo e em contextos determinados.

Outrossim, rompe-se com os limites da razão moderna para congregar valores e vivências pessoais. A racionalidade é inserida no processo comunicativo. A verdade resulta do diálogo entre atores sociais. Essa nova razão brota da intersubjetividade do cotidiano, operando numa tríplice dimensão. A racionalidade comunicativa não só viabiliza a relação cognitiva do sujeito com as coisas (esfera do ser), mas também contempla os valores (esfera do dever ser) e emoções (esfera das vivências pessoais).

Não é outro o entendimento de Jürgen Habermas[16], para quem uma compreensão exclusivamente instrumental ou estratégica da racionalidade é de algum modo inadequada. Situa Habermas a ciência em face da pluralidade de interesses humanos, tais como a dominação da natureza, pela reprodução material da espécie, e o desenvolvimento da intersubjetividade, mediante o uso da linguagem que preside a ordenação da vida social e cultural.

---

15 KUHN, T. S. **A estrutura das revoluções científicas**. São Paulo: Perspectiva, 1994, p. 55.

16 **Direito e Democracia**: entre facticidade e validade. Tradução de Flávio Beno Siebeneichler. Rio de Janeiro: Tempo Brasileiro, 1997, p. 145.

Ao propor uma reconstrução racional da interação linguística, sustenta Habermas que a ação comunicativa permite aos atores sociais movimentar-se, simultaneamente, em variadas dimensões, pois, mediante a competência comunicativa, os indivíduos fazem afirmações sobre fatos da natureza, julgam os padrões de comportamento social e exprimem os seus sentimentos pessoais. Com a racionalidade comunicativa, criam-se, portanto, as condições de possibilidade de um consenso racional acerca da institucionalização das normas do agir.

Trata-se, pois, de uma razão dialógica, espontânea e processual: as proposições racionais são aquelas validadas num processo argumentativo, em que se aufere o consenso por meio do cotejo entre provas e argumentações. Nesse sentido, a racionalidade adere aos procedimentos pelos quais os protagonistas de uma relação comunicativa apresentam seus argumentos, com vistas à persuasão dos interlocutores.

4.2. ELEMENTOS DA PÓS-MODERNIDADE JURÍDICA

As metanarrativas da modernidade iluminista, carregadas de um otimismo antropocêntrico, vislumbravam o advento de sociedades governadas pela racionalidade, encaminhadas para um estágio cada vez mais avançado de progresso técnico-científico e de desenvolvimento social.

Essas grandes visões modernas, contudo, esvaziaram-se e perderam, gradativamente, a credibilidade. Em seu transcurso histórico, o programa moderno não logrou concretizar seus ideais emancipatórios. Verificou-se que a proposta de racionalização da sociedade ocidental acabou por gerar profundos desequilíbrios entre os atores sociais, comprometendo a realização de uma subjetividade plenamente autônoma.

Nessa esteira, ressalta Rouanet[17] que, no Brasil e no mundo, o projeto civilizatório da modernidade entrou em colapso. Trata-se de uma rejeição dos próprios princípios, de uma recusa dos valores civilizatórios propostos pela modernidade. Como a civilização que se tinha perdeu sua vigência e como nenhum outro projeto de civilização aponta no horizonte, está-se vivendo, literalmente, num vácuo civilizatório. Há um nome para isso: barbárie. Agora já não se tratava da impostura deliberada do clero, mas da falsa consciência induzida pela ação ideologizante da família, da escola e da imprensa e, mais radicalmente ainda, pela eficácia mistificadora da própria realidade – o fetichismo da mercadoria. Quando a ciência se transforma em mito, quando surgem novos mitos e ressurgem mitos antiquíssimos, quando a

17 ROUANET, Paulo Sérgio. **Mal-estar na modernidade**. São Paulo: Companhia das Letras, 1993, p. 11.

desrazão tem a seu dispor toda a parafernália da mídia moderna – quando tudo isso conspira contra a razão livre –, não é muito provável que o ideal kantiano da maioridade venha a prevalecer.

O advento da pós-modernidade também se refletiu no direito do Ocidente, descortinando profundas transformações nos modos de conhecer, organizar e implementar as instituições jurídicas.

Sobre as repercussões do paradigma pós-moderno no fenômeno jurídico, sustenta Cláudia Marques[18] que, com o advento da sociedade de consumo massificada e seu individualismo crescente, nasce também uma crise sociológica, denominada por muitos pós-moderna. Os chamados tempos pós-modernos são um desafio para o direito. Tempos de ceticismo quanto à capacidade da Ciência do Direito de dar respostas adequadas e gerais aos problemas que perturbam a sociedade atual e se modificam com uma velocidade assustadora. Tempos de valorização dos serviços, do lazer, do abstrato e do transitório, que acabam por decretar a insuficiência do modelo contratual tradicional do Direito Civil, que acabam por forçar a evolução dos conceitos do direito, a propor uma nova jurisprudência dos valores, uma nova visão dos princípios do Direito Civil, agora muito mais influenciada pelo direito público e pelo respeito aos direitos fundamentais dos cidadãos. Para alguns, o pós-modernismo é uma crise de desconstrução, de fragmentação, de indeterminação à procura de uma nova racionalidade, de desregulamentação e de deslegitimação de instituições, de desdogmatização do direito; para outros, é um fenômeno de pluralismo e relativismo cultural arrebatador a influenciar o direito.

Partindo da presente descrição, torna-se possível divisar os elementos fundamentais da cultura jurídica pós-moderna, podendo-se mencionar o delineamento de um direito plural, reflexivo, prospectivo, discursivo e relativo.

O fenômeno jurídico pós-moderno é cada vez mais plural. Esse pluralismo se manifesta com a implosão dos sistemas normativos genéricos e o consequente surgimento dos microssistemas jurídicos, como o direito do consumidor. Tal fenômeno de descodificação, verificável especialmente no direito privado tradicional, abre espaço para que uma multiplicidade de fontes legislativas regule os mesmos comportamentos sociais.

Por outro lado, o pluralismo se traduz no surgimento de interesses difusos, que transcendem às esferas dos indivíduos para alcançar, indistintamente, toda a comunidade jurídica. Esses interesses difusos são marcados pela indeterminação dos sujei-

18 MARQUES, Cláudia Lima. **Contratos no Código de Defesa do Consumidor**. São Paulo: Revista dos Tribunais, 2002, p. 155.

tos, pela indivisibilidade de seu objeto, pela conflituosidade permanente e pela mutação no tempo e no espaço, diferindo da estrutura dos direitos subjetivos individuais, prevalentes dentro da modernidade jurídica.

O fenômeno jurídico pós-moderno assume, também, um caráter reflexivo. O direito moderno figurava como um centro normativo diretor, que, mediante o estabelecimento de pautas comportamentais, plasmava condutas e implementava um projeto global de organização e regulação social. Na pós-modernidade, entretanto, o direito passa a espelhar as demandas da coexistência societária. Sedimenta-se a consciência de que o direito deve ser entendido como um sistema aberto, suscetível aos influxos fáticos e axiológicos.

Corroborando essa perspectiva, afirma Miguel Reale[19] que, sendo a experiência jurídica uma das modalidades da experiência histórico-cultural, compreende-se que a implicação polar fato-valor se resolve num processo normativo de natureza integrante, cada norma ou conjunto de normas representando, em dado momento histórico e em função de dadas circunstâncias, a compreensão operacional compatível com a incidência de certos valores sobre os fatos múltiplos que condicionam a formação dos modelos jurídicos e sua aplicação.

Como se depreende do exposto, já não se concebe o ordenamento jurídico como um sistema hermético, mas como uma ordem permeável aos valores e aos fatos da realidade cambiante. Daí decorre a compreensão do ordenamento jurídico como um fenômeno dinâmico e, pois, inserido na própria historicidade da vida humana.

O direito pós-moderno é, igualmente, prospectivo. A própria dinamicidade do fenômeno jurídico exige do legislador a elaboração de diplomas legais marcados pela textura aberta. A utilização de fórmulas normativas propositadamente genéricas, indeterminadas e contingenciais revela a preocupação de conferir a necessária flexibilidade aos modelos normativos, a fim de que possa adaptá-lo aos novos tempos.

Como destaca Gustavo Tepedino[20], se o século XX foi identificado pelos historiadores como a Era dos Direitos, à Ciência Jurídica resta uma sensação incômoda, ao constatar sua incapacidade de conferir plena eficácia ao numeroso rol de direitos conquistados. Volta-se a ciência jurídica à busca de técnicas legislativas que possam assegurar maior efetividade aos critérios hermenêuticos. Nessa direção, parece indispensável, embora não suficiente, a definição de princípios de tutela da pessoa humana, como tem ocorrido de maneira superabundante nas diretivas eu-

19 **Teoria tridimensional do direito**. São Paulo: Saraiva, 1994, p. 74.

20 **A parte geral do novo Código Civil**: estudos na perspectiva civil-constitucional. Rio de Janeiro: Renovar, 2002, p. 21.

ropeias e em textos constitucionais, bem como sua transposição na legislação infraconstitucional. O legislador percebe a necessidade de definir modelos de conduta (*standards*) delineados à luz de princípios que vinculem o intérprete, seja nas situações jurídicas típicas, seja nas situações não previstas pelo ordenamento. Daí a necessidade de descrever nos textos normativos (e particularmente nos novos Códigos) os cânones hermenêuticos e as prioridades axiológicas, os contornos da tutela da pessoa humana e os aspectos centrais da identidade cultural que se pretende proteger, ao lado de normas que permitem, do ponto de vista de sua estrutura e função, a necessária comunhão entre o preceito normativo e as circunstâncias do caso concreto.

O fenômeno jurídico pós-moderno passa a valorizar a dimensão discursivo-comunicativa. Entende-se que o direito é uma manifestação da linguagem humana. Logo, o conhecimento e a realização do ordenamento jurídico exigem o uso apropriado dos instrumentos linguísticos da semiótica ou semiologia. Torna-se cada vez mais plausível o entendimento de que os juristas devem procurar as significações do direito no contexto de interações comunicativas. Desse modo, a linguagem se afigura como a condição de exterioridade dos sentidos incrustados na experiência jurídica.

Nesse sentido, asseveram Arruda Júnior e Gonçalves[21] que, quando se qualifica como complexa a atividade interpretativa, apenas é salientado, na mobilização dessas múltiplas faculdades psíquicas, o acoplamento de estados interiores ao mundo externo pela via do principal instrumento de mediação: a linguagem. A linguagem, portanto, funda e constitui o mundo. Por isso mesmo, a interpretação não se reduz a uma atividade passiva. O ser humano não é o mero receptáculo em estados interiores das impressões do mundo exterior. O mundo é feito pelo hermeneuta quando se apropria dele interpretativamente. Nessa mediação linguística da compreensão, o mundo é transformado, constantemente desfeito e refeito. Mas nem todas as linguagens são iguais. Existem certas linguagens dotadas da capacidade de mobilizar grandes poderes sociais, como é o caso do direito. Tais linguagens-poderes imprimem novas condições de possibilidade à vivência do e no mundo. Quem por ofício manipula essas linguagens na sua lide cotidiana recebe então uma responsabilidade adicional: a de fazer não só o seu próprio mundo, mas também o daqueles onde muitos outros podem viver.

Outrossim, a teoria e a prática do direito passam a enfatizar o estabelecimento das condições de decidibilidade dos conflitos, potencializando o uso de técnicas persuasivas. O raciocínio jurídico, no âmbito de um processo comunicativo, não se re-

---

21 ARRUDA JÚNIOR, Edmundo Lima de; GONÇALVES, Marcus Fabiano. **Fundamentação ética e hermenêutica:** alternativas para o direito. Florianópolis: CESUSC, 2002, p. 326.

sume a mera operação lógico-formal, mas concatena fórmulas axiológicas de consenso, como os princípios. O processo argumentativo não se respalda nas evidências, mas, isto sim, em juízos de valor. A retórica assume, nesse contexto, papel primordial, enquanto processo argumentativo que, ao articular discursivamente valores, convence a comunidade de que uma interpretação jurídica deve prevalecer.

Ademais, o direito pós-moderno é relativo. Isso porque não se podem conceber verdades jurídicas absolutas, mas sempre dados relativos e provisórios.

Decerto, como bem leciona Luigi Ferrajoli[22], o conceito de verdade apresenta uma especial acepção semântica, no âmbito do direito processual. Para ele, uma justiça integralmente atrelada à verdade é utópica, mas uma justiça completamente sem verdade compreende uma arbitrariedade. Logo, toda atividade judicial é uma combinação entre conhecimento *(veritas)* e decisão *(auctoritas)*. Segundo ele, a diferença entre experimento (de um fato presente) e provas (de um fato passado) desemboca no modelo ideal de verdade processual fática como correspondência objetiva.

Pode-se afirmar, então, que a verdade processual fática, da mesma forma que a verdade histórica, em vez de ser predicável em referência direta ao fato julgado, é resultante de uma ilação dos fatos comprovados do passado com os fatos probatórios do presente. Por sua vez, a verdade processual jurídica é opinativa, pois o conceito classificatório é sempre impreciso e insuficiente. Além disso, a verdade processual jurídica deve ser produzida na moldura do direito positivo, sem desrespeitar os preceitos da ordem jurídica. Não é a verdade, portanto, que condiciona a validade, mas a validade condiciona a verdade, como verdade normativa, que está convalidada por normas, por ser obtida na observância do sistema normativo.

Na pós-modernidade jurídica, marcada pela constelação de valores e pelos fundamentos linguísticos, qualquer assertiva desponta como uma forma de interpretação, pelo que o relativismo pós-moderno oportuniza a consolidação de um saber hermenêutico.

Essa virada em direção à racionalidade hermenêutica é referida por Andrei Marmor[23], quando salienta que a interpretação se tornou um dos principais paradigmas intelectuais dos estudos jurídicos nos últimos quinze anos. Assim como o interesse pelas normas na década de 1960 e pelos princípios jurídicos na de 1970, boa parte da teorização da última década foi edificada em torno do conceito de interpre-

22 **Direito e razão:** teoria do garantismo penal. São Paulo: Revista dos Tribunais, 2002, p. 39.

23 **Direito e interpretação.** Tradução de Luís Carlos Borges. São Paulo: Martins Fontes, 2000, p. 9.

tação. Em um aspecto importante, porém, a interpretação é um paradigma mais ambicioso: não se trata apenas de um tema no qual os filósofos do Direito estão interessados, mas, segundo alguns filósofos muito influentes, a interpretação é também um método geral, uma metateoria da teoria do direito.

Sob o influxo do pensamento pós-positivista, cristaliza-se um novo modelo interpretativo. Entende-se que o ato de interpretar e aplicar o direito envolve o recurso permanente a instâncias intersubjetivas de valoração. O raciocínio jurídico congrega valores, ainda que fluidos e mutadiços, porquanto o direito se revela um objeto cultural, cujo sentido é socialmente compartilhado. A hermenêutica jurídica dirige-se à busca de uma dinâmica *voluntas legis*, verificando a finalidade da norma em face do convívio em sociedade. Desse modo, o relativismo potencializa uma hermenêutica jurídica construtiva, voltada para o implemento da justiça social.

Na transição pós-moderna, é esse fenômeno jurídico plural, reflexivo, prospectivo, discursivo e relativo que abre margem para a emergência do pós-positivismo jurídico, como movimento que busca superar a dicotomia jusnaturalismo x positivismo jurídico na fundamentação do significado de um direito justo.

4.3. O PÓS-POSITIVISMO JURÍDICO E A SUPERAÇÃO DA DICOTOMIA MODERNA JUSNATURALISMO X POSITIVISMO JURÍDICO

Na transição pós-moderna, o marco filosófico do pensamento jurídico contemporâneo é o pós-positivismo, como um movimento jurisfilosófico que ultrapassa a tradicional contraposição das teses jusnaturalista e juspositivista.

Como já visto, o jusnaturalismo moderno aproximou a lei da razão, baseando-se na crença em princípios de justiça universalmente válidos. Com as revoluções liberais e burguesas, nos séculos XVIII e XIX, as Constituições escritas e as codificações passaram a simbolizar o ocaso da doutrina do direito natural e a consequente hegemonia do positivismo jurídico. Em busca da objetividade científica, o juspositivismo identificou o Direito à normatividade jurídica, afastando a Ciência Jurídica da discussão sobre a legitimidade e a justiça. Sua decadência costuma ser associada à derrota dos regimes totalitários ao final da Segunda Guerra Mundial, quando as preocupações éticas e axiológicas começaram a ser retomadas pelo Direito.

A partir da segunda metade do século passado, as posições unilaterais do jusnaturalismo e do positivismo jurídico passaram a ser combatidas por novas concepções jurisfilosóficas, preocupadas em oferecer instrumentos conceituais mais aptos para garantir a fundamentação de um direito justo.

Comentando o unilateralismo dessas concepções, salienta Carlos Nino[24] que o programa jusnaturalista afirma que o direito leva implícito algum tipo de propriedade ética específica que o distingue de uma ordem de pura força, razão pela qual o jurista deve fazer uma estimação axiológica. A ideia de justiça integra necessariamente o conceito de direito. Uma ordem que não está baseada na justiça carece de validade ou força obrigatória, que são propriedades definitórias da ordem jurídica. Segundo o positivismo jurídico, as proposições jusnaturalistas são metafísicas porque não cumprem com os critérios de significado empírico, pelo qual, não sendo analíticas, carecem de significado. O positivismo jurídico prescreverá ao jurista que, se deseja descrever cientificamente o direito, deve afastar toda a valoração do sistema normativo.

De um lado, a Filosofia do Direito constatou os limites do jusnaturalismo, visto que a fundamentação do direito justo no suposto direito natural revelou-se frágil, não só pela insegurança gerada pelo caráter absoluto e pela abstração metafísica do conceito, senão também pela valorização excessiva do atributo da legitimidade em face da validade da normatividade jurídica, necessária para a manutenção mínima da ordem e da segurança na convivência humana em sociedade.

De outro lado, a jurisfilosofia ratificou os limites do positivismo jurídico na fundamentação do que seja o direito justo, em suas diversas feições legalista, lógica e funcionalista, em face do alheamento da doutrina do direito positivo à dimensão axiológica do fenômeno jurídico, sacrificando a legitimidade do ordenamento jurídico em nome de uma validade estritamente normativa, como alternativa para a realização ordenada da segurança jurídica.

Como bem ressalta Luís Roberto Barroso[25], o positivismo foi fruto de uma idealização do conhecimento científico, baseada na crença de que os múltiplos domínios da indagação e da atividade intelectual pudessem ser regidos por leis naturais, invariáveis, independentes da vontade e da ação humana. Nesse sentido, a ciência desponta como único conhecimento verdadeiro, depurado de indagações teológicas ou metafísicas. O conhecimento científico é considerado objetivo, porque fundado no distanciamento entre sujeito e objeto e na neutralidade axiológica do sujeito cognoscente, assegurada pelo método descritivo, baseado na observação e na experimentação.

Nesse sentido, o positivismo jurídico representou a importação do positivismo filosófico para o mundo do Direito, na pretensão de criar uma ciência jurídica, com características análogas às ciências exatas e naturais. A busca de objetividade cientí-

24 NINO, Carlos Santiago. **Consideraciones sobre la dogmática jurídica (con referencia particular a la dogmática penal)**. México: UNAM, 1974, p. 21.

25 **Interpretação e aplicação da Constituição**. São Paulo: Saraiva, 2002, p. 320.

fica, com ênfase na realidade empírica, apartou o Direito da Moral e dos valores transcendentes, concebendo o fenômeno jurídico como uma emanação do Estado com caráter imperativo e coativo. A Ciência do Direito passou a fundar-se em juízos de fato e não em juízos de valor, que representam uma tomada de posição diante da realidade, esvaziando o debate sobre a legitimidade e a justiça.

O positivismo jurídico sujeitou-se, contudo, à crítica crescente, visto que jamais foi possível a transposição totalmente satisfatória dos métodos das ciências naturais para o campo próprio das ciências humanas. O Direito, ao contrário de outros domínios do saber, não comporta uma postura puramente descritiva da realidade, visto que não é um dado, mas uma criação social e cultural, pelo que o ideal positivista de objetividade e neutralidade é insuscetível de realizar-se no plano jurídico.

Em face do problema da fundamentação do direito justo, o positivismo jurídico, em suas mais diversas manifestações, revelou propostas limitadas e insatisfatórias. Isso porque a identificação entre direito positivo e direito justo e a excessiva formalização da validez normativa não propiciam uma compreensão mais adequada das íntimas relações entre direito, legitimidade e justiça.

Sendo assim, com a crise do positivismo jurídico, abriu-se espaço para a emergência de um conjunto amplo e difuso de reflexões acerca da função e interpretação do direito, reintroduzindo, na esteira da pós-modernidade, as noções de justiça e legitimidade para a compreensão axiológica e teleológica do sistema jurídico. Buscou-se, então, conceber a ordem jurídica como um sistema plural, dinâmico e aberto aos fatos e valores sociais, erguendo-se um novo paradigma, denominado, por muitos estudiosos, pós-positivismo jurídico.

Os reflexos do pós-positivismo jurídico podem ser verificados em vários campos da Ciência do Direito, descortinando novas possibilidades de realização do direito justo. Para os fins do presente trabalho, importa destacar os contributos do movimento pós-positivista nos seguintes campos: o delineamento de uma nova hermenêutica jurídica; a transição do pensamento sistemático para o pensamento tópico; a desformalização da lógica jurídica; e a valorização da principiologia jurídica.

Capítulo

5 As mudanças paradigmáticas do pós-positivismo jurídico: tendências para um direito justo

5.1. A NOVA HERMENÊUTICA JURÍDICA

5.1.1. Hermenêutica e interpretação do direito

As origens da palavra "hermenêutica" residem no verbo grego *hermeneuein,* usualmente traduzido por interpretar, bem como no substantivo *hermeneia,* a designar interpretação. Uma investigação etimológica dessas duas palavras e das orientações significativas básicas que elas veiculavam no seu antigo uso esclarece consideravelmente a natureza da interpretação em Teologia, Literatura e Direito, servindo no atual contexto de introdução válida para a compreensão da hermenêutica moderna.

Destaca que a palavra grega *hermeios* referia-se ao sacerdote do oráculo de Delfos. O verbo *hermeneuein* e o substantivo *hermeneia* remetem à mitologia antiga, evidenciando os caracteres conferidos ao Deus alado Hermes. Essa figura mítica era, na visão da Antiguidade ocidental, responsável pela mediação entre os Deuses e os homens. Hermes, a quem se atribui a descoberta da escrita, atuava como um mensageiro, unindo a esfera divino-transcendental e a civilização humana.

Hermes traz a mensagem do destino. *Hermeneuein* é esse descobrir de qualquer coisa que traz a mensagem, na medida em que o que se mostra pode tornar-se mensagem. Assim, levada à sua raiz grega mais antiga, a origem das atuais palavras "hermenêutica" e "hermenêutico" sugere o processo de tornar compreensíveis, especialmente enquanto tal processo envolve a linguagem.

A etimologia registra ainda que a palavra "interpretação" provém do termo latino *interpretare* (*inter-penetrare*), significando penetrar mais para dentro. Isso se deve à prática religiosa de feiticeiros e adivinhos, os quais introduziam as mãos nas entranhas de animais mortos, a fim de conhecer o destino das pessoas e obter respostas para os problemas humanos.

Decerto, não há como negar a compatibilidade da referida metáfora de Hermes quando se constata o objeto mesmo das especulações suscitadas pela hermenêutica: a interpretação. É que o intérprete, nos variegados planos da apreensão cognitiva, atua verdadeiramente como um intermediário na relação estabelecida entre o autor de uma obra e a comunidade humana.

A hermenêutica é, seguramente, um tema essencial para o conhecimento. Tudo o que é apreendido e representado pelo sujeito cognoscente depende de práticas interpretativas. Como o mundo vem à consciência pela palavra, e a linguagem é já a primeira interpretação, a hermenêutica torna-se inseparável da própria vida humana.

Historicamente, a hermenêutica penetrou, de forma gradativa, no domínio das ciências humanas e da filosofia, adquirindo, com o advento da modernidade, diversos significados. Nesse sentido, Palmer[1] assinala que o campo da hermenêutica tem sido interpretado (numa ordem cronológica pouco rigorosa) como: 1) uma teoria da exegese bíblica; 2) uma metodologia filológica geral; 3) uma ciência de toda a compreensão linguística; 4) uma base metodológica da *geisteswissenschaften*; 5) uma fenomenologia da existência e da compreensão existencial; 6) sistemas de interpretação, simultaneamente recolectivos e iconoclásticos, utilizados pelo homem para alcançar o significado subjacente aos mitos e símbolos. Cada definição representa essencialmente um ponto de vista a partir do qual a hermenêutica é encarada; cada uma esclarece aspectos diferentes mas igualmente legítimos do ato da interpretação, especialmente da interpretação de textos. O próprio conteúdo da hermenêutica tende a ser remodelado com essas mudanças de perspectiva.

Buscando uma síntese das definições expostas, o vocábulo "hermenêutica" será utilizado, no presente trabalho, para designar um saber que procura problematizar os pressupostos, a natureza, a metodologia e o escopo da interpretação humana, nos planos artístico, literário e jurídico. Por sua vez, a prática interpretativa indicará uma espécie de compreensão dos fenômenos culturais, que se manifesta por meio da mediação comunicativa estabelecida entre uma dada obra – como, por exemplo, o sistema jurídico – e a comunidade humana.

5.1.2. O redimensionamento filosófico da interpretação jurídica

A investigação dos fundamentos filosóficos da hermenêutica se justifica, especialmente, no campo jurídico. Isso porque o horizonte tradicional da hermenêutica técnica se revela insuficiente para o desiderato da interpretação do direito. Enquanto

1 PALMER, Richard E. **Hermenêutica**. Lisboa: Edições 70,1999, p. 43.

instrumental para a exegese de textos, o saber hermenêutico é reduzido, nessa perspectiva, a um caleidoscópio intricado de ferramentas teóricas, com vistas à descoberta de uma verdade preexistente.

Ao revés, torna-se necessário um novo tratamento paradigmático, porque mais amplo, capaz de radicar em novas bases a interpretação jurídica. Trata-se da hermenêutica filosófica, uma proposta de reunir os problemas gerais da compreensão no tratamento das práticas interpretativas do direito.

Nesse sentido, afigura-se oportuna a lição de Arruda Júnior e Gonçalves[2], ao sustentarem que, no ambiente jurídico, a hermenêutica técnica mais tem servido de abrigo metodológico para os que creem (ou para os que preferem fazer crer que creem) ser a interpretação uma atividade neutra e científica, na qual outros universos de sentido, como o dos valores, dos interesses e da subjetividade, não exercem ingerência alguma. Discutir a hermenêutica filosófica como um novo paradigma cognitivo para saber e a prática jurídica envolvem a reformulação preliminar daquele território metodológico no qual são radicalmente delimitadas as possibilidades de percepção e funcionamento do direito. A concepção hermenêutica sugere formas alternativas, menos cientificistas e mais historicizadas, para as gerações vindouras apreenderem o direito como um entre os diversos outros componentes do fenômeno normativo-comportamental mais geral.

Sendo assim, dando vazão a essa hermenêutica filosófica, cumpre mapear as referências teóricas mais importantes para o delineamento do saber hermenêutico, especialmente a partir da Idade Moderna.

Com efeito, após o surgimento das antigas escolas de hermenêutica bíblica, em Alexandria e Antioquia, passando, durante a Idade Média, pelas interpretações agostiniana e tomista das sagradas escrituras, a hermenêutica desembarca na modernidade como uma disciplina de natureza filológica. Nos albores do mundo moderno, a hermenêutica volta-se para a sistematização de técnicas de leitura, as quais serviriam à compreensão de obras clássicas e religiosas. As operações filológicas de interpretação desenvolvem-se em face de regras rigorosamente determinadas: explicações lexicais, retificações gramaticais e crítica dos erros dos copistas. O horizonte hermenêutico é o da restituição de um texto, mais fundamentalmente de um sentido, considerado perdido ou obscurecido. Em tal perspectiva, o sentido é menos para construir do que para reencontrar, como uma verdade que o tempo teria encoberto.

A hermenêutica penetra, então, no campo dos saberes humanos. No início do século XIX, com o teólogo protestante Friedrich Schleiermacher, assiste-se a uma

2 ARRUDA JÚNIOR, Edmundo Lima de; GONÇALVES, Marcus Fabiano. **Fundamentação ética e hermenêutica**: alternativas para o direito. Florianópolis: CESUSC, 2002, p. 233.

generalização do uso da hermenêutica. Schleiermacher é considerado o pai da moderna hermenêutica, de tal modo que as teorias hermenêuticas mais importantes na Alemanha do século XIX trazem as suas marcas.

Ao afirmar, em célebre conferência proferida em 1819, que a hermenêutica como arte da compreensão não existe como uma área geral, mas apenas como uma pluralidade de hermenêuticas especializadas, Schleiermacher justificou o seu objetivo fundamental de construir uma hermenêutica geral como arte da compreensão, que pudesse servir de base e de centro a toda a hermenêutica especial.

Em Schleiermacher[3], a hermenêutica está relacionada com o ser humano concreto, existente e atuante no processo de compreensão do diálogo. A hermenêutica transforma-se verdadeiramente numa arte da compreensão. Embora conservando os seus laços privilegiados com os estudos bíblicos e clássicos, a hermenêutica passa a abarcar todos os setores da expressão humana. A atenção está cada vez mais orientada não apenas para o texto, mas, sobretudo, para o seu autor. A leitura de um texto implica, assim, dialogar com um autor e esforçar-se por reencontrar a sua intenção originária.

Para tanto, tal qual se depreende dos escritos de Schleiermacher, seria necessário abandonar a literalidade da interpretação gramatical em prol do que ele denominou interpretação psicológica. Caberia, assim, ao intérprete mapear as circunstâncias concretas que influenciaram a elaboração do texto, recriando a mente do autor de acordo com os influxos sociais que marcaram sua existência.

Segundo o autor, psicologizar refere-se ao esforço de ir para além da expressão linguística, procurando as intenções e os processos mentais do seu autor. Considera, pois, o problema interpretativo como inseparável da arte da compreensão, naquele que ouve. Só essa argumentação ajudaria a ultrapassar a ilusão de que o texto tem um significado independente e real, separável do evento que é compreendê-lo.

Com o advento Schleiermacher, a hermenêutica deixa de ser vista como um tema disciplinar específico do âmbito da teologia, da literatura ou do direito, passando a ser concebida como a arte de compreender uma expressão linguística. A estrutura da frase e o contexto significativo são os seus guias, constituindo os sistemas de interpretação de uma hermenêutica geral. Schleiermacher ultrapassou, assim, decisivamente a visão da hermenêutica como um conjunto de métodos acumulados por tentativas e erros, sustentando a legitimidade de uma arte geral da compreensão anterior a qualquer arte especial de interpretação.

---

3 SCHLEIERMACHER, Friedrich. **Hermenêutica**. Petrópolis-RJ: Vozes, 1999, p. 5.

É, entretanto, com a obra do filósofo Wilhelm Dilthey que a hermenêutica adquire o estatuto de um modo de conhecimento da vida humana, especialmente apto para apreender a cultura, irredutível em si mesma aos fenômenos naturais. Depois da morte de Schleiermacher em 1834, o projeto de desenvolver uma hermenêutica geral esmoreceu, perto do final do século XIX, quando o filósofo e historiador literário Wilhelm Dilthey começou a vislumbrar na hermenêutica o fundamento para as *Geisteswissenschaften*. A experiência concreta, histórica e viva passa a ser o ponto de partida e o ponto de chegada do conhecimento humano.

Conforme elucida Palmer[4], Dilthey propõe o desmantelamento do eu transcendental dos idealistas alemães, valorizando a experiência humana no processo hermenêutico. Situa, pois, a tarefa interpretativa no plano histórico, propondo a explicação e a compreensão, respectivamente, como modos de cognição da natureza e da realidade sociocultural. O projeto de formular uma metodologia adequada às ciências que se centram na compreensão das expressões humanas – sociais e artísticas – é encarado por Dilthey no contexto de uma necessidade de abandonar a perspectiva reducionista e mecanicista das ciências naturais e de encontrar uma abordagem adequada à plenitude dos fenômenos.

Segundo ele, os novos modelos de interpretação dos fenômenos humanos tinham de derivar das características da própria experiência vivida, baseando-se nas categorias de sentido e não nas categorias de poder, nas categorias de história e não das matemáticas. A diferença entre os estudos humanísticos e as ciências naturais não está necessariamente nem num tipo de objeto diferente que os estudos humanísticos possam ter, nem num tipo diferente de percepção; a diferença essencial está no contexto dentro do qual o objeto é compreendido.

Dilthey acreditava que compreensão era a palavra-chave para os estudos humanísticos. A compreensão não é um mero ato de pensamento, mas uma transposição e uma nova experiência do mundo tal como ele é captado na experiência vivida. Não é um ato de comparação consciente e reflexivo; é antes a operação de um pensar silencioso que efetua a transposição pré-reflexiva de uma pessoa para outra. A compreensão tem valor em si mesma, para além de quaisquer considerações práticas. Os estudos humanísticos se debruçam amorosamente sobre o particular. As explicações científicas raramente são valorizadas em si mesmas, mas, sim, devido a qualquer outra coisa.

As consequências hermenêuticas da historicidade são evidentes em toda a obra de Dilthey. Na teoria hermenêutica, o homem é visto na sua dependência relativamente a uma interpretação constante do passado, que se compreende a si próprio

4 PALMER, 1999, p. 127.

em termos de interpretação de uma herança e de um mundo partilhados que o passado lhe transmite, uma herança constantemente presente e ativante em todas as suas ações e decisões. A moderna hermenêutica encontra a sua fundamentação teórica na historicidade.

Nesse sentido, o texto, enquanto objeto hermenêutico, figura como a própria realidade humana no seu desenvolvimento histórico. A prática interpretativa deve restituir, por assim dizer, a intenção que guiou o agente no momento da tomada de decisão, permitindo alcançar o significado da conduta humana. A riqueza da experiência humana possibilita ao hermeneuta internalizar, por uma espécie de transposição, uma experiência análoga exterior e, portanto, compreendê-la.

O contributo de Dilthey foi alargar o horizonte da hermenêutica, colocando-o no contexto da interpretação dos estudos humanísticos. Concebeu, assim, uma interpretação centrada na expressão da experiência vivida. Isso satisfez dois objetivos básicos em Dilthey: primeiro focar o problema da interpretação num objeto com um estatuto fixo, duradouro e objetivo; segundo, o objeto apelava claramente para modos históricos de compreensão, mais do que para modos científicos, só podendo compreender-se por uma referência à própria vida, em toda a sua historicidade e temporalidade.

Nos albores do século XX, firma-se uma hermenêutica radicada na existência. Merece registro a contribuição existencialista de Martin Heidegger.

Deveras, Heidegger[5] opera duas rupturas em relação à concepção preconizada por Dilthey. A hermenêutica não é inserida no quadro gnoseológico, como um problema de metodologia das ciências humanas. Não se trata, como em Dilthey, de opor o ato de compreensão, próprio das ciências humanas, ao caminho da explicação, via metodológica das ciências naturais. A compreensão passa a ser visualizada não como um ato cognitivo de um sujeito dissociado do mundo, mas, isto sim, como um prolongamento essencial da existência humana. Compreender é um modo de estar, antes de configurar-se como um método científico.

Por isso mesmo, o ser não somente não pode ser definido, como também nunca se deixa determinar em seu sentido por outra coisa nem como outra coisa. O ser é algo derradeiro e último que subsiste por seu sentido, é algo autônomo e independente que se dá em seu sentido. O ser não se deixa apreender ou determinar nem por via direta nem por desvios, nem por outra coisa nem como outra coisa. Ao contrário, exige e impõe que se contente com o tempo de seu sentido e nos relacionamentos com todas as realizações a partir de seu nada, isto é, a partir de seu retraimento e de sua ausência.

---

5 HEIDEGGER, Martin. **Ser e Tempo**. Petrópolis-RJ: Vozes, 1997, p. 11.

Com efeito, pensar é o modo de ser do homem, no sentido da dinâmica de articulação de sua existência. Pensado, o homem é ele mesmo, sendo outro. Pensar o sentido do ser é escutar as realizações, deixando-se dizer para si mesmo o que é digno de ser pensado como o outro. O pensamento do ser no tempo das realizações é inseparável das falas e das línguas da linguagem.

Com Heidegger, a indagação hermenêutica considera menos a relação do intérprete com o outro do que a relação que o hermeneuta estabelece com a sua própria situação no mundo. O horizonte da compreensão é a apreensão e o esclarecimento de uma dimensão primordial, que precede a distinção sujeito/objeto: a do ser-no-mundo. O homem só se realiza na presença.

É essa presença que joga o ser no mundo. Mas ser-no-mundo não quer dizer que o homem se acha no meio da natureza, ao lado de árvores, animais, coisas e outros homens. Ser-no-mundo não é nem um fato nem uma necessidade no nível dos fatos. Ser-no-mundo é uma estrutura de realização. Por sua dinâmica, o homem está sempre superando os limites entre o interior e o mundo exterior.

Sendo assim, na visão de Heidegger, o enfoque de toda a Filosofia reside no ser-aí, vale dizer, no ser-no-mundo, ao contrário dos julgamentos definitivos acerca das coisas-no-ser ou coisas-lá-fora. A pedra angular de seu monumento teórico é o conceito de *dasein*, ou seja, a realidade que tem a ver com a natureza do próprio ser. Heidegger rompe, assim, o dualismo sujeito-objeto em favor de um fenômeno unitário capaz de contemplar o eu e o mundo, conciliando as diversas dimensões da temporalidade humana – passado (sido), presente (sendo) e futuro (será) – como momentos que integram a própria experiência hermenêutica.

Posteriormente, emerge um novo paradigma hermenêutico, que conforma a atividade interpretativa como situação humana. Desponta a obra de Hans-Georg Gadamer, para quem a interpretação, antes de ser um método, é a expressão de uma situação do homem.

Para Gadamer[6], o hermeneuta, ao interpretar uma obra, está já situado no horizonte aberto por ela, o que ele denomina círculo hermenêutico. A interpretação é, sobretudo, a elucidação da relação que o intérprete estabelece com a tradição de que provém, pois, na exegese de textos literários, o significado não aguarda ser desvendado pelo intérprete, mas é produzido no diálogo estabelecido entre o hermeneuta e a obra.

6 GADAMER, Hans-Georg. **Verdade e método**: fundamentos de hermenêutica filosófica. Petrópolis-RJ: Vozes, 1997, p. 10.

Ao procurar-se compreender um fenômeno histórico a partir da distância histórica que determina a situação hermenêutica como um todo, encontra-se sempre sob os efeitos de uma história corrente. O esclarecimento dessa situação não pode ser plenamente realizado, em face da essência mesma do ser histórico. Logo, é necessário tentar colocar-se no lugar do outro para poder entendê-lo. Da mesma forma, é preciso tentar deslocar-se para a situação do passado para ter, assim, seu horizonte histórico. O ato de compreender é sempre a fusão de horizontes existenciais.

Sendo assim, compreender o que alguém diz é pôr-se de acordo sobre a coisa. Compreender não é deslocar-se para dentro do outro, reproduzindo suas vivências. A compreensão encerra sempre um momento de aplicação e todo esse processo é um processo linguístico. A verdadeira problemática da compreensão pertence tradicionalmente ao âmbito da gramática e da retórica. A linguagem é o meio em que se realiza o acordo dos interlocutores e o entendimento sobre a coisa, sendo a conversação um processo pelo qual se procura chegar a um acordo.

Pode-se falar numa conversação hermenêutica, pois o texto traz um tema à fala, mas quem o consegue é, em última análise, o desempenho do intérprete. O horizonte do intérprete é determinante para a compreensão do texto. A fusão de horizontes pode ser compreendida como a forma de realização da conversação. A linguisticidade da compreensão é a realização da consciência histórica.

Na tradição escrita, a linguisticidade adquire seu pleno significado hermenêutico. Nela se dá uma coexistência de passado e presente única em seu gênero, pois a consciência presente tem a possibilidade de um acesso livre a tudo quanto fora transmitido por escrito. A consciência que compreende pode deslocar e ampliar seu horizonte, enriquecendo seu próprio mundo com toda uma nova dimensão de profundidade.

Sendo assim, o significado emerge à medida que o texto e o intérprete envolvem-se na dialética de um permanente diálogo, norteado pela compreensão prévia que o sujeito cognoscente já possui do objeto – a chamada pré-compreensão. É essa interação hermenêutica que permite ao intérprete mergulhar na linguisticidade do objeto hermenêutico, aproveitando-se da abertura hermenêutica de uma dada obra.

Como síntese dessa evolução de ideias, desenvolve-se a fundamentação hermenêutica de Paul Ricoeur. O notável pensador adota uma posição conciliadora em face da dicotomia diltheyana entre compreensão e explicação.

Com efeito, Ricoeur[7] torna a referida dicotomia complementar por meio da consideração do fenômeno humano como intermédio simultaneamente estruturante

7 RICOEUR, Paul. **Do texto à acção**. Porto: Rés Ed., 1989, p. 8.

(o intencional e o possível) e estruturado (o involuntário e o explicável), articulando a pertença ontológica e a distanciação metodológica.

A autonomização da hermenêutica diante da fenomenologia husserliana é um dos seus temas fulcrais. Abandonando o primado da subjetividade e o idealismo de Husserl, assumindo a pertença participativa como precondição de todo esforço interpretativo (Heidegger e Gadamer), Ricoeur desenvolve suas concepções teóricas, sem esquecer os precursores da teoria geral da interpretação (Schleiermacher e Dilthey).

Procura-se, assim, consolidar um modelo dialético que enlaçe a verdade como desvelamento (ontologia da compreensão) e a exigência crítica representada pelos métodos rigorosos das ciências humanas (necessidade de uma explicação). Desse modo, o escopo da interpretação será reconstruir o duplo trabalho do texto por meio do círculo ou arco hermenêutico: no âmbito da dinâmica interna que preside à estruturação da obra (sentido) e no plano do poder que tem essa obra para se projetar fora de si mesma, gerando um mundo (a referência).

Com a interpretação de um texto, segundo Ricoeur, abre-se um mundo, ou melhor, novas dimensões do nosso ser-no-mundo, porquanto a linguagem, mais do que descrever a realidade, revela um novo horizonte para a experiência humana.

De acordo com Ricoeur, porque a hermenêutica tem a ver com textos simbólicos de múltiplos significados, os discursos textuais podem configurar uma unidade semântica que tem – como os mitos – um sentido mais profundo. A hermenêutica seria o sistema pelo qual o significado se revelaria, para além do conteúdo manifesto. O desafio hermenêutico seria tematizar reflexivamente a realidade que está por detrás da linguagem humana.

Ilustrativa também é a contribuição de Emilio Betti, para quem o processo interpretativo é uma tríade: o espírito vivente e pensante do intérprete; uma espiritualidade que se encontra objetivada em uma forma representativa; e a própria forma representativa. A interpretação é um reconstruir um espírito que, mediante a forma de representação, fala ao espírito do intérprete, como fenômeno inverso do processo criativo. A hermenêutica vem a constituir uma teoria geral das ciências do espírito, correspondendo a uma epistemologia que permite uma consciente reflexão gnoseológica da interpretação.

Emilio Betti[8] faz uma relevante distinção entre dois tipos de interpretação: a histórica e a jurídica. Para ele, a primeira trata de integrar coerentemente a forma representativa com o pensamento que expressa. Na interpretação jurídica, dá-se um

8 BETTI, Emilio. **Interpretación de la ley y de los actos jurídicos**. Madrid: Editoriales de Derecho Reunidas, 1956, p. 44.

passo à frente, pois a norma não se esgota em sua primeira formulação, tem vigor atual em relação com o ordenamento de que forma parte integrante e está destinada a permanecer e a transformar a vida social.

Com efeito, o jurista deve considerar o ordenamento jurídico dinamicamente, como uma viva e operante concatenação produtiva, como um organismo em perene movimento que, imerso no mundo atual, é capaz de autointegrar-se, segundo um desenho atual de coerência, de acordo com as mutáveis circunstâncias da sociedade.

A interpretação não deve limitar-se em um reconhecimento meramente contemplativo do significado próprio da norma considerada em sua abstração e generalidade. A tarefa de interpretar que afeta o jurista não se esgota com o voltar a conhecer uma manifestação do pensamento, mas busca também integrar a realidade social em relação com a ordem e a composição preventiva dos conflitos de interesses previsíveis.

Sendo assim, a interpretação jurídica, como toda interpretação, contém um momento cognoscitivo e uma função normativa, consistente em obter máximas de decisão e ação prática, visto que a interpretação mantém a vida da lei e das outras fontes do direito.

Segundo Betti[9], existiriam três funções no processo interpretativo. A primeira, a qual denominou histórica – com função meramente cognoscitiva, já que apenas supervisiona o pensamento pertencente ao passado (interpretação filológica e histórica); a segunda, a normativa – visa a extrair máximas orientadoras para uma decisão (jurídica, teológica); e a reprodutiva ou representativa, que procura substituir uma forma representativa equivalente, como ocorre na tradução ou dicção de outra língua (interpretação dramática e musical).

Nesse contexto, a interpretação jurídica se põe em relação, de um lado, com a interpretação do jurista com finalidade teórica, histórica ou comparativa – pela qual entra em uma das figuras de interpretação meramente recognoscitiva – e, de outro, com a interpretação com finalidade prática em função normativa da conduta que se espera diante de um direito em vigor, em vista a sua aplicação.

Decerto, constitui uma ilusão acreditar que a disciplina codificada não apresenta lacunas e que seja direito vivo e vigente tudo o que está escrito no Código, sendo também um grave erro crer que é possível imobilizar o Direito e paralisar seu dinamismo com o formalismo na aplicação abstrata da lei. Sendo assim, a interpretação que interessa ao direito é uma atividade dirigida a reconhecer e a reconstruir o significado que há de atribuir a formas representativas do fenômeno jurídico, com base numa estrutura de valorações.

9 BETTI, 1956, p. 51.

Desse modo, é possível afirmar que cada uma dessas definições reflete mais do que um estágio histórico do saber hermenêutico, indicando abordagens relevantes para o problema da interpretação. Ideias como a recusa à literalidade textual, a historicidade, a abertura aos valores, a dialogicidade e o horizonte linguístico estão umbilicalmente ligadas à hermenêutica jurídica e ao exercício da interpretação do direito.

5.1.3. O reconhecimento da interpretação do direito como atividade de compreensão

O mundo jurídico pode ser vislumbrado como uma grande rede de interpretações. Os profissionais do direito estão, a todo momento, interpretando a ordem jurídica. Diante da profusão de sentidos da ordem jurídica, reflexo de uma dada cultura humana, a interpretação do direito opera uma verdadeira compreensão, desenvolvendo-se numa dimensão axiológica.

Com efeito, a própria evolução do saber hermenêutico vem tornando patente a diversidade dos estilos de conhecimento dos objetos naturais e culturais. Compreensão e explicação são os modos cognitivos dos objetos reais. No tocante aos objetos culturais, compreende-se, num conhecimento mais íntimo, por que é possível ter a vivência de revivê-los. Compreender um fenômeno, por sua vez, significa envolvê-lo na totalidade de seus fins, em suas conexões de sentido. Ao contrário, os objetos naturais, por não consubstanciarem um sentido humano, somente permitem a explicação, o que se obtém referindo tais fenômenos a uma causa. Explicar seria descobrir na realidade aquilo que na realidade mesma se contém, sendo que, nas ciências naturais, a explicação pode ser vista, genericamente, como objetiva, neutra e refratária ao mundo dos valores.

Disso resulta que, quando se explica algo, descreve-se ontologicamente o objeto de análise, ao passo que, na atividade de compreender, torna-se imprescindível a existência de uma contribuição positiva do sujeito, o qual realizará as conexões necessárias, executando uma tarefa eminentemente valorativa e finalística. As ordens sociais, inclusive o ordenamento jurídico, despontam como objetos da cultura humana, constituindo realidades significativas que devem ser corretamente interpretadas.

Nesse sentido, leciona Saldanha[10] que, constituindo uma estrutura em que entram valores (ou valorações), toda ordem porta significações. Se, por um lado, a ordem existe na medida em que é cumprida ou seguida, é evidente que seu cumpri-

10 SALDANHA. Nelson. **Ordem e hermenêutica**. Rio de Janeiro: Renovar, 1988, p. 244.

mento confirma suas significações. Toda atividade interpretativa tem de visar, na ordem, aquilo que é compreensível, isto é, inteligível em sentido concreto. As significações se comprovam ao ser confirmadas no plano concreto. Dessarte, pode-se dizer que um sistema (econômico, político, jurídico) constitui uma ordem na medida em que é compreensível e interpretável em direção ao concreto.

Para a apreensão da ordem jurídica, como a de qualquer outra objetivação do espírito humano, exige-se a utilização de um método adequado, de natureza empírico-dialética, constituído pelo ato gnoseológico da compreensão.

Conforme assinala Machado Neto[11], o ato gnoseológico da compreensão se realiza por meio de um método empírico-dialético, mediante o qual os significados do ordenamento jurídico, assim como o de todo objeto cultural, revelam-se num processo dialético entre o seu substrato e a sua vivência espiritual. Esse ir e vir dialético manifesta-se pelo confronto entre o texto normativo e a realidade normada, mediante um processo aberto a novos significados.

Ao interpretar um comportamento, no plano da intersubjetividade humana, o hermeneuta irá referi-lo à norma jurídica, o comportamento figurando como substrato e a norma como o sentido jurídico de faculdade, prestação, ilícito ou sanção. Como esse significado jurídico é coparticipado pelos atores sociais, o intérprete do direito atua como verdadeiro porta-voz do entendimento societário, à proporção que exterioriza os valores fundantes de uma comunidade jurídica.

5.1.4. A emergência da dimensão semiótica da interpretação jurídica

Qualquer indagação sobre a hermenêutica, a interpretação e a correlata decisão jurídica passa, inelutavelmente, pelo estudo das relações comunicativas em sociedade e pela investigação do papel desempenhado pela linguagem, nos quadros da existência humana. Isso porque todo objeto hermenêutico é uma mensagem promanada de um emissor para um conjunto de receptores ou destinatários.

Tratando das relações entre a linguagem e os saberes, destaca Ricardo Guibourg[12] que, para indagar acerca do conhecimento científico e dos métodos com que opera a ciência, deve-se começar a estabelecer, com certa precisão, o que é uma linguagem e qual é a relação entre a linguagem e as distintas formas de comunicação e de linguagem científica.

---

11 MACHADO NETO, Antônio Luís. **Dois estudos de eidética sociológica**. Salvador: Universidade Federal da Bahia, 1975, p. 11.

12 GUIBOURG, Ricardo A. et al. **Introducción al conocimiento científico**. Buenos Aires: Editorial Universitaria de Buenos Aires, 1996, p. 18.

Despontou, assim, no cenário intelectual, uma plêiade de ilustres pensadores, voltados para a pesquisa dos problemas da linguagem cotidiana e científica. Na transição do século XIX ao século XX, foram lançadas as bases para uma nova espécie de saber – a semiótica – incumbida de problematizar a linguagem. Nos Estados Unidos, destacam-se os estudos de Charles Sanders Peirce, preocupado com o amparo linguístico às ciências aplicadas. Na Europa, aparece a contribuição estruturalista de Ferdinand Saussure, sublinhando a linguagem como uma convenção social. Merece registro também a figura de Ludwig Wittgenstein, com a investigação dos jogos de linguagem. Trabalhos posteriores relacionam a Semiótica com outras ciências sociais, tais como a Antropologia (Claude Lévi-Strauss), a Psicologia (Jacques Lacan) e a Literatura (Roland Barthes).

Atentando para as conexões entre o fenômeno jurídico e a linguagem, leciona Edvaldo Brito[13] que a realidade do Direito é, em si, linguagem, uma vez que se expressa por proposições prescritivas no ato intelectual em que a fonte normativa afirma ou nega algo ao pensar a conduta humana em sua interferência intersubjetiva; bem assim, é linguagem, uma vez que, para falar dessas proposições, outras são enunciadas mediante formas descritivas. É, ainda, linguagem porque há um discurso típico recheado de elementos que constituem o repertório específico que caracteriza o comportamental da fonte que emite a mensagem normativa e de organização que se incumbe de tipificar na sua *facti specie* a conduta dos demais destinatários (receptores da mensagem) quando na sua interferência intersubjetiva.

Por força do exposto, o referencial linguístico é indispensável para o desenvolvimento dos processos decisórios. Especialmente no sistema romano-germânico, em que se valoriza o *jus scriptum*, a ordem jurídica se manifesta mediante textos, que conformam enunciados linguísticos. Sucede que a plurivocidade é uma nota característica da comunicação humana, defluindo das palavras inúmeros significados. Entre os sentidos possíveis do texto jurídico, o intérprete haverá de eleger a significação normativa mais adequada para as peculiaridades fáticas e valorativas de uma dada situação social.

A prática decisória desemboca na concretização dos enunciados linguísticos inscritos no sistema jurídico, com o que o hermeneuta opera a mediação entre o direito positivo e a realidade circundante, manifestando-se o significado da norma jurídica. Todo modelo normativo comporta sentidos, mas o significado não constitui um dado prévio – é o próprio resultado da tarefa interpretativa. O significado da norma é produzido pelo intérprete. As normas jurídicas nada dizem, somente passando a dizer algo quando são exprimidas pelo hermeneuta.

13 **Limites da revisão constitucional**. Porto Alegre: Sérgio A. Fabris, Editor, 1993, p. 16.

O reconhecimento do caráter linguístico está, pois, vinculado ao exercício da interpretação e decisão jurídicas. Conforme assinala Streck[14], o intérprete, desse modo, perceberá o "objeto" (jurídico) como (enquanto) algo que somente é apropriável linguisticamente. Já a compreensão desse "objeto" somente pode ser feita mediante as condições proporcionadas pelo seu horizonte de sentido, ou seja, esse algo somente pode ser compreendido como linguagem, a qual ele já tem e nela está mergulhado. A linguagem não é, pois, um objeto, um instrumento, enfim, uma terceira coisa que se interpõe entre o sujeito e o objeto. Quando o jurista interpreta, ele não se coloca diante de um objeto, separado deste por "esta terceira coisa" que é a linguagem; na verdade, ele está desde sempre jogado na linguisticidade deste mundo do qual ao mesmo tempo fazem parte o sujeito e o objeto.

Partindo dessa premissa, a semiótica geral e jurídica pretende, inicialmente, abordar a dialética entre a linguagem corrente (onomasiologia) e a linguagem técnico-científica (semasiologia). De acordo com sua origem, a linguagem pode ser natural ou corrente, quando formada espontaneamente pela evolução social, bem como artificial ou técnico-científica, quando formalizada para a sistematização dos saberes humanos. A depender, portanto, da origem linguística, uma mesma palavra enseja significados diversos.

No campo semiótico, torna-se imprescindível perquirir a tridimensionalidade dos signos linguísticos, desenvolvendo as análises sintática, semântica e a pragmática do discurso.

A sintática, do grego *syntaktikós*, estuda as relações estruturais e a concatenação dos signos entre si. Os signos linguísticos não são utilizados ao acaso e de acordo com a conveniência do emissor, mas devem ser obedecidas as regras gramaticais convencionalmente estabelecidas para que seja possível não só ao emissor formular sua mensagem, como também ao receptor apreender seu conteúdo. A análise sintática desmembra os elementos componentes de uma "frase", examinando sua estrutura, dividindo "período" em "orações", e estas nos seus termos essenciais, integrantes e acessórios. Assim, toda frase deve conter uma correta justaposição de vocábulos e uma perfeita congruência interna de palavras.

A seu turno, a semântica, do grego *semainô*, estuda a relação entre o signo e o objeto que ele refere. A semântica é, pois, o estudo das significações das palavras. A semântica encara a relação dos signos com os objetos extralinguísticos. Na análise semântica, o campo de estudo é o vínculo do signo com a realidade, destacando o significado correto dos signos, de modo a extrair a imprecisão natural dos termos. Essas imprecisões naturais podem estar relacionadas à denotação (vagueza) e à cono-

14 STRECK, Lenio Luiz. **Hermenêutica jurídica e(m) crise**: uma exploração hermenêutica da construção do direito. Porto Alegre: Livraria do Advogado, 2001, p. 255.

tação (ambiguidade). As imprecisões denotativas denominam-se vaguezas. A vagueza se verifica quando ocorre dúvida acerca da inclusão ou não de um ou mais objetos dentro da classe de objetos aos quais determinado termo se aplica. As imprecisões conotativas são denominadas ambiguidades. A ambiguidade se verifica quando não é possível desde logo precisar quais são as propriedades em função das quais um termo deve ser aplicado a determinado conjunto de objetos.

Por sua vez, a pragmática, cujo termo deriva da expressão grega *pragmatikós*, significa a relação existente entre os signos com os emissores e destinatários. Com efeito, a pragmática se ocupa da relação dos signos com os usuários, nos termos de uma linguística do diálogo, por tomar por suporte a intersubjetividade comunicativa. Desse modo, tanto as unidades sintáticas como o sentido do texto estão vinculados à situação de uso, sujeitando-se às variações temporais e espaciais de cada cultura humana. Sob o aspecto pragmático, interessam, portanto, os efeitos interacionais que o uso da linguagem produz entre os membros de uma comunidade linguística.

Sob o prisma ainda da semiótica jurídica, ao decodificar a linguagem estampada no modelo normativo, o intérprete opera verdadeira paráfrase. Decidir, nesse sentido, consiste em remodelar o discurso do direito positivo.

Nesse diapasão, afirma Tercio Sampaio[15] que, ao se utilizar de seus métodos, a hermenêutica identifica o sentido da norma, dizendo como ele deve ser (dever ser ideal). Ao fazê-lo, porém, não cria um sinônimo para o símbolo normativo, mas realiza uma paráfrase, isto é, uma reformulação de um texto cujo resultado é um substituto mais persuasivo, pois exarado em termos mais convenientes. Assim, a paráfrase interpretativa não elimina o texto, pondo outro em seu lugar, mas o mantém de forma mais conveniente.

Como a ordem jurídica não fala por si só, o hermeneuta exterioriza os seus significados, por meio de uma atividade compreensiva e, pois, aberta aos valores comunitários. São essas pautas axiológicas que modulam a amplitude da paráfrase interpretativa, possibilitando ao intérprete a eleição do sentido normativo mais adequado e justo para as circunstâncias do caso concreto. Somente assim a decisão garante a persuasão da comunidade jurídica e a correlata decidibilidade dos conflitos sociais.

Diante do exposto, interpretar é, do ponto de vista semiótico, descobrir o sentido e o alcance dos signos normativos, procurando a significação dos signos jurídicos. O operador do direito, ao aplicar a norma ao caso *sub judice*, a interpreta, pesquisando o seu significante. Isso porque a letra da norma permanece, mas seu sentido se adapta a mudanças operadas na vida social.

---

15 FERRAZ JUNIOR, Tercio Sampaio. **Introdução ao estudo do direito**: técnica, decisão e dominação. São Paulo: Atlas, 1994, p. 282.

Nesse contexto, como toda obra, enquanto objeto hermenêutico, é uma mensagem promanada de um emissor para um conjunto de receptores ou destinatários, cabe ao intérprete do direito selecionar as possibilidades comunicativas, mormente quando se depara com a plurivocidade ou polissemia inerente às estruturas linguísticas da norma jurídica. Fixar um sentido, dentro do horizonte de significações possíveis, é a ingente tarefa do hermeneuta, a exigir profundo conhecimento sobre a estrutura e os limites da linguagem por meio da qual se exprime o fenômeno jurídico.

Como bem refere Maria Helena Diniz[16], no campo da Ciência Jurídica, a instrumentalidade da Semiótica se robustece à medida que se constatam muitos pontos de interface entre o Direito e a Linguagem. Considerando os postulados da Semiótica, a Ciência Jurídica encontra na linguagem sua possibilidade de existir, devido a várias razões: a) não pode produzir o seu objeto numa dimensão exterior à linguagem; b) onde não há rigor linguístico não há ciência; c) sua linguagem fala sobre algo que já é linguagem anteriormente a essa fala, por ter por objeto as proposições normativas (prescritivas), que, do ângulo linguístico, são enunciados expressos na linguagem do legislador; d) o elemento linguístico entra em questão como elemento de interpretação, porquanto as normas jurídicas são mensagens que devem ser decodificadas pelo hermeneuta; e) se a linguagem legal for incompleta, deverá o jurista indicar os meios para completá-la, mediante o estudo dos mecanismos de integração; f) o elemento linguístico pode ser considerado como instrumento de construção científica, visto que, se a linguagem não é ordenada, o jurista deve reduzi-la a um sistema.

Sendo assim, o fenômeno jurídico, por condição de existência, deve ser formulável numa linguagem, ante o postulado da alteridade. O direito elaborado pelo órgão competente é fator de controle social, visto que prescreve condutas (obrigadas, permitidas e proibidas), formulando a linguagem em que a norma se objetiva. O direito positivo oferta a linguagem-objeto, pois não fala sobre si. A linguagem legal é a utilizada pelos órgãos que têm poder normativo e inclui a linguagem normativa e não normativa, que consiste nas definições de expressões contidas em proposições normativas. A linguagem não normativa é a metalinguagem da linguagem normativa, contida na linguagem legal.

Como salienta Tercio Sampaio[17], a norma, do ângulo pragmático, é vislumbrada como um discurso decisório, que impede a continuidade de um embate de interesses, solucionando-o, pondo-lhe um fim. Nesse discurso decisório, o editor controla as reações do endereçado. A norma contém um relato (a informação transmitida) e o

16 **Compêndio de introdução à ciência do direito**. São Paulo: Saraiva, 2005, p. 165.

17 FERRAZ JUNIOR, Tercio Sampaio. **A ciência do direito**. São Paulo: Atlas, 1980, p. 87.

cometimento (a informação sobre a informação). Os operadores normativos (obrigatório, proibido e permitido) têm dimensões sintática e pragmática, pelas quais não só é dado um caráter prescritivo ao discurso ao qualificar-se uma conduta qualquer, mas também lhe é dado um caráter metacomplementar ao qualificar a relação entre o emissor e o receptor.

Ademais, a ação linguística do jurista, na discussão-com, busca a adesão da outra parte, procurando convencê-la da veracidade de suas assertivas. O discurso científico do direito polariza uma relação entre oradores e ouvintes, tendo em vista a persuasão social. Nasce também de uma situação comunicativa indecisa, em que se misturam caracteres da discussão-com científica com elementos da discussão--contra, conglomerando atores homólogos com intenções partidárias, questões de pesquisa jurídica desinteressada e ponderações conflitivas que pedem uma decisão, por meio do Poder Judiciário.

Na redação de um texto científico-jurídico, o jurista expõe suas conclusões numa sequência de proposições descritivas, com o escopo de obter o convencimento. O leitor do texto, concentrando-se na sistemacidade textual, procurará apreendê-lo para enveredar no campo da Ciência Jurídica, atendo-se à verdade sobre o objeto em questão. Logo, o Direito pode ser estudado como um sistema de signos linguísticos. Isso porque a próprio conhecimento jurídico se estrutura mediante uma linguagem (metalinguagem) ao buscar a sistematização e interpretação das fontes do direito, as quais são também exteriorizadas em fórmulas linguísticas (linguagem-objeto).

A prática interpretativa desemboca na concretização dos enunciados linguísticos inscritos no sistema jurídico, com o que o hermeneuta opera a mediação entre o direito positivo e a realidade circundante, manifestando-se o significado da norma jurídica. Todo modelo normativo comporta sentidos, mas o significado não constitui um dado prévio – é o próprio resultado da tarefa interpretativa. O significado da norma é produzido pelo intérprete. As normas jurídicas nada dizem, somente passando a dizer algo quando são exprimidas pelo hermeneuta.

Sendo assim, as normas jurídicas veiculam mensagens, notadamente polissêmicas, visto que comportam diversos significados. Essa polissemia das fontes do direito deve ser resolvida, mediante o reconhecimento das diferenças entre linguagem comum e linguagem técnico-científica e o emprego das análises sintática, semântica e pragmática sobre o discurso do ordenamento jurídico.

5.1.5. A transição interpretativa: da letra ao espírito da norma jurídica

Ao disciplinar a conduta humana, os modelos normativos utilizam palavras – signos linguísticos que devem expressar o sentido daquilo que deve ser. A compreensão jurídica dos significados que referem os signos demanda o uso de uma tecnologia hermenêutica.

Ainda que os estudos mais recentes de Hermenêutica Jurídica apontem para a sua essência filosófica, não há como negar a sua relevante função instrumental, à medida que oferece técnicas voltadas para o norteamento das práticas interpretativas do direito.

Segundo Mourullo[18], as diversas técnicas interpretativas não operam isoladamente. Antes se completam, mesmo porque não há, na teoria jurídica interpretativa, uma hierarquização segura das múltiplas técnicas de interpretação: a gramatical, a lógico-sistemática, a histórica, a sociológica e a teleológica.

Por meio da técnica gramatical ou filológica, o hermeneuta se debruça sobre as expressões normativas, investigando a origem etimológica dos vocábulos e aplicando as regras estruturais de concordância ou regência, verbal e nominal. Trata-se de um processo hermenêutico quase superado, ante o anacronismo do brocardo jurídico – *in claris cessat interpretatio*.

Ao processo hermenêutico gramatical, logo se ajunta a técnica lógico-sistemática, que consiste em referir o texto ao contexto normativo de que faz parte, correlacionando, assim, a norma ao sistema do inteiro ordenamento jurídico e até de outros sistemas paralelos, conformando o chamado direito comparado.

Tratando-se de interpretação legal, deve-se, portanto, cotejar o texto normativo com outros do mesmo diploma legal ou de legislações diversas, mas referentes ao mesmo objeto, visto que, examinando as prescrições normativas, conjuntamente, é possível verificar o sentido de cada uma delas.

Munido da técnica histórica, o intérprete perquire os antecedentes imediatos (*v.g.*, declaração de motivos, debates parlamentares, projetos e anteprojetos) e remotos (*e.g.*, institutos antigos) do modelo normativo.

A seu turno, o processo sociológico de interpretação do direito objetiva: conferir a aplicabilidade da norma jurídica às relações sociais que lhe deram origem; elastecer o sentido da norma a relações novas, inéditas ao momento de sua criação; e temperar o alcance do preceito normativo, a fim de fazê-lo espelhar as necessidades atuais da comunidade jurídica.

Segue-se, umbilicalmente ligado à técnica sociológica, o processo teleológico que objetiva depreender a finalidade do modelo normativo. Daí resulta que a norma

18 MOURULLO, Gonzalo Rodríguez. **Aplicación judicial del derecho y lógica de la argumentación jurídica**. Madrid: Civitas, 1988, p. 64.

se destina a um escopo social, cuja valoração dependerá do hermeneuta, com base nas circunstâncias concretas de cada situação jurídica. A técnica teleológica procura, desse modo, delimitar o fim, vale dizer, a *ratio essendi* do preceito normativo, para a partir dele determinar o seu real significado. A delimitação do sentido normativo requer, pois, a captação dos fins para os quais se elaborou a norma jurídica.

A interpretação teleológica serve de norte para os demais processos hermenêuticos. Isso é assim porque convergem todas as técnicas interpretativas em função dos objetivos que informam o sistema jurídico. Toda interpretação jurídica ostenta uma natureza teleológica, fundada na consistência axiológica do direito.

Compartilhando desse entendimento, pontifica Reale[19] que o ato de interpretar uma lei importa, previamente, em compreendê-la na plenitude de seus fins sociais, a fim de poder-se, desse modo, determinar o sentido de cada um de seus dispositivos. Somente assim ela é aplicável a todos os casos que correspondam àqueles objetivos. Como se vê, o primeiro cuidado do hermeneuta contemporâneo consiste em saber qual a finalidade social da lei, no seu todo, pois é o fim que possibilita penetrar na estrutura de suas significações particulares.

Logo, o sincretismo dos caminhos interpretativos, iluminados que são pela teleologia do direito, permite que o intérprete transcenda a palavra em direção ao espírito do ordenamento jurídico. A hermenêutica jurídica oferece ao intérprete um repositório de técnicas interpretativas, destinadas à resolução dos problemas linguísticos inerentes ao discurso normativo. No desenvolvimento da interpretação jurídica o operador do direito se valerá dessas ferramentas hermenêuticas para o deslinde dos obstáculos da linguagem jurídica.

5.1.6. Do subjetivismo hermenêutico em prol do objetivismo hermenêutico: a participação ativa do intérprete do direito

O transcurso histórico da hermenêutica jurídica vem sendo marcado pela polarização entre o subjetivismo e o objetivismo. Trata-se de grande polêmica relativa ao referencial que o intérprete do direito deve seguir para desvendar o sentido e o alcance dos modelos normativos, especialmente das normas legais: a vontade do legislador (*voluntas legislatoris*) ou a vontade da lei (*voluntas legis*).

O problema é apresentado por Engisch[20], para quem, antes, é precisamente aqui que começa a problemática central da teoria jurídica da interpretação: o conteúdo

19 REALE, Miguel. **Teoria tridimensional do direito**. São Paulo: Saraiva, 1994, p. 285.

20 ENGISCH, Karl. **Introdução ao pensamento jurídico**. Lisboa: Fundação Calouste Gulbenkian, 1988, p. 170.

objetivo da lei e, consequentemente, o último escopo da interpretação são determinados e fixados por meio da vontade do legislador histórico, manifestada então e de uma vez por todas, de modo que a dogmática jurídica deve seguir as pegadas do historiador, ou não será, pelo contrário, que o conteúdo objetivo da lei tem autonomia em si mesmo e nas suas palavras, enquanto vontade da lei, enquanto sentido objetivo que é independente do mentar e do querer subjetivos do legislador histórico e que, por isso, em caso de necessidade, é capaz de movimento autônomo, é susceptível de evolução como tudo aquilo que participa do espírito objetivo? Eis a indagação fulcral para a compreensão do tema.

Sendo assim, a corrente subjetivista pondera que o escopo da interpretação é estudar a vontade histórico-psicológica do legislador expressa na norma. A interpretação deve verificar, de modo retrospectivo, o pensamento do legislador estampado no modelo normativo. De outro lado, a vertente objetivista preconiza que, na interpretação do direito, deve ser vislumbrada a vontade da lei, que, enquanto sentido objetivo, independe do querer subjetivo do legislador. A norma jurídica seria a vontade transformada em palavras, uma força objetivada independente do seu autor. O sentido incorporado no modelo normativo se apresentaria mais rico do que tudo o que o seu criador concebeu, porque suscetível de adaptação aos fatos e valores sociais.

Nesse sentido, a depender do referencial hermenêutico utilizado, a interpretação do direito modulará a própria expressão do discurso jurídico, valorizando a ordem, com a adoção do subjetivismo, ou a mudança, quando iluminada pelo objetivismo.

Com base nesse entendimento, pondera Andrade[21] que, como uma operação de esclarecimento do texto normativo, a interpretação aumenta a eficácia retórica ou comunicativa do direito, que é uma linguagem do poder e de controle social. E, dependendo da técnica adotada, a interpretação pode exercer uma função estabilizadora ou renovadora e atualizadora da ordem jurídica, já que o direito pode ser visto como uma inteligente combinação de estabilidade e movimento, não recusando as mutações sociais.

Assim, o direito pretende ser simultaneamente estável e mutável. Todavia é preciso ressaltar que a segurança perfeita significaria a absoluta imobilidade da vida social, enfim, a impossibilidade da vida humana. Por outro lado, a mutabilidade constante, sem um elemento permanente, tornaria impossível a vida social. Por isso o direito deve assegurar apenas uma dose razoável de ordem e organização

21 ANDRADE, Christiano José de. **O problema dos métodos da interpretação jurídica**. São Paulo: Revista dos Tribunais, 1992, p. 19.

social, de tal modo que essa ordem satisfaça o sentido de justiça e dos demais valores por ela implicados.

Combinando a exigência de segurança com o impulso incessante por transformação, a hermenêutica jurídica contemporânea se inclina, pois, para a superação do tradicional subjetivismo – *voluntas legislatoris* –, em favor de um novo entendimento do objetivismo – *voluntas legis* –, realçando o papel do intérprete na exteriorização dos significados da ordem jurídica.

Com base nesse redimensionamento do modelo objetivista, pode-se afirmar que o significado jurídico não está à espera do intérprete, como se o objeto estivesse desvinculado do sujeito cognoscente – o hermeneuta. Isso porque conhecimento é um fenômeno que consiste na apreensão do objeto pelo sujeito, não do objeto propriamente dito, em si e por si, mas do objeto enquanto objeto do conhecimento.

O objeto do conhecimento, portanto, é, de certo modo, uma criação do sujeito, que nele põe ou supõe determinadas condições para que possa ser percebido. Nessa perspectiva, não tem sentido cogitar de um conhecimento das coisas em si mesmas, mas apenas de um conhecimento de fenômenos, isto é, de coisas já recobertas por aquelas formas, que são condições de possibilidade de todo conhecimento. Em virtude da função constitutiva do sujeito no âmbito da relação ontognoseológica, não se poderá isolar o intérprete do objeto hermenêutico.

Conforme o magistério de Pasqualini[22], na acepção mais plena, o sentido não existe apenas do lado do texto, nem somente do lado do intérprete, mas como um evento que se dá em dupla trajetória: do texto (que se exterioriza e vem à frente) ao intérprete; e do intérprete (que mergulha na linguagem e a revela) ao texto. Esse duplo percurso sabe da distância que separa texto e intérprete e, nessa medida, sabe que ambos, ainda quando juntos, ocultam-se (velamento) e mostram-se (desvelamento). Longe de sugerir metáforas forçadas, a relação entre texto e intérprete lembra muito a que se estabelece entre músico e instrumento musical: sem a caixa de ressonância de um violino, suas cordas não têm nenhum valor, e estas e aquela, sem um violinista, nenhuma utilidade.

O conhecimento dos objetos culturais também não se identifica com o objeto desse conhecimento, o que se impõe, com mais força, na apreensão da cultura humana, à medida que, sendo realidades significativas do espírito, exigem maior criatividade do sujeito para se revelarem em toda a plenitude.

---

22 PASQUALINI, Alexandre. Hermenêutica: uma crença intersubjetiva na busca da melhor leitura possível. In: BOUCAULT, Carlos E. de Abreu; RODRIGUEZ, José Rodrigo. **Hermenêutica plural**. São Paulo: Martins Fontes, 2002, p. 171.

O significado objetivo dos modelos normativos é, em larga medida, uma construção dos sujeitos da interpretação jurídica, com base em dados axiológicos extraídos da realidade social. Toda norma se exprime na interpretação que lhe atribui o aplicador. O sentido da norma legal se regenera de modo contínuo, como numa gestação infinita. A interpretação jurídica permite transcender aquilo que já começou a ser pensado pelo legislador, de modo a delimitar a real vontade da lei.

Nesse compasso, leciona Bergel[23] que a questão não é, então, saber se o intérprete deve ser médium ou cientista, se pratica obra jurídica ou política, nem se a interpretação participa da criação ou da aplicação das normas jurídicas. Isso depende somente da liberdade que se lhe reconhece ou da fidelidade que se lhe impõe com referência ao direito positivo.

Observa-se, assim, que a lei só adquire um sentido com a aplicação que lhe é dada e que o poder assim reconhecido ao intérprete atesta a fragilidade da ordem normativa: nenhum preceito da lei, diz-se ainda, recebe seu sentido de um âmago legislativo; torna-se significativo com a aplicação que lhe é dada e graças à interpretação jurídica que esta implica.

Esse novo objetivismo hermenêutico, que surge no contexto da interpretação e aplicação do princípio constitucional da dignidade da pessoa humana, resulta na possibilidade de reconhecimento da discricionariedade judicial e no papel construtivo da jurisprudência.

No que se refere à existência da discricionariedade judicial, verifica-se a permanência de uma acesa controvérsia no campo da ciência jurídica.

De um lado, há uma corrente de pensamento que entende que, em qualquer situação, o ato de julgar será sempre vinculado, na medida em que não há como negar que na atividade jurisdicional existe apenas uma solução jurídica, a determinado caso concreto. Não há várias decisões juridicamente possíveis, ou meios possíveis para a consecução da aplicação da lei. Segundo essa concepção, os julgadores podem ter opiniões distintas, até mesmo opostas, sobre uma mesma questão de fato e de direito. Ainda assim, a verdade jurídica escolhida ao caso concreto afigura-se como a única solução justa *a priori*, ainda que venha a ser substituída em grau de recurso, pelo que essa realidade não desnatura a decisão judicial como decisão vinculada.

Em que pesem esses argumentos, parece que o ato de julgar é, sim, atividade discricionária. Ao magistrado cabe optar pela melhor interpretação do texto legal, tendo em vista a realização de seus valores e fins, figurando tal opção hermenêutica como o resultado do exercício de um poder discricionário.

23 BERGEL, Jean-Louis. **Teoria geral do direito**. São Paulo: Martins Fontes, 2001, p. 320.

Trata-se do que Ronald Dworkin[24] admitiu como discricionariedade em sentido fraco, entendida como a aplicação, por funcionários, de critérios estabelecidos por uma autoridade superior, ou mais especificamente na escolha, pelo juiz, entre critérios que um homem razoável poderia interpretar de diferentes maneiras, diferentemente da discricionariedade em sentido forte, que significa a ausência de vinculação legal a padrões previamente determinados, ou seja, a ideia de que os padrões existentes não impõem dever legal algum sobre o juiz para que decida de determinada forma.

Não há, portanto, como negar a ideia de discricionariedade judicial, entendendo a discricionariedade como um poder conferido ao intérprete de oferecer, com algum grau de liberdade, a solução hermenêutica mais razoável para um dado caso concreto, em face da relativa indeterminabilidade normativa.

Como bem assinala Karl Engisch[25], de modo algum se pode afirmar *a priori* que a sede do poder discricionário seja exclusivamente a administração – que, portanto, poder discricionário e discricionariedade administrativa se identifiquem. Abstraindo de todo da "discricionariedade do legislador" e da " discricionariedade do governo", é plenamente defensável o ponto de vista de que também existe o poder discricionário judicial.

Sendo assim, o legislador se confessa impotente para prever e prover, em face da riqueza infinda do real, e por isso confia no aplicador da lei. Na norma genérica está, contudo, prevista a intenção clara de que essa aplicação se faça a melhor possível, o mais certa possível, justa e adequada, às exigências do caso. Eis por que discrição não se confunde com arbítrio desordenado ou com arbitrariedade.

Discorrendo sobre o tema, Alessandro Raselli[26] leciona que, quando o juiz exercita um poder discricionário, deve ele determinar que coisa atende à exigência referida na lei, para dar um conteúdo à vontade expressa nessa mesma lei: deve escolher, entre os vários comportamentos possíveis, o que melhor corresponde a essa exigência. A atividade do juiz não é uma volição completa, porque a determinação final de impor um dado comportamento é já feita pelo legislador.

Desse modo, o ato judicial é discricionário, em nada se confundindo com um ato arbitrário, pois a discricionariedade está calcada dentro da legalidade e exige, obrigatoriamente, uma motivação na tomada da decisão considerada mais justa ao caso concreto, como sucede, por exemplo, nas hipóteses de gradação da pena, concessão de tutela antecipada e mensuração dos danos morais.

---

24 **Los derechos en serio**. Tradução de Marta Guastavino. Barcelona: Ariel, 1997, p. 32.

25 ENGISCH, 1988, p. 225.

26 **Studi sul potere discrezionale del giudice civile**. Milano: Giuffrè, 1975, p. 388.

De outro lado, o termo "jurisprudência" é polissêmico, visto que pode designar tanto o conhecimento científico do direito quanto indicar uma das manifestações da normatividade jurídica, integrante da categoria conhecida como "fontes do direito".

Para os limites da presente obra, o vocábulo "jurisprudência" deve ser entendido na segunda acepção, como a reiteração de julgamentos num mesmo sentido, capaz de criar um padrão normativo tendente a influenciar futuras decisões judiciais.

Nesse sentido, Orlando Gomes[27] observa que a jurisprudência se forma mediante o labor interpretativo dos tribunais, no exercício de sua função específica. Interpretando e aplicando o direito positivo, é irrecusável a importância do papel dos tribunais na formação do direito, sobretudo porque se lhe reconhece, modernamente, o poder de preencher as lacunas do ordenamento jurídico no julgamento de casos concretos.

Sendo assim, a jurisprudência é tradicionalmente situada como uma fonte formal e estatal do direito. Diz-se que é formal, porque a jurisprudência veicula, em seus condutos institucionais, o complexo de dados econômicos, políticos e ideológicos que se afiguram como fontes materiais do direito. Por sua vez, afirma-se a sua natureza estatal, ante a constatação de que as normas jurisprudenciais são produzidas por um órgão do Estado: o Poder Judiciário.

Nos sistemas anglo-saxônicos de *common law*, marcado pela força dos costumes e dos precedentes judiciais, a jurisprudência é considerada ainda uma fonte direta e imediata do direito, enquanto, nos sistemas romano-germânicos de *civil law*, caracterizados pela primazia da lei, a jurisprudência é vislumbrada pela maioria dos estudiosos como uma fonte indireta ou mediata do direito.

Esse entendimento decorre das próprias especificidades de tais sistemas jurídicos. No *common law*, o precedente judicial sempre teve força preponderante na aplicação do direito, adquirindo relevo a doutrina do *stare decisis*. O efeito vinculante do precedente judicial decorre do próprio funcionamento do sistema, encontrando-se arraigado na própria compreensão da atividade jurisdicional. A seu turno, no *civil law*, esse papel preponderante é assumido pela lei, como ponto de partida para a compreensão do direito, desempenhando a jurisprudência uma função subsidiária.

Como bem assinalam Cintra e Grinover[28], é controvertida a inclusão da jurisprudência entre as fontes do direito nos sistemas romanísticos. De um lado, encontram-se os que partem da ideia de que os juízes e tribunais apenas devem julgar

27 **A crise do direito**. São Paulo: Max Limonad, 1955, p. 62.

28 GRINOVER, Ada Pellegrini. **Teoria Geral do Processo**. São Paulo: Malheiros, 1997, p. 92.

de acordo com o direito já expresso por outras fontes, e dele não se podem afastar. De outro lado, os que entendem que os próprios juízes e tribunais, por meio de suas decisões, dão expressão às normas jurídicas até então declaradas por qualquer das outras fontes.

Não obstante persistir aceso debate sobre a normatividade da jurisprudência, a sua condição de fonte do direito não pode ser negligenciada, seja nos sistemas anglo-saxônicos de *common law,* seja nos sistemas romano-germânicos de *civil law.* Isso porque, no âmbito do processo decisório, os julgadores criam uma norma jurídica para o caso concreto, o que permite asseverar o papel criativo e construtivo do magistrado no desenvolvimento da interpretação jurídica, bem como atribuir à jurisprudência a condição de fonte do direito, como modo de manifestação da normatividade jurídica.

Nesse sentido, afirma Eros Roberto Grau[29] que a norma jurídica é produzida para ser aplicada a um caso concreto. Tal aplicação se dá mediante a formulação de uma decisão judicial, uma sentença, que expressa a norma de decisão. Este que está autorizado a ir além da interpretação tão somente como produção das normas jurídicas, para dela extrair normas de decisão, é aquele que Kelsen chama de intérprete autêntico: o juiz.

Não há, pois, como negar que a jurisprudência seja também fonte imediata e direta do direito, mesmo nos sistemas romanísticos. Primeiro, porque veicula a interpretação e aplicação da norma positiva, dando-lhe inteligência e precisando o alcance do direito em tese; segundo, porque aplica os princípios gerais, a equidade, a analogia, na falta de uma norma específica e explícita; e, por último, porque tem uma força construtiva e preservativa da uniformidade dos julgados e da unidade do direito.

No sistema jurídico brasileiro, o reconhecimento de que a jurisprudência pode figurar como fonte direta e imediata do direito é fortalecido à medida que se constata a sua progressiva aproximação ao paradigma anglo-saxônico do *common law* nas últimas décadas, como se depreende dos seguintes fenômenos: a consagração do poder normativo da Justiça do Trabalho; o aprimoramento dos mecanismos de uniformização jurisprudencial; o prestígio das súmulas dos tribunais superiores, mormente daquelas oriundas do Supremo Tribunal Federal; a previsão legal da súmula impeditiva de recurso; e a positivação constitucional da súmula vinculante, sob a inspiração da doutrina conhecida como *stare decisis*.

---

29 **Ensaio e discurso sobre a interpretação/aplicação do direito**. São Paulo: Malheiros, 2002, p. 18.

O papel hermenêutico da criação judicial pode ser vislumbrado com o fenômeno das mudanças jurisprudenciais.

O reconhecimento da mudança jurisprudencial só se afigura possível com a constatação de que a jurisprudência desponta como fonte de direito justo, capaz de acompanhar as exigências axiológicas da sociedade. Considerando o direito como um fenômeno histórico-cultural e o sistema jurídico como sistema aberto à realidade social, deve-se reconhecer o papel criativo e construtivo do julgador, bem como a capacidade das decisões judiciais para engendrar uma normatividade jurídica antenada com os valores comunitários.

Decerto, as técnicas de interpretação judicial da lei variam conforme a ideologia que guia a atividade do juiz e o modo como este concebe o seu papel e a sua missão, a concepção dele do direito e suas relações com o Poder Legislativo. O papel do juiz, porém, foi concebido de maneiras bastante diversas através dos tempos.

É célebre a lição de Montesquieu[30] segundo a qual, se os tribunais não devem ser fixos, devem sê-lo os julgamentos, a tal ponto que não sejam estes jamais senão um texto preciso da lei, sendo os juízes apenas a boca que pronuncia as palavras da lei. Entendia-se, portanto, que o juiz deveria aplicar literalmente a lei. Tradicionalmente, na mentalidade dos juízes, especialmente nos sistemas de *civil law*, prevalecia a aplicação mecânica da lei, evitando-se, na interpretação, questões valorativas.

As teorias contemporâneas sobre interpretação jurídica abandonaram tal posição, justificando esse papel construtivo do juiz, como fundamento para a realização da justiça. Logo, a lei passa a ser apenas uma referência, dela devendo o juiz extrair a interpretação que melhor se ajuste ao caso concreto, ainda que, para tanto, tenha de construir um novo entendimento sobre a lei. É forçoso reconhecer a vitalidade da interpretação construtiva dos juízes e tribunais, pelo que a hermenêutica ganha hoje sempre mais vigor diante da rapidez com que a realidade social se transforma, atrelada à realização axiológica do direito justo.

Tratando do tema, vislumbra Eros Roberto Grau[31] duas ideologias capazes de orientar a interpretação judicial: a estática e a dinâmica.

De um lado, a ideologia estática da interpretação jurídica tem como valores básicos a certeza, a estabilidade e a predizibilidade, que são os chamados valores estáticos. Segundo esses valores, a norma jurídica deve possuir um significado imutável, determinado pela vontade do legislador, de modo que se devem utilizar somente as

30 MONTESQUIEU, Charles de Secondat, Baron de. **O espírito das leis**: as formas de governo, a federação, a divisão dos poderes, presidencialismo versus parlamentarismo. Introdução, tradução e notas de Pedro Vieira Mota. São Paulo: Saraiva, 1996, p. 171.

31 GRAU, 2002, p. 112.

interpretações sistemática e literal, já que o conteúdo da norma é aquele positivado, que não pode sofrer alterações em nome da garantia dos mencionados valores.

De outro lado, a ideologia dinâmica da interpretação jurídica considera que a interpretação é atividade que adapta o direito às necessidades presentes e futuras da vida social. Segundo essa ideologia, portanto, a interpretação é atividade criadora. Nesse sentido, há criação normativa judicial porque: a) as decisões judiciais, como as dos órgãos legislativos, possuem uma eficácia geral; b) as decisões dos juízes são normas individuais; c) a decisão judicial supõe a criação de uma norma geral que serve de justificação à sentença e que é produto da interpretação; d) em determinados casos (por exemplo, lacunas ou antinomias), os juízes, no processo de decisão judicial, formulam normas novas, não vinculadas a textos normativos preexistentes.

Decerto, a decisão judicial não decorre da pura aplicação da lei a um dado caso concreto. Assumindo a opção pela ideologia dinâmica, o ato de interpretar o direito figura como uma atividade valorativa, que revela a convicção do hermeneuta sobre a situação de fato e a norma jurídica. O juiz, quando interpreta o direito, jamais é neutro. Ele está revelando o seu conjunto de valores, que serve de inspiração na descoberta da regra ou princípio jurídico adequado ao caso concreto.

A prática judicial tem demonstrado que, em muitas circunstâncias, a interpretação jurídica, adaptando a lei à realidade social, conduz a uma decisão mais justa. Gradativamente, esse papel construtivo do juiz está ganhando vigor, porquanto o magistrado exerce função criadora, uma vez que reconstrói o fato, pondera as circunstâncias relevantes, escolhendo a norma a ser aplicada de modo mais justo.

Sobre a legitimidade da mudança jurisprudencial, refere J. J. Gomes Canotilho[32] que a necessidade de uma permanente adequação dialética entre o programa normativo e a esfera normativa justifica a aceitação de transições constitucionais que, embora traduzindo a mudança de sentido de algumas normas provocada pelo impacto da evolução da realidade constitucional, não contrariam os princípios estruturais da ordem jurídico-constitucional, pelo que o reconhecimento dessas mutações constitucionais silenciosas se afigura como um ato legítimo de interpretação constitucional.

Exemplos de mudança jurisprudencial não faltam na história do direito brasileiro, a revelar o papel criativo dos juízes e tribunais: reconhecimento do furto famélico, mediante a relativização da legalidade estrita pelo princípio da insignificância; consolidação da possibilidade do exercício abusivo dos direitos subjetivos; relativi-

32 **Direito constitucional e teoria da Constituição**. Coimbra: Almedina, 1991, p. 1.153.

zação da autonomia da vontade pela adoção da teoria da imprevisão; subordinação dos institutos da propriedade e da empresa à ideia de função social; utilização dos princípios da boa-fé e do enriquecimento sem causa no campo obrigacional; o reconhecimento da sociedade de fato antes mesmo da regulamentação legislativa da união estável; aceitação da afetividade como ideia norteadora das relações familiares.

5.2. A TRANSIÇÃO DO PENSAMENTO SISTEMÁTICO AO PENSAMENTO PROBLEMÁTICO

Uma das mais importantes transformações paradigmáticas resultantes da emergência do pós-positivismo jurídico consiste na transição do pensamento sistemático de base lógico-dedutiva para um pensamento problemático, ancorado na ideia da realização da justiça à luz das singularidades do caso concreto. Nesse campo pós-positivista, destaca-se a tópica redescoberta pelo jurista germânico Theodor Viehweg.

Não há como negar a associação entre tópica e justiça, pois, como observa Edvaldo Brito[33], ao criticar os limites do raciocínio jurídico lógico-dedutivo (silogismo), adquire prestígio a tópica, que sugere evitar-se técnica que inviabilize a decisão justa, pois esta somente se conseguiria a partir dos dados materiais, buscados nos problemas, ainda que a deliberação não encontre apoio em norma legal. A teoria da justiça passa a ser entendida como uma teoria da práxis, de aplicabilidade tópica, com o que se afasta, no enfrentamento do problema de um direito justo, a pretensão jusnaturalista de aplicação lógico-dedutiva de um padrão absoluto e imutável de justiça, bem como o condenável alheamento do positivismo jurídico aos problemas de valor.

A tópica pode ser entendida como uma técnica de pensar por problemas, desenvolvida pela retórica. Ela se distingue nas menores particularidades de outra de tipo sistemático-dedutivo. As tentativas da era moderna de desligá-la da jurisprudência, por meio da sistematização dedutiva de uma ciência jurídica, tiveram um êxito muito restrito, visto que a tópica vem sendo encontrada ao longo de toda a tradição ocidental, desde a Antiguidade greco-latina. Se Aristóteles entendeu a tópica como uma teoria da dialética, entendida como a arte da discussão, Cícero a concebeu como uma práxis da argumentação, baseada no uso flexível de catálogos de *topoi* (lugares-comuns).

Como bem salienta Theodor Viehweg[34], o ponto mais importante do exame da tópica é a afirmação de que ela constitui uma *techne* do pensamento que se orienta

---

33 Teoria da decisão. **Revista do Magistrado**, Salvador: Tribunal de Justiça, n. 2, 2005, p. 8.

34 **Tópica e jurisprudência**. Brasília-DF: Departamento de Imprensa Nacional, 1979, p. 19.

para o problema. Essa distinção, já cunhada por Aristóteles em sua *Ética a Nicômaco*, entre *techne* e *episteme* implica considerar a primeira como o hábito de produzir por reflexão razoável, enquanto a segunda seria o hábito de demonstrar a partir das causas necessárias e últimas, e, portanto, uma ciência. Afigura-se como uma técnica do pensamento problemático, que opera sobre aporias – questões estimulantes e iniludíveis que designam situações problemáticas insuscetíveis de eliminação.

Chama-se de problema ou aporia toda questão que aparentemente permite mais de uma resposta e que requer necessariamente um entendimento preliminar, de acordo com o qual toma o aspecto de questão que há que levar a sério e para a qual há que buscar uma resposta como solução. Ao colocar o acento no sistema, os problemas seriam agrupados, de acordo com cada sistema, em solúveis e insolúveis, e estes últimos seriam desprezados como problemas aparentes. A ênfase no sistema opera, desse modo, uma seleção de problemas. Ao contrário, se priorizar acento no problema, este busca, por assim dizer, um sistema que sirva de ajuda para encontrar a solução. A ênfase no problema opera uma seleção de sistemas.

Buscam-se, desse modo, premissas objetivamente adequadas e fecundas que possam levar a consequências que iluminem. Tal procedimento é a tópica de primeiro grau. Entretanto, sua insegurança salta à vista, o que explica que se trate de buscar um apoio que se apresenta, na sua forma mais simples, em um repertório de pontos de vista preparados de antemão. Dessa maneira, produzem-se catálogos de *topoi*, tais como: "o direito não socorre os desidiosos", "o direito não tutela a má-fé a própria torpeza"; "o direito não tolera o enriquecimento sem causa" ou "o direito deve conferir tratamento isonômico aos iguais". A função dos *topoi*, tanto gerais como universais, consiste em servir a uma discussão de problemas. Quando se produzem mudanças de situações e em casos particulares, é preciso encontrar novos dados para resolver o problema.

Para Viehweg[35], restam comprovados os limites do sistema jurídico lógico-dedutivo, visto que o centro de gravidade do raciocínio jurídico, longe de ser a subsunção, como a atividade de ordenação dentro de um sistema perfeito, reside predominantemente na interpretação em sentido amplo e, por isso, na invenção. Isso porque, para que o sistema jurídico fosse logicamente perfeito, seria necessário garantir uma rigorosa axiomatização de todo o direito; proibição de interpretação dentro do sistema, o que se alcançaria mais completamente por meio de um cálculo; alguns preceitos de interpretação dos fatos orientados rigorosa e exclusivamente para o sistema jurídico (cálculo jurídico); não impedimento da admissibilidade das decisões *non liquet*; permanente intervenção do legislador, que trabalhe com uma exatidão siste-

35 VIEHWEG, 1979, p. 75.

mática (calculadora) para tornar solúveis os casos que surgem como insolúveis. Mesmo assim, a escolha dos axiomas continuaria sendo logicamente arbitrária, gerando um resíduo tópico.

Como a axiomatização do direito não é suficiente para captar plenamente a estrutura da argumentação, os axiomas também não oferecem resposta adequada ao problema da justiça. O procedimento que isso supõe já não é de busca do direito, senão de aplicação do direito justo. Daí deflui o segundo tipo de ciência mencionado, em que não se tenta modificar a essência da *techne* jurídica. Concebe-a, consequentemente, como uma forma de aparição da incessante busca do justo.

Sendo assim, o direito positivo emana dessa busca pelo justo, a qual continua com base nesse mesmo direito positivo, num movimento de circularidade dinamizado pela utilização das fórmulas persuasivas dos *topoi*, lugares-comuns da argumentação jurídica. Essa busca pelo justo seria o grande objeto de investigação da Ciência do Direito, cabendo à jurisprudência mostrar suas possibilidades, mediante o uso apropriado dos tópicos capazes de melhor atender às peculiaridades do caso concreto.

5.3. A DESFORMALIZAÇÃO DA LÓGICA JURÍDICA

Outra importante transformação paradigmática resultante da emergência do pós-positivismo jurídico consiste na desformalização da lógica jurídica, que, por força da tradição positivista, fora apartada da dimensão axiológica do direito, comprometendo a possibilidade de realização concreta da justiça.

Entre as diversas propostas pós-positivistas de reconstrução da lógica jurídica destacam-se as formulações da lógica do razoável pelo Raciovitalismo e da lógica da argumentação pelo movimento da Nova Retórica.

A lógica existencialista do razoável figura como uma modalidade de raciocínio jurídico raciovitalista, tendente à realização do direito justo, mediante o exercício de uma razão vital. O raciovitalismo se apresenta como a vertente de pensamento que se liga à filosofia da razão vital, preconizada pelo filósofo espanhol Ortega y Gasset, com amplas repercussões na esfera jurídica. O seu maior expoente foi Luis Recaséns Siches, verdadeiro cultor da lógica do razoável.

Para Recaséns Siches[36], o homem tem natureza biológica e psicológica, vive com a natureza circundante e, em razão disso, encontra-se condicionado por leis

36 SICHES, Luis Recaséns. **Tratado general de filosofía del derecho**. México: Editorial Porrúa, 1959, p. 157.

físico-naturais, que, todavia, não dão conta de todo o humano. Isso porque o comportamento humano é consciente e tem um sentido que não existe nos fenômenos físico-naturais. A natureza se explica e os fatos humanos podem ser compreendidos. Só o que é do homem pode ser justificado pelo homem, em razão dos fins que ele elege.

Pondera que a vida humana nada tem de feito, de concluído ou acabado, mas deve fazer-se a si mesma. Trata-se de um fazer-se contínuo, em que há sempre um campo de ação, não predeterminado, que possibilita a opção, com certa margem de liberdade, por um caminho. A partir dessa visão orteguiana de vida humana, Recaséns Siches enquadra o direito entre os objetos culturais, porque criado pelo homem, considerando-o como pedaço de vida humana objetivada.

Baseado nas concepções de Scheller e Hartmann, procurou Recaséns Siches conciliar a objetividade dos valores jurídicos com a historicidade do direito. Se a racionalidade é a própria vida humana – a razão vital –, a Ciência do Direito deve estudar a norma jurídica em sua historicidade, como momento da vida coletiva, ligada às circunstâncias e dentro da perspectiva por ela formada.

O sentido da obra cultural – arte, política ou direito – é sempre um sentido referido às circunstâncias concretas, em que se apresentou a necessidade estimulante, em que se concebeu a conveniência e a adequação do fim, em que se apreciou a propriedade e a eficácia dos meios adotados, de sorte que, a obra cultural deve ser considerada um produto histórico intencionalmente referido a valores, razão pela qual o direito estaria voltado para a concretização axiológica do justo.

Enquanto o pensamento racional puro da lógica formal tem a natureza meramente explicativa de conexões entre ideias, entre causa e efeitos, a lógica do razoável tem por objetivo problemas humanos, de natureza jurídica e política, e deve, por isso, compreender ou entender sentidos e conexões de significados, operando com valores e estabelecendo as finalidades e os propósitos da ordem jurídica. É razoável, portanto, o que seja conforme à razão, supondo equilíbrio, moderação e harmonia; o que não seja arbitrário ou caprichoso; o que corresponda ao senso comum, aos valores vigentes em dado momento ou lugar.

Para ele, a lógica dedutiva, silogística e alheia a critérios axiológicos, é imprópria para a solução dos problemas humanos. Em contrapartida, a lógica do razoável, *logos* do humano ou da razão vital, destina-se a compreender os assuntos humanos, buscando o sentido dos fatos e objetos, mediante operações estimativas.

Se a norma jurídica é um pedaço de vida humana objetivada, não pode ser uma norma abstrata de moral, de ética, desligada dos fatos concretos, é um enunciado para a solução de um problema humano. A norma jurídica não pode ser julgada como um fim, mas como um meio para a consecução de valores concretos, tais como o bem-estar social, a dignidade, a liberdade e a igualdade. Sendo assim, a materialização dessas estimativas sociais permite a realização da justiça e, portanto, do direito justo.

Logo, se a aplicação de uma norma a determinado fato concreto levar a efeitos contrários aos por ela visados, o comando normativo deve ser declarado inaplicável ao caso. Isso porque a produção do direito não é obra exclusiva do legislador, mas também dos julgadores, administradores ou particulares, visto que eles concretizam e individualizam a norma geral, levando em conta os fins e valores corporificados no sistema normativo. As decisões apresentam, assim, uma evidente natureza axiológica.

Segundo Recaséns Siches[37] em cada aplicação, a norma jurídica é revivida. O reviver concreto da norma fundamenta uma nova hermenêutica jurídica, baseada no uso de uma lógica do razoável, distinta da lógica neutra e exata da tradição cartesiana da modernidade. Sendo assim, a norma jurídica deve experimentar modificações para ajustar-se à nova realidade em que e para que é revivida, adaptando-se às singularidades de cada caso concreto.

Somente a lógica do razoável pode considerar essa permanente adequação do direito à vida humana, sendo regida por princípios de adequação não só entre a realidade e os valores, fins e propósitos, mas também entre propósitos e meios, bem como entre os meios e sua correção ética, em face das exigências permanentes de justiça.

Como salienta Fábio Ulhoa Coelho[38], o aplicador do direito, para fazer uso da lógica do razoável, deve investigar algumas relações de congruência, indagando sobre: os valores apropriados à disciplina de determinada realidade (congruência entre a realidade social e os valores); os fins compatíveis com os valores prestigiados (congruência entre valores e fins); os propósitos concretamente factíveis (congruência entre os fins e a realidade social); os meios convenientes, eticamente admissíveis e eficazes, para a realização dos fins (congruência entre meios e fins).

Nesse sentido, o uso da lógica do razoável torna o operador jurídico capaz de perceber a realidade em função dos valores que a constituem num dado caso concreto. Pode-se imaginar um exemplo singelo. Suponha-se que o regimento acadêmico de um curso de direito proíbe a entrada de cães no interior da Faculdade. Um aluno, portador de deficiência visual, pretende adentrar nas dependências da Faculdade de Direito, acompanhado do seu cão-guia. Caso se utilize a lógica formal dedutiva da subsunção, o intérprete do direito proibirá, literalmente, a entrada do estudante. Se

---

37 SICHES, Luís Recaséns. **Nueva filosofía de la interpretación de derecho**. México: Fondo de Cultura Económica, 1980, p. 140.

38 **Roteiro de lógica jurídica**. São Paulo: Max Limonad, 1997, p. 100.

for usada, no entanto, a lógica do razoável, o hermeneuta facultará o ingresso do estudante com o seu cão-guia, visto que, em face das circunstâncias do caso concreto, a finalidade da norma regimental não restará conspurcada, pois os valores da ordem e da segurança, indispensáveis para a realização das atividades acadêmicas, não serão atingidos por um animal devidamente adestrado, como um cão-guia.

Sendo assim, o manuseio da lógica do razoável potencializa a realização do direito justo, por exteriorizar uma operação axiológica e teleológica que se revela compatível com as especificidades histórico-culturais de cada caso concreto, tendo em vista a singularidade que envolve a vida humana, potencializando a realização do direito justo.

Ainda merece registro o desenvolvimento de uma lógica argumentativa, mediante a Nova Retórica de Chaïm Perelman, que se insurge contra as consequências de uma abordagem positivista no que se refere às possibilidades da argumentação racional dos valores, a fim de evitar que dilemas, escolhas e decisões sejam afastados do campo da racionalidade humana. O filósofo belga critica o modelo teórico que privilegia apenas a demonstração e o raciocínio lógico-matemático, como caminhos para a obtenção da verdade, o que acaba por relegar ao voluntarismo todas as opções axiológicas, fundamentais nos planos político e jurídico.

Ao refutar a concepção moderna de razão, estruturada a partir das filosofias racionalistas do século XVII e ainda presente no positivismo lógico do século XX, Perelman[39] busca valorizar meios de prova distintos do modelo dedutivo-silogístico. Sendo assim, a valorização de outros meios de produzir convencimento reclama a elaboração de uma teoria da argumentação, capaz de descortinar um caminho diferente da demonstração, pedra de toque do funcionamento da lógica cartesiana tradicional, insuficiente para o tratamento das controvérsias humanas. Ao enfatizar a dimensão retórica, Perelman se propõe a investigar o modo de desenvolvimento racional da argumentação, perquirindo as técnicas capazes de permitir a adesão de teses sustentadas perante determinado auditório.

Segundo ele, as premissas do raciocínio jurídico não são previamente dadas, mas, em verdade, são escolhidas pelo orador. O interlocutor que as elege (*v.g.*, o advogado, o promotor, o juiz) deve, de início, buscar compartilhá-las com o seu auditório (*e.g.*, juiz, tribunal, júri, opinião pública). Em seu cotidiano, o operador do direito é instado a formular argumentos a fim de convencer o interlocutor da tese sustentada. Ele observa que, na tomada de uma decisão judicial, ao contrário do que defendiam os positivistas, são introduzidas noções pertencentes à moralidade, me-

---

39 PERELMAN, Chaïm. **Lógica jurídica**: nova retórica. Tradução de Virginia Pupi. São Paulo: Martins Fontes, 1998, p. 141.

diante o uso dos chamados *topoi*, aos quais o julgador pode recorrer como premissas, compartilhadas pela comunidade jurídica, para a justificação racional de um ato decisório. A utilização desses *topoi*, no processo de argumentação judicial, remete à necessidade de uma escolha valorativa do hermeneuta, que se orienta pelo potencial justificador e racionalizador para a tomada de uma decisão.

Para Perelman[40], conforme a ideia do direito, por exemplo, o que é juridicamente obrigatório será limitado às leis positivas e aos costumes reconhecidos, ou, então, podem-se incluir precedentes judiciários, lugares-comuns e lugares-específicos, bem como princípios gerais do direito admitidos por todos os povos civilizados. Daí resulta que não basta ter princípios gerais como ponto inicial de uma argumentação: é preciso escolhê-los de um modo tal que sejam aceitos pelo auditório, formulá-los e apresentá-los, interpretá-los, enfim, para poder adaptá-los ao caso de aplicação pertinente.

Na perspectiva da Nova Retórica, os conflitos em torno do direito justo e de seus possíveis enfoques podem ser dirimidos por meio de um método argumentativo, em que se utilizem os *topoi* de maior potencial persuasivo e, portanto, mais adequados para as singularidades do caso concreto. Logo, todas as oportunidades devem ser fornecidas para os partícipes do diálogo jurídico, a fim de que, mediante o debate dos valores envolvidos, haja um consenso sobre a opção hermenêutica mais razoável e potencialmente mais justa.

Como bem assinala Karl Larenz[41], deve o jurista elaborar uma lógica dos juízos de valor que apresente, como ponto de partida, o modo como as pessoas raciocinam sobre valores, o que reclama o uso de uma teoria da argumentação, pelo que se torna evidente o mérito de Chaïm Perelman, ao legitimar novamente a discussão sobre o conceito de justiça, dentro das exigências de cientificidade do conhecimento jurídico.

Nesse sentido é a discussão racional acerca dos valores mais ou menos aceitos no processo de argumentação jurídica, que constitui o objeto do conhecimento sobre a justiça, visto que a pesquisa sobre o significado do direito justo remete a valores histórico-culturais que, por serem relativos, diferentemente do que propugnava o jusnaturalismo, sofrem os influxos do tempo e do espaço.

Como bem refere Perelman[42], embora seja ilusório enumerar todos os sentidos possíveis de justiça concreta, em face de todas as proposições acerca do conteúdo

40 PERELMAN, 1998, p. 170.

41 **Metodologia da ciência do direito**. Lisboa: Fundação Calouste Gulbenkian, 1989, p. 206.

42 PERELMAN, Chaïm. **Ética e direito**. Tradução de Maria Ermantina Galvão. São Paulo: Martins Fontes, 1999, p. 33.

do direito justo, propõe o autor uma síntese das concepções mais correntes, muitas delas de caráter aparentemente inconciliável. São elas: a cada qual a mesma coisa; a cada qual segundo seus méritos; a cada qual segundo suas obras; a cada qual segundo suas necessidades; a cada qual segundo a sua posição; e a cada qual segundo o que a lei atribui.

De acordo com a fórmula de justiça "a cada qual a mesma coisa", todos os seres considerados devem ser tratados da mesma forma, sem levar em conta nenhuma das particularidades que os distinguem. Seja-se jovem ou velho, virtuoso ou criminoso, doente ou saudável, rico ou pobre, nobre ou rústico, culpado ou inocente, é justo que todos sejam tratados absolutamente sem qualquer discriminação, remetendo a uma ideia de igualdade perfeita, cuja realização se afigura muitas vezes inviável.

Com base na concepção "a cada qual segundo seus méritos", não se exige a igualdade absoluta de todos, mas um tratamento proporcional a uma qualidade intrínseca da pessoa humana.

De acordo com a fórmula de justiça "a cada qual segundo suas obras", requer-se um tratamento proporcional, mediante um critério que não é moral, pois não se leva em conta a intenção ou eventuais sacrifícios, mas unicamente o resultado da ação. É essa concepção que admite, por exemplo, variantes no pagamento de salários e na aplicação de exames ou concursos.

Com base na concepção "a cada qual segundo suas necessidades", em vez de levar em conta o mérito ou a produção, tenta-se, sobretudo, diminuir os sofrimentos que resultam da impossibilidade em que ele se encontra de satisfazer suas necessidades essenciais. Trata-se de uma fórmula de justiça que muito se aproxima da caridade. Leva-se em conta um mínimo vital que cumprirá assegurar a cada homem, *v.g.*, por meio da proteção jurídica do trabalho e do trabalhador.

Quando se utiliza a proposição "a cada qual segundo a sua posição", depara-se com uma fórmula aristocrática de justiça, pois consiste ela em tratar os seres conforme pertença a uma ou outra determinada categoria de seres. Em vez de ser universalista, reparte os homens em categorias diversas que serão tratadas de forma diferente, como, por exemplo, sucedeu na sociedade estamental da Idade Média ou na sociedade de castas do povo hindu.

A fórmula "a cada qual segundo o que a lei atribui" pode ser traduzida na paráfrase do célebre brocardo romano *suum cuique tribuere*. O julgador é justo quando aplica às mesmas situações as mesmas leis e regras de determinado sistema jurídico. Trata-se de uma justiça estática, baseada na manutenção da ordem estabelecida.

Segundo ele, a utilização de qualquer uma dessas fórmulas de justiça pelo julgador depende das circunstâncias específicas do caso concreto, figurando como *topoi*, com maior ou menor persuasivas, sem que seja possível, de antemão, priorizar a prevalência da igualdade absoluta, do mérito, da obra, da necessidade, da posição ocupada ou da distribuição de direitos e deveres atribuída pela lei.

Para Perelman, deve-se investigar ainda o que há de comum entre essas concepções de justiça mais correntes. Somente assim se afigura possível determinar uma fórmula de justiça sobre a qual será realizável um acordo prévio e unânime. A noção comum constitui uma definição da justiça formal ou abstrata, enquanto cada fórmula particular ou concreta da justiça já examinada consubstancia um dos inumeráveis valores da justiça formal.

A noção de justiça sugere a todos a ideia de certa igualdade. Esse elemento conceitual comum permite afirmar que todos estão de acordo sobre o fato de que ser justo é tratar da mesma forma os seres que são iguais em certo ponto de vista, que possuem a mesma característica essencial (*e.g.*, mesmo mérito, mesma necessidade, mesma posição social), que se deva levar em conta na administração da justiça.

Sendo assim, os seres que têm em comum uma característica essencial farão parte de uma mesma categoria – a mesma categoria essencial. As seis fórmulas de justiça concreta diferem pelo fato de que cada uma delas considera uma característica diferente como a única que se deva levar em conta na aplicação da justiça.

Com efeito, pode-se definir a justiça formal ou abstrata como um princípio de ação segundo o qual seres de uma mesma categoria essencial devem ser tratados da mesma forma. Trata-se de uma noção puramente formal, porque essa definição não diz nem quando dois seres fazem parte de uma categoria essencial nem como é preciso tratá-los. Ademais, não determina as categorias que são essenciais para a aplicação da justiça. Ela permite que surjam as divergências no momento de passar de uma fórmula comum de justiça para fórmulas diferentes de justiça concreta.

Para Perelman[43], o direito positivo jamais pode entrar em conflito com a justiça formal, visto que ele se limita a determinar as categorias essenciais de que fala a justiça formal, e sem essa determinação a aplicação da justiça fica totalmente impossível. A aplicação da justiça formal exige a determinação histórico-cultural das categorias consideradas essenciais, aquelas que se levam em conta para a realização da justiça.

De outro lado, quando aparecem as antinomias de justiça e quando a aplicação da justiça nos força a transgredir a justiça formal, recorre-se à equidade. Serve-se da equidade como muleta da justiça. É ela o complemento indispensável da justiça formal, toda vez que a aplicação desta se mostra impossível. Consiste a equidade numa tendência a não tratar de forma por demais desigual os seres que fazem parte de uma

43 PERELMAN, 1999, p. 60.

mesma categoria essencial. Ela incita a não considerar unicamente uma característica essencial na realização da justiça. Apela-se também para a equidade toda vez que a aplicação da mesma fórmula de justiça concreta, em circunstâncias diferentes, conduz a antinomias que tornam inevitável a não conformidade com exigências da justiça formal, *v.g.*, um artesão, num período inflacionário, que se tenha comprometido a entregar uma obra por um salário equivalente ao de um operário qualificado.

Ademais, o caráter arbitrário dos valores que fundamentam um sistema normativo, a pluralidade e a oposição deles, a inexistência de um valor irresistível, desigualdades naturais do ser humano, fazem com que um sistema de justiça necessário e perfeito, nos moldes jusnaturalistas, seja irrealizável. Assim é que, embora a justiça pareça ser a única virtude racional, que se opõe à irregularidade dos atos, à arbitrariedade das regras, não se deve esquecer que sua ação mesma é fundamentada em valores arbitrários e irracionais.

Nesse diapasão, refere Chaïm Perelman[44] que, cada vez mais, juristas vindos de todos os cantos do horizonte recorrem aos princípios gerais do direito, que podem ser aproximados do antigo *jus gentium* e que encontrariam no consenso da humanidade civilizada seu fundamento efetivo e suficiente. O próprio fato de esses princípios serem reconhecidos, explícita ou implicitamente, pelos tribunais de diversos países, mesmo que não tenham sido proclamados obrigatórios pelo Poder Legislativo, prova a natureza insuficiente da construção positivista que faz a validade de toda a regra do direito depender de sua integração num sistema hierarquizado de normas.

Com efeito, Perelman observa que, na prática da decisão judicial, ao contrário do que defendiam os positivistas, são introduzidas noções pertencentes à moralidade, mediante o uso da principiologia. Sendo assim, os princípios jurídicos figuram, então, como *topoi* (lugares-comuns), aos quais o juiz pode recorrer como premissas, compartilhadas pela comunidade jurídica, para a justificação racional de um ato decisório. A utilização desses *topoi*, no processo de argumentação judicial, remete à necessidade de uma escolha valorativa do hermeneuta, que se orienta pelo potencial justificador e racionalizador para a tomada de uma decisão.

Para Perelman, não basta ter princípios gerais como ponto inicial de uma argumentação, sendo necessário escolhê-los de um modo tal que sejam aceitos pelo auditório, bem como formulá-los e interpretá-los, para poder adaptá-los ao caso de aplicação pertinente. O que importa é causar a adesão do auditório composto pela comunidade jurídica, mediante o uso dos *topoi* mais persuasivos para o deslinde do caso concreto, por meio da força dos melhores argumentos, o que se potencializa com o uso da principiologia jurídica.

44 Ibid., p. 395.

Em face de tudo quanto foi exposto, na visão de Chaïm Perelman, a justiça não se apresenta como um valor absoluto, mas, sobretudo, relativo e, portanto, insuscetível de ser definido pelo conhecimento, variando em conformidade com o conjunto de crenças de cada indivíduo. Sendo assim, a solução para o problema do direito justo deve ser construída no âmbito da razoabilidade prudencial do diálogo e da prática dos processos argumentativos.

5.4. A VALORIZAÇÃO DA PRINCIPIOLOGIA JURÍDICA COMO ALTERNATIVA PARA A REALIZAÇÃO DO DIREITO JUSTO

No campo teórico pós-positivista, podem ser vislumbrados dois pilares básicos: a proposta de nova grade de compreensão das relações entre direito, moral e política; e o desenvolvimento de uma crítica contundente à concepção formalista e axiologicamente neutra do positivismo jurídico.

Em relação a esse segundo aspecto, interessa frisar a emergência de um modelo de compreensão principiológica do direito, que confere aos princípios jurídicos uma condição central na estruturação do raciocínio do jurista, com reflexos diretos na interpretação e aplicação da norma jurídica, tendo em vista a realização de um direito mais justo.

O novo paradigma pós-positivista enfatiza a relevância teórico-prática dos princípios, oferecendo um instrumental metodológico mais compatível com o funcionamento dos sistemas jurídicos contemporâneos, a fim de conciliar legalidade com legitimidade e restaurar os laços éticos privilegiados entre o direito e a moralidade social.

A alternativa pós-positivista para a materialização de um direito justo passa pelo uso adequado dos princípios jurídicos, como reguladores teleológicos e axiológicos da compreensão do direito, ao permitir o desenvolvimento de uma interpretação capaz de materializar as exigências contingentes de justiça.

Divisando a emergência dessa nova concepção, sustenta Eduardo García de Enterría[45] que ela está conduzindo o pensamento jurídico ocidental a uma concepção substancialista e não formal de direito, fundada nos princípios gerais do direito, expressão de uma justiça material, mas especificada tecnicamente em função de problemas jurídicos concretos. Agora, a ciência jurídica não tem outra missão senão aquela de revelar e descobrir, por meio de conexões de sentido cada vez mais profundas e ricas, mediante a construção de instituições e a integração respectiva de

45 **Reflexiones sobre la ley y los principios generales del derecho**. Madrid: Civitas, 1986, p. 30.

todas elas em conjunto, os princípios gerais sobre os quais se articula e deve, por conseguinte, expressar-se a ordem jurídica.

Etimologicamente, o vocábulo "princípio" significa, numa acepção vulgar, início, começo ou origem das coisas. Transpondo o vocábulo para o plano gnoseológico, os princípios figuram como os pressupostos necessários de um sistema particular de conhecimento, servindo como a condição de validade das demais proposições que integram um dado campo do saber, até mesmo no plano do conhecimento jurídico.

Como ressalta Humberto Ávila[46], em virtude da constante utilização dos princípios na atualidade, chega-se mesmo a afirmar que a comunidade jurídica presencia um verdadeiro Estado Principiológico. Esse é o motivo pelo qual a doutrina e a jurisprudência têm utilizado, cada vez com maior frequência, os princípios jurídicos na resolução de problemas concretos, tornando absolutamente necessário ao intérprete do direito compreender essas proposições.

Torna-se, pois, imperioso frisar a emergência de um modelo principiológico que, cada vez mais, confere aos princípios jurídicos uma condição central na estruturação do raciocínio jurídico, com reflexos diretos na interpretação e aplicação de um direito justo.

Não obstante sua função descritiva, importa assinalar o papel prescritivo dos princípios jurídicos. Isso porque, com o advento do paradigma pós-positivista, os princípios foram inseridos no campo da normatividade jurídica. O pós-positivismo busca atribuir força cogente aos princípios jurídicos, independentemente das dificuldades geradas pela vagueza de sua expressão e pela indeterminabilidade do seu alcance, conferindo aos seus mandamentos um alto grau de abstração e generalidade.

Nessa senda, Norberto Bobbio[47] insere os princípios gerais do direito na categoria de normas jurídicas. Segundo ele, para sustentar que os princípios gerais são normas, os argumentos são dois, e ambos válidos: antes de mais nada, se são normas aquelas das quais os princípios gerais são extraídos, por meio de um procedimento de generalização sucessiva, não se vê por que não devam ser normas também eles: se deriva da espécie animal, obtenho sempre animais, e não flores ou estrelas. Em segundo lugar, a função para a qual são extraídos e empregados é a mesma cumprida por todas as normas, isto é, a função de regular um caso. E com que finalidade são extraídos em caso de lacuna? Para regular um comportamento não regulamentado: mas então servem ao mesmo escopo que servem as normas.

46 **Teoria dos princípios**. São Paulo: Malheiros, 2005, p. 15.

47 **Teoria do ordenamento jurídico**. Brasília-DF: UnB, 1996, p. 159.

Como normas jurídicas de inegável densidade valorativa e teleológica, consubstanciando geralmente direitos fundamentais dos cidadãos, os princípios jurídicos adquiriram enorme importância nas sociedades contemporâneas. A partir do momento do reconhecimento como dispositivos normativos, todo esforço é canalizado para emprestar-lhes aplicabilidade e efetividade.

Não é outra a razão pela qual a doutrina tem revelado um significativo empenho em compreender a morfologia e estrutura dos princípios jurídicos, na busca de seus elementos autênticos, diferenciando-os das regras jurídicas. Essa é a razão por que o paradigma pós-positivista enfoca a norma jurídica como sendo o gênero, figurando como espécies normativas tanto as regras quanto os princípios.

Conforme assinala Ruy Samuel Espíndola[48], a diferenciação entre regras e princípios jurídicos pode ser guiada pelos seguintes critérios: a) Grau de abstração: os princípios são normas com um grau de abstração relativamente elevado; de modo diverso, as regras possuem uma abstração relativamente reduzida; b) Grau de determinabilidade na aplicação do caso concreto: os princípios, por serem vagos e indeterminados, carecem de mediações concretizadoras (do legislador, julgador ou administrador), enquanto as regras são susceptíveis de aplicação direta; c) Caráter de fundamentalidade no sistema de fontes de direito: os princípios são normas de natureza ou com um papel fundamental no ordenamento jurídico devido à sua posição hierárquica no sistema das fontes (ex: princípios constitucionais) ou à sua importância estruturante dentro do sistema jurídico (ex: princípio do Estado de Direito); d) Proximidade da ideia de direito: os princípios são *standards* juridicamente vinculantes radicados nas exigências de justiça ou na ideia de direito; as regras podem ser normas vinculantes com um conteúdo meramente formal; e) Natureza normogenética: os princípios são fundamento de regras, isto é, são normas que estão na base ou constituem a *ratio* de regras jurídicas, desempenhando, por isso, uma função normogenética fundamentante.

Sendo assim, as regras disciplinam uma situação jurídica determinada, para exigir, proibir ou facultar uma conduta em termos definitivos. Os princípios, por sua vez, expressam uma diretriz, sem regular situação jurídica específica nem se reportar a um fato particular, prescrevendo o agir humano em conformidade com os valores jurídicos. Diante do maior grau de abstração dos princípios, irradiam-se pelos diferentes setores da ordem jurídica, embasando a compreensão unitária e harmônica do sistema normativo.

48 **Conceitos de princípios constitucionais**: elementos para uma dogmática constitucionalmente adequada. São Paulo: Revista dos Tribunais, 1999, p. 65.

Não é outro o entendimento de Willis Santiago Guerra Filho[49], para quem as regras possuem a estrutura lógica que tradicionalmente se atribui às normas do direito, com a descrição (ou "tipificação") de um fato, ao que se acrescenta a sua qualificação prescritiva, amparada em uma sanção (ou na ausência dela, no caso da qualificação como "fato permitido"). Já os princípios fundamentais igualmente dotados de validade positiva e de modo geral estabelecidos na Constituição não se reportam a um fato específico, de que se possa precisar com facilidade a ocorrência, extraindo a consequência prevista normativamente. Eles devem ser entendidos como indicadores de uma opção pelo favorecimento de determinado valor, a ser levada em conta na apreciação jurídica de uma infinidade de fatos e situações possíveis, juntamente com outras tantas opções dessas, outros princípios igualmente adotados, que em determinado caso concreto podem conflitar-se uns com os outros, quando já não são mesmo, *in abstracto*, antinômicos entre si.

Desse modo, a violação de um princípio jurídico é algo mais grave do que a transgressão de uma regra jurídica. A inobservância de um princípio ofende não apenas um específico mandamento obrigatório, mas todo um plexo de comandos normativos. Trata-se, pois, da mais grave forma de invalidade, conforme o patamar do princípio jurídico conspurcado, visto que representa insurgência contra todo o sistema normativo, subvertendo os seus valores fundantes.

No plano doutrinário, merece especial destaque o pensamento pós-positivista de Ronald Dworkin, que desenvolve suas reflexões sobre os princípios jurídicos a partir de um diálogo com outras doutrinas positivistas, mormente o normativismo lógico de Hart, no contexto dos sistemas de inspiração anglo-saxônica (*common law*).

Dworkin não compartilha do entendimento de que, nos chamados *hard cases*, o julgador pratica mero ato volitivo, exteriorizando suas convicções particulares e arbitrárias de justiça. Segundo ele, os princípios podem ser utilizados como critérios racionais para uma interpretação reconstrutiva da ordem jurídica e a consequente tomada de uma decisão, porque objetivamente inseridos no sistema jurídico.

Para Dworkin, é indispensável reabilitar a racionalidade moral-prática no campo da metodologia jurídica, de molde a controlar a decisão judicial. Para tanto, critica a estreita visão positivista que considera o direito como um sistema composto exclusivamente de regras e que autoriza a discricionariedade do magistrado no preenchimento das eventuais lacunas jurídicas. Isso porque, quando se admite que o ordenamento jurídico também contempla princípios, esses problemas restarão solucionados.

---

49 **Dos direitos humanos aos direitos fundamentais**. Porto Alegre: Livraria do Advogado,1997b, p. 17.

Nesse sentido, sustenta Ronald Dworkin[50] que, uma vez abandonada a doutrina do positivismo jurídico e tratados os princípios como expressão do direito, cria-se a possibilidade de que uma obrigação jurídica a ser cumprida pelo jurisdicionado possa ser imposta tanto por uma constelação de princípios como por uma regra estabelecida no sistema jurídico.

Na perspectiva de Dworkin, os princípios jurídicos, diferentemente das regras, não podem ser aplicados por meio do método lógico-formal, por não disciplinar diretamente um caso concreto. Ademais, é possível que mais de uma norma principiológica seja relevante para a solução do litígio, apontando em sentidos diversos. Configurada essa hipótese, o julgador deverá avaliar quais são os princípios jurídicos preponderantes e operar uma atividade de sopesamento, estabelecendo uma relação de prioridade concreta, em face da especificidade de uma dada situação jurídica. Sendo assim, a colisão principiológica se resolve mediante um processo hermenêutico de ponderação, em que os diversos princípios jurídicos relevantes ao caso concreto são apreciados em face dos fatos e valores incidentes.

Decerto, as normas principiológicas consubstanciam valores e fins muitas vezes distintos, apontando para soluções diversas e contraditórias para um mesmo problema. Logo, com a colisão de princípios jurídicos, pode incidir mais de uma norma sobre o mesmo conjunto de fatos, com o que várias premissas maiores disputam a primazia de aplicabilidade a uma premissa menor. A interpretação jurídica contemporânea, na esteira do pós-positivismo, deparou-se, então, com a necessidade de desenvolver técnicas capazes de lidar com a natureza essencialmente dialética do direito, ao tutelar interesses potencialmente conflitantes, exigindo o uso do instrumental metodológico da ponderação.

Por outro lado, ao estudar o sistema jurídico anglo-saxônico, marcado pela força dos costumes e dos precedentes judiciais, Dworkin pontifica que a prática jurídica se afigura como um exercício permanente de interpretação. Apontando os pontos de convergência entre a interpretação literária e a interpretação jurídica, pretende demonstrar que a ordem jurídica é produto de sucessivos julgamentos interpretativos. Os intérpretes/aplicadores, no entender de Dworkin, atuariam como romancistas em cadeia, sendo responsáveis pela estruturação de uma obra coletiva – o sistema jurídico.

Para Dworkin[51], decidir casos controversos no direito é mais ou menos como esse estranho exercício literário. A similaridade é mais evidente quando os juízes

---

50 DWORKIN, 1997, p. 100.

51 DWORKIN, Ronald. **Uma questão de princípio**. Tradução de Luís Carlos Borges. São Paulo: Martins Fontes, 2000, p. 238.

examinam e decidem casos do *common law*, isto é, quando nenhuma lei ocupa posição central na questão jurídica e o argumento gira em torno de quais regras ou princípios de direito subjazem a decisões de outros juízes, no passado, sobre matéria semelhante. Cada juiz, então, é como um romancista na corrente. Ele deve ler tudo o que outros juízes escreveram no passado, não apenas para descobrir o que disseram, ou seu estado de espírito quando o disseram, mas para chegar a uma opinião sobre o que esses juízes fizeram coletivamente, da maneira como cada um dos romancistas formou uma opinião sobre o romance coletivo escrito até então.

O papel do intérprete e aplicador do direito seria, portanto, o de reconstruir racionalmente a ordem jurídica vigente, identificando os princípios fundamentais que lhe dão sentido. Rompe-se, assim, com a dicotomia hermenêutica clássica que contrapõe a descoberta (cognição passiva) e a invenção (vontade ativa) na busca dos significados jurídicos. O hermeneuta, diante de um caso concreto, não estaria, assim, criando direito novo, mas racionalizando o material normativo existente. O de que se trata é de buscar identificar os princípios que podem dar coerência e justificar a ordem jurídica, bem como as instituições políticas vigentes. Cabe ao intérprete orientar-se pelo substrato ético-social, promovendo, historicamente, a reconstrução do direito, com base nos referenciais axiológicos indicados pelos princípios jurídicos.

Sendo assim, não basta ao operador do direito conhecer as características dos princípios, sendo fundamental, outrossim, saber para que eles servem no plano do conhecimento jurídico. É necessário, assim, compreender qual a função dos princípios de direito para que sejam aplicados corretamente.

Os princípios figuram como normas jurídicas, mas exercem um papel diferente daquele desempenhado pelas regras jurídicas. Estas, por descreverem fatos hipotéticos, possuem a nítida função de disciplinar as relações intersubjetivas que se enquadrem nas molduras típicas. O mesmo não se processa com os princípios, em face das peculiaridades já demonstradas. Os princípios jurídicos são, por seu turno, multifuncionais, podendo ser vislumbradas as funções supletiva, fundamentadora e hermenêutica.

Não é outro o pensamento de Joaquín Valdés[52] quando afirma que os princípios gerais do direito, como as ideias fundamentais que a comunidade forma sobre sua organização jurídica, estão sendo chamados para cumprir a tríplice função fundamentadora, interpretativa e supletória. Tais ideias básicas, por serem fundamento da organização jurídica, assumem uma missão para o desenvolvimento legislativo ne-

52 VALDÉS, Joaquín Arce y Flórez. **Los principios generales del derecho y su formulación constitucional**. Madrid: Civitas, 1990, p. 78.

cessário para a regulação de todas as relações interindividuais e coletivas, como cumprem um papel crítico (axiológico), capaz, em última análise, de invalidar ou derrogar toda norma positiva que mostre, irredutivelmente, uma oposição aos princípios. Tanto uma como outra função se realizam em virtude do denominado caráter informador, que também justifica sua missão interpretativa, em relação às demais fontes jurídicas. Residualmente, podem ser utilizados ainda como fonte autônoma, de direta aplicação, para resolver ou regular situações concretas jurídicas, na falta da lei ou costume, assumindo, assim, o caráter de fonte supletória e integradora do ordenamento jurídico.

Na qualidade de fonte subsidiária do direito, os princípios serviriam como elemento integrador, tendo em vista o preenchimento das lacunas do sistema jurídico, na hipótese de ausência da lei aplicável à espécie típica. Essa concepção revela-se, porém, anacrônica. Isso porque, ao se constatar a normatividade dos princípios jurídicos, estes perdem o caráter supletivo, passando a impor uma aplicação obrigatória. De antiga fonte subsidiária dos Códigos, os princípios gerais, desde o advento do constitucionalismo da segunda metade do século XX, tornaram-se fonte primária de normatividade, corporificando os valores supremos da ordem jurídica. Sendo assim, os princípios devem ser utilizados como fonte imediata do direito, podendo ser aplicados diretamente a todos os casos concretos.

Por outro lado, no desempenho de sua função fundamentadora, os princípios são as ideias básicas que servem de embasamento ao direito positivo, exprimindo as finalidades e as estimativas que inspiram a criação do ordenamento jurídico.

Destaca-se ainda a função hermenêutica do princípio jurídico, ao informar e orientar a interpretação e aplicação de todo o sistema normativo, inclusive das próprias regras jurídicas. Logo, afigura-se incorreta a interpretação da regra quando dela deflui contradição, explícita ou tácita, com a principiologia do direito. A interpretação deve, então, calibrar o alcance e o sentido da regra com as pautas axiológicas dos princípios jurídicos.

Ainda nesse plano hermenêutico serve também o princípio jurídico como limite de atuação do intérprete, pois, ao mesmo passo em que funciona como vetor interpretativo, a principiologia limita o subjetivismo do aplicador do direito. Sendo assim, os princípios estabelecem balizamentos dentro dos quais o jurista exercitará seu senso do razoável e sua capacidade de realizar o justo diante de um dado caso concreto.

Ademais, pode-se dizer que os princípios jurídicos funcionam como padrões de legitimidade para a escolha de uma opção hermenêutica. Decerto os princípios despontam como imposições deontológicas capazes de conferir força de convencimento às decisões jurídicas. Quanto mais o operador do direito procurar utilizá-los, no deslinde dos conflitos de interesses, mais legítima tenderá a ser a interpretação e a posterior decisão. Por outro lado, carecerá de legitimidade a decisão que desrespeitar os princípios jurídicos, enquanto repositório de valores socialmente aceitos.

Em sua dimensão hermenêutica, a aplicação dos princípios jurídicos exige que sejam densificados e concretizados pelos operadores do direito. O ato de densificar um princípio jurídico implica preencher e complementar o espaço normativo, a fim de tornar possível a solução dos problemas concretos. Por sua vez, concretizar o princípio jurídico consiste em traduzi-lo em decisão, passando dos textos normativos às normas decisórias.

Nesse sentido, doutrina Eros Roberto Grau[53] que, enquanto as regras estabelecem o que é devido e o que não é devido em circunstâncias nelas próprias determinadas, os princípios estabelecem orientações gerais a serem seguidas em casos, não predeterminados no próprio princípio, que possam ocorrer. Por isso, os princípios são dotados de uma capacidade expansiva maior do que a das regras, mas, ao contrário destas, necessitam de uma atividade ulterior de concretização que os relacione a casos específicos.

Como se depreende do exposto, as tarefas hermenêuticas de concretização e de densificação das normas principiológicas estão umbilicalmente ligadas: densifica-se um espaço normativo a fim de tornar possível a concretização e consequente aplicação de um princípio jurídico a uma controvérsia jurídica.

Sendo assim, do exame da multifuncionalidade dos princípios jurídicos, conclui-se que essas espécies normativas melhor se coadunam com a realização do direito justo. Isso porque a justiça depende em geral de normas mais flexíveis, como os princípios jurídicos, que permitem uma adaptação mais livre a múltiplas possibilidades do caso concreto e que sejam capazes de conferir ao intérprete liberdade de adaptar o sentido geral do efeito pretendido, muitas vezes impreciso e indeterminado, às peculiaridades da situação controvertida.

53 GRAU, 2002, p. 170.

Capítulo

6 A constitucionalização do direito justo no pós-positivismo brasileiro: o princípio da dignidade da pessoa humana como marco axiológico fundamental

6.1. O NEOCONSTITUCIONALISMO COMO EXPRESSÃO DO PÓS-POSITIVISMO JURÍDICO

Uma das tendências mais marcantes do pensamento jurídico contemporâneo reside na convicção de que o fundamento do sistema jurídico não deve ser procurado na esfera metafísica do cosmos, da revelação religiosa ou da estrutura de uma razão humana universal. Tais argumentos jusnaturalistas, baseados na existência de supostos direitos naturais, revelam-se inadequados em face da constatação de que a ordem jurídica deve ser compreendida em sua dimensão empírica e, portanto, vinculada ao plano histórico-cultural da convivência humana. De outro lado, consolida-se o entendimento de que o fenômeno jurídico não pode ser justificado pela manutenção de um conjunto meramente formal de regras jurídicas, apartadas do mundo dos fatos e valores, como sugere o idealismo típico das diversas doutrinas positivistas, que promovem o distanciamento social e o esvaziamento ético do Direito.

Diante dos limites do jusnaturalismo e do positivismo jurídico, a ciência jurídica atual vem buscando formular novas propostas de fundamentação e legitimação do Direito, de modo a permitir a compreensão de suas múltiplas dimensões – normativa, fática e valorativa – e a realização ordenada da justiça no âmbito das relações concretas. Esse novo momento de reflexão do conhecimento jurídico, intitulado de pós-positivismo jurídico, vem procurando reconstruir os laços privilegiados entre o Direito e a Moral, aproximando o fenômeno jurídico das exigências da realidade social.

Nesse diapasão, afirma Ricardo Lobo Torres[1] que se presencia hoje a mudança de paradigmas jurídicos que implica a reaproximação entre direito, ética e justiça, bem como a preeminência dos princípios jurídicos no quadro do ordenamento, emergindo um modelo pós-positivista que consagra os direitos fundamentais enunciados pela principiologia constitucional, incorporando representações de valores da liberdade, igualdade e dignidade de todos os seres humanos.

Como expressão do pós-positivismo no Direito Constitucional, a doutrina vem utilizando as expressões "neoconstitucionalismo", "constitucionalismo avançado" ou "constitucionalismo de direitos" para designar um novo modelo jurídico-político que representa o Estado Constitucional de Direito no mundo contemporâneo.

Segundo Santiago Ariza[2], esse novo modelo de compreensão e aplicação do Direito Constitucional se revela em alguns sistemas constitucionais surgidos após a Segunda Guerra Mundial, cujas funções se contrapõem ao papel que desempenhavam as Cartas Constitucionais no contexto da modernidade jurídica, de modo a tentar recompor a grande fratura existente entre a democracia e o constitucionalismo ocidental.

Para tanto, o neoconstitucionalismo pressupõe o reconhecimento de uma Teoria da Constituição substancialista, ancorada numa prévia ontologia cultural. Isso porque até a metade do século XX não existia uma autêntica Teoria da Constituição em face das seguintes razões: os tratados e manuais de direito constitucional consideravam abstrato o tema; o positivismo jurídico era refratário a enfoques extranormativos ou metajurídicos; as incursões teóricas de natureza histórico-social não eram consideradas aceitáveis, tal como se verifica na corrente formalista e axiologicamente neutra da Teoria Pura do Direito, formada por Kelsen e seus seguidores; a vertente neokantiana de que o método constrói o objeto, presente no pensamento de Kelsen, inviabiliza a correlação entre método e realidade, indispensável ao realismo próprio de uma Teoria da Constituição como ciência cultural.

Decerto, autores como Montesquieu, Rousseau, Sieyès, Constant e Payne podem ser situados como integrantes de um constitucionalismo burguês, de inspiração racionalista-individualista. Tal vertente de pensamento foi debilitando, gradativamente, o conceito substancial de Constituição, para formalizar o seu conteúdo por meio dos postulados do nascente positivismo jurídico, com o uso do método exegético e a conexão entre liberdade, propriedade, segurança e lei.

---

1 TORRES, Ricardo Lobo (Org.). **Legitimação dos direitos humanos**. Rio de Janeiro: Renovar, 2002, p. 3.

2 ARIZA, Santiago Sastre. La ciencia jurídica ante el neoconstitucionalismo. In: CARBONELL, Miguel (Org.). **Neoconstitucionalismo(s)**. Madrid: Trotta, 2003, p. 239.

De outro lado, o constitucionalismo anglo-saxônico legou à cultura constitucional euroatlântica a Constituição inglesa, o *common law*, as declarações britânicas e norte-americanas. Não obstante esse progresso constitucional, a importação do constitucionalismo anglo-saxônico não é tarefa fácil, ante a mentalidade pragmática e utilitarista dessa tradição jurídica.

Outrossim, predominam, na Europa Continental, o racionalismo, o formalismo e a metodologia abstrata, como se percebe nas diferenças entre o *rule of law*, o *due process of law* e o *Rechtsstaat*, embora apresentem pontos de convergência: a legalidade, a hierarquia normativa, a publicidade das normas, a irretroatividade das disposições restritivas de direitos individuais, a segurança jurídica, a responsabilidade e a arbitrariedade dos poderes públicos.

Posteriormente, verifica-se a influência da doutrina germânica, desde o fim do século XIX até o século XX, na configuração da dogmática constitucional, citando os nomes de juristas como Gerber, Laband, Jellinek e Kelsen. Todos eles poderiam ser situados no campo do formalismo positivista, com exceção do enfoque sociológico conferido por Jellinek a sua Teoria dualista do Estado.

A República alemã de Weimar, entre 1919 e 1932, foi o microcosmos da cultura constitucional europeia, que logo seria transportada para o mundo ocidental. As diversas tendências que brotaram nesse momento histórico do constitucionalismo germânico se caracterizaram pelo combate ao positivismo jurídico, sob o influxo do antiformalismo expresso na filosofia vitalista, na sociologia e na atenção doravante dedicada à ciência política. Nesse período, aparecerá a Teoria da Constituição em 1928 com as obras de Schmitt, Smend e seus discípulos, tornando patente a necessidade de abordar o condicionamento cultural e a fundamentação axiológica da Teoria da Constituição, a fim de demonstrar a íntima conexão entre cultura, valores e direito constitucional.

Segundo Pablo Lucas Verdú[3], a meditação constitucional é consciente de que toda especulação cultural a respeito da Constituição consiste numa inspiração ideológica, fundada em valores que operam na realidade social e política. Tais pautas axiológicas iluminam e fundamentam direitos humanos, mediante a delimitação dos poderes públicos a uma organização normativa que se encontra fundada numa estrutura sociopolítica democrática.

Sendo assim, a substantividade da Teoria da Constituição se apresenta como uma inovação em face das posturas positivistas passadas e presentes, pois toda Constituição funda-se em valores que se exprimem em princípios constitucionais, como a liberda-

---

3 **Teoría de la Constitución como ciencia cultural**. 2. ed. Madrid: Dykinson, 1998, p. 21.

de, a igualdade, a fraternidade e, sobretudo, a dignidade da pessoa humana, conferindo uma dimensão axiológica e teleológica ao constitucionalismo pós-moderno.

Com o neoconstitucionalismo, ocorre também o processo de normativização da Constituição, que deixa de ser considerada um diploma normativo com um valor meramente programático ou como um conjunto de recomendações ou orientações dirigidas ao legislador para operar como uma normatividade jurídica com eficácia direta e imediata.

Decerto, uma das grandes mudanças ocorridas no Direito Constitucional ao longo do século XX foi a atribuição à norma constitucional do *status* de norma jurídica, superando-se o modelo anacrônico segundo o qual a Constituição era vista como mero convite político à atuação dos Poderes Públicos. A eficácia das normas constitucionais ficava, assim, condicionada à liberdade de conformação do legislador ou à discricionariedade do administrador, não se reconhecendo ao Poder Judiciário nenhum papel relevante na realização dos valores e fins da Carta Magna.

Como bem salienta Dirley da Cunha Júnior[4], a Constituição deixou de ser concebida como simples manifesto político para ser compreendida como um diploma composto de normas jurídicas fundamentais e supremas. Isso porque a Constituição, além de imperativa como toda norma jurídica, é particularmente suprema, ostentando posição de proeminência em face das demais normas, que a ela deverão conformar-se quanto ao modo de elaboração (compatibilidade formal) e quanto à matéria (compatibilidade material).

A supremacia constitucional desponta, assim, como uma exigência democrática, para sintetizar os valores e anseios do povo, titular absoluto do poder constituinte que originou a Carta Magna, a fonte máxima de produção da totalidade do Direito e o último fundamento de validade das normas jurídicas, conferindo unidade e caráter sistemático ao ordenamento jurídico.

Partindo-se do postulado de que a Constituição define o plano normativo global para o Estado e para a sociedade, vinculando tanto os órgãos estatais como os cidadãos, dúvidas não podem mais subsistir nem questionamentos sobre a natureza jurídica das normas programáticas. As normas programáticas, sobretudo as atributivas de direitos sociais e econômicos, devem ser entendidas, assim, como diretamente aplicáveis e imediatamente vinculantes de todos os órgãos dos Poderes Legislativo, Executivo e Judiciário.

Nesse sentido, são tão jurídicas e vinculativas as normas programáticas, malgrado sua abertura ou indeterminabilidade, que, na hipótese de não realização dessas

4 **Controle de constitucionalidade**: teoria e prática. Salvador: Juspodivm, 2006, p. 32.

normas e desses direitos por inércia dos órgãos de direção política (Executivo e Legislativo), restará caracterizada a inconstitucionalidade por omissão.

Conforme leciona ainda Dirley da Cunha Júnior[5], o Estado, inclusive o Estado brasileiro, está submetido ao ideal de uma democracia substantiva ou material, razão pela qual as eventuais inércias do Poder Legislativo e do Poder Executivo devem ser supridas pela atuação do Poder Judiciário, mediante mecanismos jurídicos previstos pela própria Constituição que instituiu um Estado Democrático de Direito (por exemplo, o mandado de injunção, a ação direta de inconstitucionalidade por omissão e a arguição de descumprimento de preceito fundamental).

Sendo assim, a concepção de uma Constituição como norma afeta diretamente a compreensão das tarefas legislativa e jurisdicional. De um lado, o caráter voluntarista da atuação do legislador cede espaço para a sua submissão ao império da Constituição. De outro lado, o modelo dedutivista de aplicação da lei pelo julgador, típico da operação lógico-formal da subsunção, revela-se inadequado no contexto de ampliação da margem de apreciação judicial, especialmente na concretização de princípios, abrindo margem para o recurso da operação argumentativa da ponderação.

Gera-se, pois, um conflito permanente entre esse tipo de constitucionalismo e a democracia, ante a primazia concedida ao Poder Judiciário em detrimento da posição subalterna assumida pelo Poder Legislativo. Exemplo disso pode ser encontrado quando se verifica a tensão entre eficácia imediata (que exige a atuação dos juízes) e mediata (que requer a necessária atuação do legislador), ao denotar a dificuldade do neoconstitucionalismo de estabelecer os limites ou articular uma proposta que permita conjugar o labor jurisdicional e a função do legislador.

Com efeito, oscila-se entre um constitucionalismo débil, que reivindica a importância da legitimidade democrática do legislador e das pautas formais inerentes ao Estado de Direito (a certeza, a igualdade formal e a separação dos poderes), e um neoconstitucionalismo que valoriza o ativismo judicial como via para a substancialização do regime democrático.

Como proposta de superação dessa aparente dicotomia, destaca-se o pensamento de J. J. Gomes Canotilho[6], a promover a conciliação entre as noções de Estado de Direito e democracia. Isso porque, segundo o autor, o Estado Constitucional é mais do que o Estado de Direito, visto que o elemento democrático serve não só para limitar o Estado, mas também para legitimar o exercício do poder político, potencializando a compreensão da fórmula do Estado de Direito democrático.

5 **Controle judicial das omissões do Poder Público**. São Paulo: Saraiva, 2004, p. 107.

6 **Direito Constitucional e Teoria da Constituição**. Coimbra: Almedina, 1991, p. 98.

De outro lado, o neoconstitucionalismo pressupõe a positivação jurídica de princípios, pautas axiológicas de conteúdo indubitavelmente ético, daí decorrendo importantes consequências, tais como a necessidade de adotar uma posição de participante para explicar o funcionamento do Direito, bem como a necessidade de superar a ideia positivista de uma separação entre o Direito e a Moral.

Decerto, o modelo neoconstitucionalista não parece coadunar-se com a perspectiva positivista, que se mostra tanto antiquada, por haver surgido no contexto do Estado liberal-individualista, quanto inadequada, por não incorporar os *standards* de moralidade ao estudo do Direito.

O modelo de ciência jurídica que exige o neoconstitucionalismo contrasta também com aquele defendido pelo positivismo jurídico. Rejeitam-se, assim, as noções de distanciamento, neutralidade valorativa e função descritiva da ciência jurídica, para incorporar as ideias de compromisso, intervenção axiológica, prioridade prática e caráter político do conhecimento científico do Direito.

O denominador comum das teorias ditas neoconstitucionalistas parece ser a necessidade de superar um modelo que estabeleça deva a ciência jurídica ocupar-se exclusivamente de descrever o Direito, por meio de uma atividade neutra aos valores sociais e alheia ao problema da efetividade do sistema jurídico.

A partir do momento em que alguns padrões de moralidade são incorporados às Constituições mediante os princípios ético-jurídicos, a tarefa de determinar o que o Direito diz não pode ser concebida como uma atividade totalmente científica ou objetiva, visto que podem entrar em jogo as opiniões e as considerações morais, o que confere verdadeira natureza política à atividade do jurista.

Nesse sentido, o neoconstitucionalismo, além de evidenciar que algumas descrições podem ter uma significação política, vem apresentando a virtude de evidenciar que não se devem colocar todos os juízos de valor no mesmo plano e que nem todos os juízos de valor se reconduzem ao âmbito incontrolável da subjetividade.

Por fim, verifica-se que o movimento neoconstitucionalista, com a internalização dos valores consubstanciados pelos princípios jurídicos, revela-se favorável à ideia de uma aceitação moral do Direito, resultando na adoção de perspectivas interna e externa de compreensão do fenômeno jurídico. A legitimação do sistema jurídico passa pela busca de um equilíbrio entre os pontos de vista de crítica interna, cujo parâmetro é a Constituição, e de crítica externa, cujo parâmetro é o substrato axiológico da moralidade social.

Desse modo, o neoconstitucionalismo, como manifestação do pós-positivismo jurídico, abarca um conjunto amplo de mudanças ocorridas no Estado Democrático de Direito e no Direito Constitucional, reaproximando as Constituições do substrato ético dos valores sociais e abrindo espaço para o reconhecimento da força normativa da Constituição e de uma nova interpretação constitucional de base principiológica.

6.2. NEOCONSTITUCIONALISMO E O PRINCÍPIO DA DIGNIDADE DA PESSOA HUMANA

Como se pôde depreender do tópico anterior, uma das características mais marcantes do neoconstitucionalismo, expressão do pós-positivismo jurídico no Direito Constitucional, consiste na frequente utilização de princípios jurídicos no embasamento de processos hermenêuticos e decisórios, como espécies normativas que permitem conciliar as estimativas de justiça (legitimidade), típicas do jusnaturalismo, com as exigências de segurança (legalidade), próprias do positivismo jurídico.

A valorização desses princípios jurídicos vem sendo acompanhada, *pari passu*, pela progressiva constitucionalização desses cânones éticos, promovendo a transição do modelo formal de Constituição, que a reduz a mero catálogo de competências e procedimentos, para o paradigma material de Carta Magna, que a eleva ao patamar de repositórios dos valores fundantes do Estado e do conjunto da sociedade civil.

Como salienta Maria Celina de Moraes[7], tais princípios jurídicos, extraídos da cultura, exprimem a consciência social, o ideal ético e, portanto, a noção de justiça presente na sociedade, figurando, portanto, como os valores por meio dos quais aquela comunidade se organizou e se organiza. É nesse sentido que se deve entender o real e mais profundo significado, marcadamente axiológico, da chamada constitucionalização principiológica, mediante a qual a Constituição passa a representar o conjunto de valores sobre os quais se constrói, na atualidade, o pacto axiológico fundamental da convivência coletiva.

Com a valorização da principiologia constitucional pelo neoconstitucionalismo, torna-se a Carta Constitucional uma expressão viva e concreta do mundo dos fatos e valores, adquirindo inegável tessitura axiológica e teleológica. A principiologia de cada Lei Fundamental se converte, assim, no ponto de convergência da validade (dimensão normativa), da efetividade (dimensão fática) e, sobretudo, da legitimidade (dimensão valorativa) de um dado sistema jurídico, abrindo espaço para a constitucionalização do direito justo.

As diversas concepções neoconstitucionalistas parecem convergir para o entendimento de que o Direito é um constructo axiológico e teleológico, que impõe a com-

7 MORAES, Maria Celina Bodin de. O conceito de dignidade humana: substrato axiológico e conteúdo normativo. In: SARLET, Ingo Wolfgang. **Constituição, direitos fundamentais e direito privado.** Porto Alegre: Livraria do Advogado, 2003, p. 107.

preensão e aplicação de princípios jurídicos, especialmente aqueles de natureza constitucional, de modo a potencializar a realização da justiça, o que se manifesta plenamente com a aplicação do princípio constitucional da dignidade da pessoa humana.

Decerto, entre os diversos princípios ético-jurídicos que adquiriram *status* constitucional nas últimas décadas, merece destaque a dignidade da pessoa humana, porquanto, na esteira do pós-positivismo jurídico, evidencia-se, cada vez de modo mais patente, que o fundamento último e a própria *ratio essendi* de um direito justo não é outro senão o próprio homem, considerado em sua dignidade substancial de pessoa, como um ser que encerra um fim em si mesmo, cujo valor ético intrínseco impede qualquer forma de degradação, aviltamento ou coisificação da condição humana.

Segundo Fábio Konder Comparato[8], inspirado no pensamento kantiano, a pessoa é um fim em si mesmo, não podendo converter-se em instrumento para a realização de um eventual interesse, pois o ser humano, e, de modo geral, todo ser racional, existe como uma finalidade própria, sem figurar como meio do qual esta ou aquela vontade possa servir-se a seu talante. Pela sua vontade racional, ao contrário das coisas, só a pessoa humana vive em condições de autonomia, isto é, como ser capaz de guiar-se pelas leis que ela própria edita. Logo, todo homem tem dignidade e não um preço, como as coisas.

Sendo assim, o princípio ético-jurídico da dignidade da pessoa humana importa o reconhecimento e tutela de um espaço de integridade físico-moral a ser assegurado a todas as pessoas por sua existência ontológica no mundo, relacionando-se tanto com a manutenção das condições materiais de subsistência quanto com a preservação dos valores espirituais de um indivíduo que sente, pensa e interage com o universo circundante.

Como salienta Oscar Vieira[9], ao servirem de veículo para a incorporação dos direitos da pessoa humana pelo Direito, os direitos fundamentais passam a constituir uma importante parte da reserva de justiça do sistema jurídico, sobretudo pela abertura dos direitos fundamentais à moralidade, o que se verifica pela internalização de valores morais, como a dignidade humana. Uma sociedade que respeita os direitos decorrentes da dignidade da pessoa humana pode ser considerada, se não uma sociedade justa, ao menos muito próxima do ideal de justiça.

Sendo assim, a dignidade da pessoa humana, sob os influxos do pós-positivismo neoconstitucionalista, converteu-se em verdadeira fórmula de justiça substancial, pas-

---

8 **A afirmação histórica dos direitos humanos**. São Paulo: Saraiva, 2005, p. 21.

9 VIEIRA, Oscar Vilhena. **Direitos fundamentais**: uma leitura da jurisprudência do STF. São Paulo: Malheiros, 2006, p. 37.

sível de ser invocada concretamente pelos sujeitos de direito, sem os limites decorrentes das concepções jusnaturalista e positivista de fundamentação do direito justo.

Não é outro o entendimento de David Pardo[10], para quem a relação dos princípios com os valores, especialmente dos princípios jusfundamentais com o valor da dignidade, permite identificar a Constituição como um sistema normativo aberto à moralidade social cambiante, o que possibilita afirmar que todo o sistema jurídico recebe irradiação desse sentido de justiça emanado do conjunto dos princípios jusfundamentais e dos direitos fundamentais que os traduzem normativamente.

Dessarte, convém investigar os elementos que definem esse processo de positivação do direito justo, a partir do suporte axiológico e teleológico do princípio ético-jurídico da dignidade da pessoa humana, desde o processo da internacionalização dos direitos humanos até a sua expressa conversão em normatividade constitucional.

6.3. A DIGNIDADE DA PESSOA HUMANA COMO VALOR-FONTE DA EXPERIÊNCIA AXIOLÓGICA DO DIREITO

Antes mesmo de seu reconhecimento jurídico nas Declarações Internacionais de Direito e nas Constituições de diversos países, a dignidade da pessoa humana figura como um valor, que brota da própria experiência axiológica de cada cultura humana, submetida aos influxos do tempo e do espaço. Daí por que, longe de ser enclausurado como um ideal metafísico, absoluto e invariável, o princípio da dignidade da pessoa humana deve ser compreendido em sua dimensão histórico-cultural.

Decerto, a apreensão do sentido do princípio da dignidade da pessoa humana não se afigura como o produto metódico de procedimentos formais, dedutivos e indutivos, mas, em verdade, requer um conhecimento de base concreta e real, que repousa sobre valorações. Entendida a cultura como tudo aquilo que é construído pelo homem em razão de um sistema de valores, com o escopo de atender aos seus interesses e finalidades, será possível constatar que o princípio da dignidade da pessoa humana é dotado de um sentido de conteúdo valorativo, pertencente, portanto, ao campo da cultura humana.

Disso se apercebeu o tridimensionalismo jurídico, ao conceber o valor da dignidade como fundamento concreto do direito justo. Foi integrado nessa linha de

10 PARDO, David Wilson de Abreu. **Os direitos fundamentais e a aplicação judicial do direito**. Rio de Janeiro: Lumen Juris, 2003, p. 197.

pensamento que Miguel Reale[11] desenvolveu a sua teoria tridimensional do Direito. Para ele, sendo a experiência jurídica uma das modalidades da experiência histórico-cultural, compreende-se que a implicação polar fato-valor se resolve, num processo normativo de natureza integrante, cada norma ou conjunto de normas representando, em dado momento histórico e em função de dadas circunstâncias, a compreensão operacional compatível com a incidência de certos valores sobre os fatos múltiplos que condicionam a formação dos modelos jurídicos e sua aplicação.

Com essa teoria integrativa, Reale rejeita todas as concepções setorizadas de direito (normativismo abstrato, sociologismo jurídico e moralismo jurídico), postulando, assim, uma doutrina que requer a integração dos três elementos constitutivos do direito, numa unidade funcional e de processo, em correspondência com os problemas complementares da validade social (eficácia), da validade ética (fundamento) e da validade técnico-jurídica (vigência). O conhecimento jurídico desponta como uma ciência histórico-cultural e compreensivo-normativa, por ter por objeto a experiência social normativa que se desenvolve em função de fatos e valores, para a realização ordenada da vida humana.

Segundo Reale[12], o fundamento último que o Direito tem em comum com a Moral e com todas as ciências normativas deve ser procurado na dignidade intrínseca da própria vida humana, não como entidade abstrata à maneira dos jusnaturalistas, mas como ser racional destinado por natureza a viver em sociedade e a realizar seus fins superiores. Da análise da natureza racional do homem e da consideração de que o homem é por necessidade um animal político resulta a ideia de que cada homem representa um valor e que a pessoa humana constitui o valor-fonte de todos os valores. A partir desse valor-fonte, torna-se possível alcançar o fundamento peculiar do Direito, remetendo ao valor-fim próprio do Direito que é a Justiça, entendida não como virtude, mas em sentido objetivo como justo, como uma ordem que a virtude justiça visa a realizar.

Nesse sentido, o Direito se desenvolve porque os homens são desiguais e aspiram à igualdade, inclinando-se para a felicidade e querendo ser cada vez mais eles mesmos, ao mesmo tempo em que aspiram a certa tábua igual de valores. Refere o jurisfilósofo que a ideia de Justiça, que, no seu sentido mais geral, exprime sempre proporção e igualdade, é própria da dignidade da pessoa humana, como ente racional e social. Vivendo em sociedade e procurando o seu bem, o homem acaba compreendendo a necessidade racional de respeitar em todo homem uma pessoa, condição

11 **Teoria tridimensional do direito**. São Paulo: Saraiva, 1994, p. 74.

12 REALE, Miguel. **Fundamentos do direito**. São Paulo: Revista dos Tribunais/Universidade de São Paulo, 1972, p. 275.

essencial para que também se possa afirmar como pessoa. Sendo assim, a ideia de Justiça liga-se, de maneira imediata e necessária, à ideia de pessoa humana, pelo que o Direito, da mesma forma que a Moral, figura como uma ordem social de relações entre pessoas.

Na visão de Miguel Reale[13], os valores que se ligam necessariamente ao valor-fonte da dignidade da pessoa humana constituem o conteúdo próprio da Justiça e, uma vez traduzidos em preceitos incorporados à cultura, tornam-se eles preceitos universais, comuns a todos os povos e lugares, pelo que toda regra que atualize esses preceitos fundamentais conta com o assentimento dos sujeitos. Ao lado desses preceitos gerais que exprimem a constante ética do Direito, outros há que também servem de fundamento às regras do direito positivo, na condicionalidade de cada cultura, representando as infinitas formas de integração dos valores mais altos no desenvolvimento histórico das civilizações em face do lugar e do tempo.

Dentro da dimensão valorativa do direito e no campo da fundamentação de sua validade ética, o problema da justiça adquire relevo. O que importa não é a definição da justiça – dependente sempre da cosmovisão dominante em cada época histórica –, mas sim o seu processo experiencial através do tempo, visando a realizar cada vez mais o valor da dignidade da pessoa humana, valor-fonte de todos os demais valores jurídicos. Pode-se afirmar que, nesse contexto, a justiça se apresenta como condição transcendental da realização dos demais valores, por ser a base sem a qual os demais valores não poderiam desenvolver-se de forma coordenada e harmônica, em uma comunidade de homens livres. É por tal razão que a justiça deve ser entendida como um valor franciscano, na condição de valor-meio, sempre a serviço dos demais valores para assegurar-lhes seu adimplemento, em razão da dignidade da pessoa humana, que figura como o valor-fim da ordem jurídica.

6.4. O RECONHECIMENTO JURÍDICO DO PRINCÍPIO DA DIGNIDADE DA PESSOA HUMANA: DA INTERNACIONALIZAÇÃO DOS DIREITOS HUMANOS AO FENÔMENO DA POSITIVAÇÃO CONSTITUCIONAL

O respeito à dignidade da pessoa humana é concepção que brota de matrizes culturais remotas, desde a Antiguidade greco-latina e cristã até o Renascimento e o iluminismo antropocêntrico da Idade Moderna.

No pensamento filosófico da Antiguidade Clássica, verifica-se que a dignidade da pessoa humana estava relacionada com a posição social ocupada pelo indivíduo e

13 REALE, 1972, p. 300.

o seu grau de reconhecimento pelos demais membros da comunidade. Por outro lado, já no pensamento estoico a dignidade era tida como a qualidade que, por ser inerente ao ser humano, o distinguia das demais criaturas, no sentido de que todos os seres humanos eram dotados da mesma dignidade.

Durante o período medieval, segundo a religião cristã, o ser humano foi criado à imagem e semelhança da Divindade, premissa da qual o cristianismo extraiu a consequência de que o ser humano é dotado de um valor próprio e que lhe é inerente, não podendo ser transformado em mero objeto ou instrumento.

Destacou-se Tomás de Aquino, o qual chegou a referir expressamente o termo *dignitas humana,* ratificado, já em plena Renascença, pelo humanista italiano Pico Della Mirandola, que, partindo da racionalidade como qualidade peculiar inerente ao ser humano, postulou ser essa qualidade que lhe possibilita construir de forma livre e independente sua própria existência e seu próprio destino.

No âmbito do pensamento jusnaturalista dos séculos XVII e XVIII, a concepção da dignidade da pessoa humana, assim como a ideia do direito natural em si, passou por um processo de racionalização e laicização, mantendo-se, todavia, a noção fundamental da igualdade de todos os homens em dignidade e liberdade. Dessa concepção jusnaturalista decorreu a constatação de que uma ordem constitucional que consagra a ideia da dignidade da pessoa humana parte do pressuposto de que o homem, em virtude tão somente de sua condição humana e independentemente de qualquer outra circunstância, é titular de direitos que devem ser reconhecidos e respeitados por seus semelhantes e pelo Estado.

Após o refluxo da preocupação filosófica pela dignidade humana, por força do cientificismo positivista do século XIX, a retomada do debate acerca da dignidade da pessoa humana teve, como marco simbólico, a década de quarenta do século passado, após o término da Segunda Grande Guerra Mundial, cujas barbáries e atrocidades cometidas contra o ser humano demonstraram a incongruência da metafísica jusnaturalista e do alheamento ético do positivismo jurídico.

Como bem refere Peces-Barba Martinez[14], a luta pela afirmação da dignidade da pessoa humana, em meados do século XX, robustecida após a traumática experiência totalitária na Segunda Guerra Mundial, como fonte dos direitos fundamentais do cidadão, constitui uma resposta tanto ao movimento jusnaturalista quanto às construções positivistas que debilitaram as referências morais do fenômeno jurídico, erigindo o respeito à condição do ser humano como valor supremo dos sistemas jurídicos de inspiração democrática.

---

14 PECES-BARBA, Gregório Martínez. **La dignidad de la persona desde la filosofía del derecho**. Madrid: Dykinson, 2003, p. 11.

Decerto, os grandes textos normativos desse período histórico passaram a reconhecer a ideia da dignidade da pessoa humana, seja no âmbito do Direito Internacional, seja no plano específico do Direito Nacional de cada Estado soberano.

Inicialmente, esse processo ocorreu com a internacionalização dos direitos humanos, que passaram a ser enunciados no âmbito da comunidade jurídica supranacional. Nesse sentido, a Declaração Universal dos Direitos do Homem, aprovada pela Assembleia Geral da Organização das Nações Unidas em 1948, é inaugurada com a afirmação de que todos os seres humanos nascem livres e iguais em dignidade e direitos (art. 1º), além de proclamar o caráter de igualdade fundamental dos direitos humanos, ao dispor que cada qual pode prevalecer-se de todos os direitos e de todas as liberdades proclamadas na aludida Declaração, sem distinção de espécie alguma, notadamente de raça, de cor, de sexo, de língua, de religião, de opinião pública ou de qualquer outra opinião, de origem nacional ou social, de fortuna, de nascimento ou de qualquer outra situação (art. 2º).

Como sustentam Dimitri Dimoulis e Leonardo Martins[15], os direitos fundamentais no âmbito internacional recebem o nome de direitos humanos, indicando o conjunto de direitos e faculdades que garantem a dignidade da pessoa humana e se beneficiam de garantias internacionais institucionalizadas. Essa internacionalização vai além do relacionamento binário Estado-Indivíduo, que é a concepção tradicional dos direitos fundamentais, trazendo nova concepção de tutela da dignidade do ser humano: ampliação dos titulares de direitos; possibilidade de responsabilizar o Estado de forma externa; politização da matéria em razão da necessidade de realizar contínuos compromissos entre os Estados e os atores internacionais.

A partir da internacionalização da dignidade da pessoa humana e dos direitos humanos correlatos, seguiu-se o fenômeno da constitucionalização desses direitos humanos, que passaram a ser denominados, com a positivação constitucional, direitos fundamentais, ampliando a possibilidade de garantir a sua aplicabilidade nas relações sociais desenvolvidas no âmbito dos ordenamentos jurídicos internos.

Ao tratar da exteriorização da dignidade da pessoa humana como princípio do constitucionalismo ocidental, observa J. J. Gomes Canotilho[16] que o ser humano passou a despontar como o fundamento da República e limite maior ao exercício dos poderes inerentes à representação política. Perante as experiências históricas de ani-

---

15 DIMOULIS, Dimitri; MARTINS, Leonardo. **Teoria geral dos direitos fundamentais**. São Paulo: Revista dos Tribunais, 2007, p. 40.

16 **Direito Constitucional e Teoria da Constituição**. 3. ed. Coimbra: Almedina, 1998, p. 221.

quilação do ser humano (inquisição, escravatura, nazismo, stalinismo, polpotismo, genocídios étnicos) a dignidade da pessoa humana significa, sem transcendências ou metafísicas, o reconhecimento do *homo noumenon*, ou seja, do indivíduo como limite e fundamento do domínio político da República.

Exemplos não faltam desse processo de positivação constitucional da dignidade da pessoa humana. A Constituição da República Italiana, de 27 de dezembro de 1947, estatui que "todos os cidadãos têm a mesma dignidade social" (art. 3º). A Constituição da República Federal Alemã, de 1949, contempla solenemente, em seu art. 1º, que "a dignidade do homem é inviolável. Respeitá-la e protegê-la é dever de todos os Poderes do Estado". Analogamente, a Constituição portuguesa de 1976 abre-se com a proclamação de que "Portugal é uma República soberana, baseada na dignidade da pessoa humana e na vontade popular e empenhada na construção de uma sociedade livre, justa e solidária". Outrossim, a Constituição espanhola de 1978 declara que "a dignidade da pessoa, os direitos invioláveis que lhe são inerentes, o livre desenvolvimento da personalidade, o respeito à lei e aos direitos alheios são o fundamento da ordem política e da paz social" (art. 10).

Esse progressivo reconhecimento jurídico da dignidade da pessoa humana, como sustenta Robert Alexy[17], representa a passagem dos direitos humanos, dotados de natureza suprapositiva e de universalidade moral, geralmente expressos em tratados e convenções internacionais, para os direitos fundamentais, que se apresentam como direitos que foram acolhidos numa Constituição. A positivação desses direitos do homem não anula a sua validez ética, reforçando, em verdade, a sua exigibilidade jurídica, diante de conflitos de interesse entre os atores sociais.

Com efeito, a proclamação da normatividade do princípio da dignidade da pessoa humana, na grande maioria das Constituições contemporâneas, conduziu ao reconhecimento da eficácia jurídica dos direitos humanos, afastando-se a concepção anacrônica da sua inexigibilidade em face de comportamentos lesivos à vida digna do ser humano, seja por ações de governantes ou de particulares, por se tratar de máximas ético-morais desprovidas de coerção e de imperatividade.

Desse modo, como bem salienta Peter Häberle[18], embora o modelo do Estado Constitucional no Ocidente possa sofrer variações nacionais que dependem das especificidades de cada cultura jurídica, resultando da diversificada convergência de filosofias políticas, textos clássicos, políticas públicas, experiências, sonhos e utopias,

17 **Constitucionalismo discursivo**. Porto Alegre: Livraria do Advogado, 2007, p. 10.

18 The constitutional state and its reform requirements. **Ratio juris**, Oxford: Blackwell, v. 13, n. 1, 2000, p. 82.

ressalvadas as singularidades de cada sociedade, as Constituições hoje costumam prever, como um programa de obrigações constitucionais, a afirmação de uma dignidade humana como ideia antropológico-cultural e o conceito de democracia como a consequência no plano organizacional das instituições político-sociais.

6.5. O PRINCÍPIO DA DIGNIDADE DA PESSOA HUMANA NO SISTEMA CONSTITUCIONAL BRASILEIRO

A importância do princípio da dignidade da pessoa humana é inconteste no atual quadro evolutivo das sociedades humanas, o que leva Ana Paula de Barcellos[19] a afirmar que um dos poucos consensos teóricos do mundo contemporâneo diz respeito ao valor essencial do ser humano, despontando a dignidade da pessoa humana como um axioma da civilização ocidental e talvez a única ideologia remanescente no início do novo milênio.

O sistema constitucional brasileiro foi também influenciado por esses novos sopros libertários, tendentes à emancipação do ser humano, por meio do respeito à dignidade intrínseca, mormente com o advento da Constituição Federal de 1988, gestada que foi no contexto político-social de redemocratização do País, após o longo período autocrático da ditadura militar.

Conforme assinala Luís Roberto Barroso[20], na Constituição Federal de 1988 o princípio da dignidade da pessoa humana foi elevado ao patamar de fundamento do Estado Democrático de Direito (art. 1º, III), integrando a categoria dos princípios fundamentais do Título I da Carta Magna, ao lado de outros importantes cânones ético-jurídicos correlatos, a saber: a cidadania, os valores sociais do trabalho e da livre iniciativa, o princípio republicano (art. 1º); o princípio da separação de Poderes (art. 2º); os objetivos fundamentais da República Federativa do Brasil – construir uma sociedade livre, justa e solidária, garantir o desenvolvimento nacional, erradicar a pobreza e a marginalização e reduzir as desigualdades sociais e regionais, promover o bem de todos, sem preconceitos de origem, raça, sexo, cor, idade e quaisquer outras formas de discriminação (art. 3º); e os princípios que orientam as relações internacionais, como a prevalência dos direitos humanos (art. 4º).

Uma vez situado como princípio basilar da Constituição Federal de 1988, o legislador constituinte brasileiro conferiu à ideia de dignidade da pessoa humana a qualidade de norma embasadora de todo o sistema constitucional, que orienta a

---

19 **A eficácia jurídica dos princípios constitucionais**: o princípio da dignidade da pessoa humana. Rio de Janeiro: Renovar, 2002, p. 103.

20 **A nova interpretação constitucional**. Rio de Janeiro: Renovar, 2006, p. 364.

compreensão da totalidade do catálogo de direitos fundamentais, tais como os direitos individuais à vida, à liberdade, à igualdade, à segurança e à propriedade (art. 5º); os direitos sociais: a educação, a saúde, a moradia, o lazer, a segurança, a previdência social, a proteção à maternidade e à infância, a assistência aos desamparados (art. 6º); os direitos sociais dos trabalhadores urbanos e rurais (arts. 7º a 11); os direitos da nacionalidade (arts. 12 e 13); os direitos políticos (arts. 14 a 17); os direitos difusos, regulados em diversos preceitos da Carta Magna, a exemplo do direito de manifestação e acesso às fontes da cultura nacional (art. 215), bem assim o direito difuso ao meio ambiente ecologicamente equilibrado (art. 225).

A partir da sua consagração como princípio fundamental, a Carta Magna brasileira refere expressamente a ideia de dignidade da pessoa humana em outros dispositivos normativos setoriais, sobretudo nos Títulos VII e VIII, dedicados, respectivamente, à ordem econômica e financeira e à ordem social, tais como:

a) o art. 170, *caput*, que estabelece que a ordem econômica, fundada na valorização do trabalho humano e na livre iniciativa, tem por fim assegurar a todos existência digna, conforme os ditames da justiça social;

b) o art. 205, *caput*, ao estatuir que a educação, direito de todos e dever do Estado e da família, será promovida e incentivada com a colaboração da sociedade, visando ao pleno desenvolvimento da pessoa, seu preparo para o exercício da cidadania e sua qualificação para o trabalho;

c) o art. 226, § 7º, ao prever que, fundado nos princípios da dignidade da pessoa humana e da paternidade responsável, o planejamento familiar é livre decisão do casal, competindo ao Estado propiciar recursos educacionais e científicos para o exercício desse direito, vedada qualquer forma coercitiva por parte de instituições oficiais ou privadas;

d) o art. 227, *caput*, que estabelece ser dever da família, da sociedade e do Estado assegurar à criança e ao adolescente, com absoluta prioridade, o direito à vida, à saúde, à alimentação, à educação, ao lazer, à profissionalização, à cultura, à dignidade, ao respeito, à liberdade e à convivência familiar e comunitária, além de colocá-los a salvo de toda forma de negligência, discriminação, exploração, violência, crueldade e opressão;

e) o art. 230, ao disciplinar que a família, a sociedade e o Estado têm o dever de amparar as pessoas idosas, assegurando sua participação na comunidade, defendendo sua dignidade e bem-estar e garantindo-lhes o direito à vida.

Ademais, saliente-se, por oportuno, que a dignidade da pessoa humana figura como princípio ético-jurídico capaz de orientar o reconhecimento, a partir de uma interpretação teleológica da Carta Magna pátria, de direitos fundamentais implícitos, por força do art. 5º, § 2º, que define um catálogo aberto e inconcluso de direitos fundamentais, ao estabelecer que os direitos e garantias expressos na Constituição brasileira não excluem outros decorrentes do regime e dos princípios por ela adotados, ou dos tratados internacionais em que a República Federativa do Brasil seja parte.

A dignidade da pessoa humana serve de parâmetro também para a intelecção daqueles direitos humanos previstos em tratados e convenções internacionais, que, aprovados, em cada Casa do Congresso Nacional, em dois turnos, por três quintos dos votos dos respectivos membros, serão considerados hierarquicamente equivalentes às emendas constitucionais, convergindo, assim, as ordens jurídicas externa e interna para o primado de uma existência digna, a teor do que prescreve o art. 5º, § 3º, inserido pela Emenda Constitucional n. 45/2004.

Enfim, o princípio constitucional da dignidade da pessoa humana se desdobra em inúmeros outros princípios e regras constitucionais, conformando um arcabouço de valores e finalidades a ser realizadas pelo Estado e pela sociedade civil, como forma de concretizar a multiplicidade de direitos fundamentais, expressos ou implícitos, da Carta Magna brasileira e, por conseguinte, da normatividade infraconstitucional derivada.

6.6. A DIGNIDADE DA PESSOA HUMANA COMO CLÁUSULA PRINCIPIOLÓGICA INDETERMINADA

Um dos aspectos marcantes da interpretação do direito pós-moderno diz respeito à progressiva adoção das cláusulas gerais, como receptáculos normativos de princípios constitucionais, como a que consagra o princípio fundamental da dignidade da pessoa humana, previsto no citado art. 1º, III, da Carta Magna de 1988, base para a compreensão e a tutela do conjunto dos direitos fundamentais dos cidadãos.

Os estudos sobre as cláusulas gerais vêm despertando na doutrina e na jurisprudência brasileiras a exigência da construção de novos modelos cognitivos para a interpretação e aplicação do Direito. A adoção dessa técnica legislativa, no âmbito constitucional e infraconstitucional, reclama a configuração de um paradigma interpretativo desvinculado das matrizes positivistas da modernidade jurídica.

Seguindo o magistério de Alberto Jorge Júnior[21], pode-se dizer que as cláusulas gerais funcionam no interior dos sistemas jurídicos, mormente dos codificados, como elementos de conexão entre as normas rígidas (pontuais) e a necessidade de mudança de conteúdo de determinados valores, em meio a um ambiente social em transfor-

21 JORGE JÚNIOR, Alberto Gosson. **Cláusulas gerais no novo Código Civil**. São Paulo: Saraiva, 2004, p. 123.

mação, operando, dentro de certos limites, a adaptação do sistema jurídico (aberto) às novas exigências na interpretação desses valores.

Decerto, o Direito moderno foi concebido como um sistema fechado e, portanto, impermeável ao mundo circundante e ao poder criador do hermeneuta. Acreditava-se que a perfeita construção teórica e o encadeamento lógico-dedutivo dos conceitos legais bastariam para a segura apreensão da realidade. Essa noção de um sistema hermético era dominada pelas pretensões de completude e coerência do diploma legislativo, ao prever soluções aos variados aspectos da vida social.

Outrossim, o Direito moderno foi marcado pela busca de uma linguagem precisa na exteriorização das regras jurídicas. Empregando a técnica da casuística ou tipificação taxativa, com a perfeita definição da *fattispecie* e de suas consequências jurídicas, a linguagem do legislador dispensaria a comunicação do sistema jurídico com fatores ideológicos, econômicos ou políticos. Desse modo, a disciplina dos novos problemas exigiria a sucessiva intervenção legislativa, a fim de resguardar a plenitude lógica da ordem jurídica.

Não é este, contudo, o modelo mais adequado aos sistemas jurídicos contemporâneos, cujas características passam a demandar a adoção de novos pressupostos metodológicos e técnicas legislativas mais compatíveis com a cultura pós-moderna. O delineamento do Direito como um fenômeno plural, reflexivo, prospectivo e relativo exige que a ordem jurídica seja concebida como uma obra dinâmica, permitindo a constante solução e incorporação de novos problemas. Sendo assim, utilizam-se modelos jurídicos abertos, que figuram como janelas para captar o trânsito da vida social, mediante as chamadas cláusulas gerais.

Nesse sentido, a técnica legislativa das cláusulas gerais conforma o meio hábil para permitir o ingresso no Direito de elementos como valores, arquétipos comportamentais, deveres de conduta e usos sociais. Com as cláusulas gerais, a formulação da hipótese legal é processada mediante o emprego de uma linguagem eivada de significados intencionalmente vagos ou ambíguos, geralmente expressos em conceitos jurídicos indeterminados.

Não raro, o enunciado das cláusulas gerais, em vez de descrever rigorosamente a hipótese e as suas consequências, é desenhado como uma vaga moldura, ensejando, pela abertura semântico-pragmática que caracteriza os seus termos, a inserção no diploma legal de pautas de valoração oriundas do substrato social.

Sendo assim, segundo Judith Martins-Costa e Gerson Luiz Carlos Branco[22], erige-se uma opção metodológica por uma estrutura normativa concreta, destituída

22 MARTINS-COSTA, Judith; BRANCO, Gerson Luiz Carlos. **Diretrizes teóricas do novo Código Civil brasileiro**. São Paulo: Saraiva, 2002, p. 121.

de qualquer apego a formalismos ou abstrações conceituais, abrindo margem para o trabalho do juiz e da doutrina, com frequente apelo a conceitos integradores de compreensão ética ou conceitos amortecedores, quais sejam os de boa-fé, dignidade, solidariedade, razoabilidade, probidade, equidade, interesse público, bem comum, bem-estar, fim social e justiça.

Não pretendem as cláusulas gerais apresentar, previamente, resposta a todos os conflitos da realidade cambiante, visto que as opções hermenêuticas são progressivamente construídas pela jurisprudência e doutrina. Ao remeterem o intérprete a outros espaços do sistema normativo ou a dados latentes na sociedade, as cláusulas abertas apresentam, assim, a vantagem da mobilidade proporcionada pela imprecisão de seus termos, mitigando o risco do anacronismo jurídico, como a revolta dos fatos e valores contra a lei.

Decerto, o grande problema gerado pelas cláusulas gerais reside na sua formulação semanticamente imprecisa, ao veicular os chamados conceitos jurídicos indeterminados.

Entendem-se por conceitos jurídicos aquelas ideias gerais, dotadas de pretensão universal, geralmente sintetizadas pelo doutrinador e passíveis de aplicação nos mais diversos ramos do conhecimento jurídico.

Como assinala Orlando Gomes[23], a técnica jurídica figura como um conjunto de meios e processos intelectuais destinados a revelar o Direito, compreendendo conceitos, terminologias, classificações, construções e ficções. Entre os mencionados instrumentos cognitivos, sobreleva o papel do conceito no plano do conhecimento jurídico.

Na sua maioria, os conceitos jurídicos são mutáveis, porque inferidos da observação das necessidades sociais pela mentalidade dominante. Não são unicamente aquelas construções do espírito destinadas a sintetizar as soluções do direito positivo, mas também abstrações que esquematizam a realidade emergente dos dados da vida social.

Para Eros Roberto Grau[24], são tidos como indeterminados os conceitos cujos termos são ambíguos ou imprecisos – especialmente imprecisos –, razão pela qual necessitam ser complementados por quem os aplique. Nesse sentido, são eles referidos como conceitos carentes de preenchimento com os dados extraídos da realidade. Segundo ele, a expressão "conceitos jurídicos indeterminados" não se revela

23 **A crise do direito**. São Paulo: Max Limonad, 1955, p. 243.

24 **Ensaio e discurso sobre a interpretação/aplicação do direito**. São Paulo: Malheiros, 2002, p. 211.

adequada dentro de uma rigorosa teoria do conhecimento. Em verdade, não se trata de conceito jurídico indeterminado, mas sim de termo indeterminado, visto que a indeterminação referida não é dos conceitos jurídicos (ideias universais), mas de suas expressões, sendo, pois, mais adequado reportar-se a termos indeterminados de conceitos, e não a conceitos indeterminados.

Com efeito, do ponto de vista gnoseológico, conceito e termo correspondem, respectivamente, às noções de significado e significante. O conceito – significado – seria, pois, um elemento intermediário entre o termo – significante – e a realidade objetiva. Sucede, entretanto, que o uso da expressão já se tornou corrente, na doutrina e na jurisprudência, mormente na seara do Direito Administrativo.

Sendo assim, há dois tipos de conceitos expressos nas leis: os determinados, previamente delimitados ao âmbito da realidade a que se referem, e os indeterminados, fundados nos valores da experiência social. Os conceitos legais indeterminados estão presentes em vários ramos do Direito, sendo traduzidos por vocábulos vagos, imprecisos e genéricos. Eles entregam ao intérprete a missão de atuar no preenchimento do seu conteúdo, a fim de que se extraia da norma jurídica o seu real significado para um dado caso concreto. Ao juiz vai caber a responsabilidade de, influenciado por valores sociais, transformá-los em conceitos legais determinados, preenchendo a indeterminação propositada da lei.

Para Celso Antônio Bandeira de Mello[25], a estrutura dos conceitos jurídicos indeterminados possui, assim, o núcleo fixo ou zona de certeza positiva, a zona intermediária ou de incerteza e a zona de certeza negativa. Dentro da zona de certeza positiva, ninguém duvidaria do cabimento da aplicação da palavra que os designa, diferentemente da zona de certeza negativa, em que seria certo que por ela não estaria abrigada. As dúvidas só teriam cabimento no intervalo entre ambas.

A construção teórica das zonas do conceito se processou a partir da metáfora, elaborada pelo jurista Philipp Heck, do conceito a um ponto de luz intenso que, ao iluminar objetos, revela alguns iluminados com menor ou maior intensidade, como também revela um rodeado de um halo, de cores pálidas, além de uma total obscuridade, em que não há incidência de feixes luminosos. Logo, sempre que se apresenta uma noção clara do conceito, está-se situado dentro do núcleo conceitual, começando as dúvidas na região do halo conceitual.

Por sua vez, na lição autorizada de Antônio Francisco de Sousa[26], a imprecisão do significado das palavras empregadas na lei conduz necessariamente a uma inde-

25 **Discricionariedade e controle jurisdicional**. São Paulo: Malheiros, 1998, p. 29.

26 **Conceitos indeterminados no direito administrativo**. Coimbra: Almedina, 1994, p. 151.

terminação dos seus comandos, pelo que só em casos muito excepcionais todo o conceito deixa de ter vários sentidos. Os conceitos absolutamente determinados seriam muito raros no direito. A regra seria a de que o conceito contivesse um núcleo de interpretação segura e uma zona periférica que principia onde termina aquele e cujos limites externos não se encontram fixados com nitidez.

A discussão sobre a questão que envolve os conceitos indeterminados empregados pelo legislador teve o seu surgimento no século XIX, na Áustria, com a produção de duas correntes antagônicas: a Teoria da Univocidade, defendida principalmente por Tezner, e a Teoria da Multivalência, de Bernatzik. Para a primeira, no preenchimento dos conceitos indeterminados excluir-se-ia qualquer possibilidade de atuação discricionária da Administração, visto só existir uma única solução correta, possível apenas de ser encontrada por meio da interpretação jurídica da lavra do poder jurisdicional (ato de cognição). Por sua vez, a segunda defende sentido contrário, admitindo a possibilidade de várias decisões certas dentro dos conceitos indeterminados, que possibilitariam uma atuação discricionária, livre de controle jurisdicional (ato de volição).

É, contudo, mais apropriada a adoção de uma posição intermediária entre a Teoria da Univocidade e a da Multivalência, visto que se revela viável a utilização da faculdade discricionária, em razão da constatação da presença inegável de um pluridimensionalismo nesses conceitos, o qual nem sempre é dissipado pelo processo de simples interpretação subsuntiva, já que a eleição de uma das opções válidas contida na norma, diante do caso concreto, pode vir a precisar de uma ação criadora do intérprete. De outro lado, contudo, não se deve admitir a concepção de discricionariedade como a liberdade livre das amarras da lei, tendo em vista a evolução da doutrina pátria no sentido de somente concebê-la dentro dos limites normativos, mormente principiológicos, do ordenamento jurídico.

Com efeito, ocorre a transmudação dos conceitos legais indeterminados em conceitos determinados pela função que exercem em cada situação específica. Os conceitos legais indeterminados se convertem em conceitos determinados pela função que têm de exercer no caso concreto, ao garantir a aplicação mais correta e equitativa do preceito normativo. Não obstante a fluidez ou a imprecisão que estão previstas *in abstracto* na norma, podendo ou não dissipar-se quando verificada a hipótese *in concreto*, propiciam os conceitos jurídicos indeterminados uma limitação da discricionariedade, tendo em vista a busca da otimização da finalidade da norma jurídica.

Eis o desafio posto para o intérprete do sistema constitucional brasileiro: delimitar, à luz do caso concreto, o sentido e alcance da cláusula principiológica da dignidade da pessoa humana, estabelecida no art. 1º, III, da Carta Magna de 1988, atividade indispensável para a materialização dos direitos fundamentais e o exercício da cidadania.

6.7. A DIGNIDADE DA PESSOA HUMANA: UMA PROPOSTA DE DELIMITAÇÃO DO SIGNIFICADO ÉTICO-JURÍDICO

Partindo da etimologia do vocábulo "dignidade", verifica-se que o termo está associado ao latim *dignitas,* que significa "valor intrínseco", "prestígio", "mérito" ou "nobreza". Daí provém o entendimento de que o ser humano é um fim em si mesmo, dotado de uma qualidade intrínseca que o torna insuscetível de converter-se em meio ou instrumento para a realização de interesses econômicos políticos e ideológicos.

Segundo Ingo Sarlet[27], a dignidade da pessoa humana é a qualidade intrínseca e distintiva de cada ser humano que o faz merecedor do mesmo respeito e consideração por parte do Estado e da comunidade, implicando, nesse sentido, um complexo de direitos e deveres fundamentais que garantam a pessoa contra todo e qualquer ato de cunho degradante e desumano, bem como venham a lhe assegurar as condições existenciais mínimas para uma vida saudável, além de propiciar e promover sua participação ativa e corresponsável nos destinos da própria existência e da vida em comunhão com os demais seres humanos.

Sendo assim, a dignidade da pessoa humana identifica um núcleo de integridade física e moral a ser assegurado a todas as pessoas por sua existência no mundo, relacionando-se tanto com a satisfação espiritual quanto com as condições materiais de subsistência do ser humano, vedando-se qualquer tentativa de degradação ou coisificação do ser humano em sociedade.

Ocorre que, como a condição ontológica do ser humano é de um ser mutável, dinâmico e submetido aos influxos histórico-sociais, o conceito de dignidade da pessoa humana não será propriamente lógico-jurídico, porquanto não se pode defini-la em termos universais e absolutos. A delimitação do significado ético-jurídico de que o ser humano é um fim em si mesmo deve ser buscada em cada contexto histórico-cultural, no plano real de afirmação dos valores que integram a experiência concreta e permanentemente inconclusa dos direitos humanos fundamentais.

Nesse sentido, assinala Aquiles Guimarães[28] que a defesa da dignidade humana gira em torno dos valores constitutivos da estrutura ontológica da pessoa humana, enquanto ser situado numa ambiência histórico-cultural cambiante. Daí por que a dignidade da pessoa humana deve ser entendida como um constructo cultural, que

27 SARLET, Ingo Wolfgang. **Dignidade da pessoa humana e direitos fundamentais na Constituição Federal de 1988**. Porto Alegre: Livraria do Advogado, 2001, p. 60.

28 GUIMARÃES, Aquiles Côrtes. **Fenomenologia e direitos humanos**. Rio de Janeiro: Lumen Juris, 2007, p. 81.

espelha as exigências deontológicas fundamentais em prol do ser humano, variando no tempo e no espaço.

Decerto, a dignidade da pessoa humana expressa um conjunto de valores civilizatórios incorporados ao patrimônio da humanidade, cujo conteúdo ético-jurídico vem associado a todo um plexo axiológico de direitos humanos fundamentais dos cidadãos, que se vão agregando historicamente como valores que materializam uma existência digna.

Não é outro o entendimento de Fábio Konder Comparato[29], para quem a dignidade da pessoa humana reúne em si a totalidade dos valores, sendo ela o supremo critério axiológico a orientar a vida humana. Decerto, os valores éticos não são visualizados pelo homem de uma vez por todas e completamente, mas descobertos pouco a pouco, no curso da História. A pessoa é um modelo ao mesmo tempo transcendente e imanente à vida humana, um modelo que se perfaz indefinidamente e se concretiza, sem cessar, no desenvolvimento das sucessivas etapas históricas.

Com efeito, os valores consubstanciados pelos direitos humanos fundamentais levam à convicção de que o ser humano é ser digno de respeito por parte do outro ator social, pois respeitar o outro significa compreendê-lo enquanto coparticipante da vida comunitária. A dignidade do outro estará, portanto, sempre vinculada ao reconhecimento recíproco de que o ser humano não pode ser degradado ou coisificado, o que constitui a base da convivência humana em sociedade.

O significado ético-jurídico da dignidade da pessoa humana compreende a totalidade do catálogo aberto de direitos humanos fundamentais, em sua permanente indivisibilidade e interação dialética, abarcando valores que se contradizem e preponderam a depender do momento histórico e das singularidades culturais de cada grupo social, tais como aqueles relacionados aos direitos de primeira dimensão/geração (vida, liberdade, igualdade, propriedade), segunda dimensão/geração (saúde, educação, assistência social, trabalho, moradia), terceira dimensão/geração (proteção ao meio ambiente, preservação ao patrimônio artístico, histórico e cultural) e até mesmo de quarta dimensão/geração (paz, direitos de minorias, tutela em face da biotecnologia, proteção perante a globalização econômica).

Não é outro o entendimento de Marcelo Novelino[30], para quem é indiscutível a relação de dependência mútua entre a dignidade da pessoa humana e os direitos humanos fundamentais, pois, ao mesmo tempo em que os direitos humanos funda-

---

29 **Ética**: direito, moral e religião no mundo moderno. São Paulo: Companhia das Letras, 2006, p. 481.

30 CAMARGO, Marcelo Novelino. **Leituras complementares de direito constitucional**. Salvador: Juspodivm, 2007, p. 116.

mentais surgiram historicamente como uma exigência da dignidade de proporcionar pleno desenvolvimento da pessoa humana, é certo também que somente por meio da existência dos direitos humanos fundamentais a dignidade poderá ser respeitada, protegida e promovida no cenário social.

Desse modo, a dignidade da pessoa humana é um constructo cultural fluido e multiforme, que exprime e sintetiza, em cada tempo e espaço, o mosaico dos direitos humanos fundamentais, num processo expansivo e inexaurível de realização daqueles valores da convivência humana que melhor impedem o aviltamento e a instrumentalização do ser humano.

6.8. AS MODALIDADES DE EFICÁCIA DO PRINCÍPIO CONSTITUCIONAL DA DIGNIDADE DA PESSOA HUMANA

Inicialmente, uma vez admitida a força normativa do princípio constitucional da dignidade da pessoa humana, dotado de evidente superioridade axiológica e teleológica no sistema jurídico brasileiro, deve-se reconhecer a dúplice dimensão eficacial desse vetor principiológico: a subjetiva e a objetiva.

De um lado, a dimensão subjetiva da dignidade da pessoa humana corresponde ao *status* negativo, isto é, refere-se ao direito do titular de resistir à intervenção estatal na sua esfera de liberdade individual. Também aparece no *status* positivo, no qual o indivíduo adquire um *status* de liberdade positiva que pressupõe a ação estatal, tendo o Estado a obrigação de agir para implementar uma condição mínima de subsistência aos seus cidadãos.

Por sua vez, a dimensão objetiva da dignidade da pessoa humana está baseada na percepção de que os direitos fundamentais independem dos seus titulares, apresentando-se como um conjunto de valores objetivos básicos e fins diretivos de ação positiva dos Poderes Públicos. Os direitos fundamentais representam, objetivamente, caráter de norma de competência negativa, ou seja, o que está sendo concedido ao indivíduo, está sendo, objetivamente, retirado do Estado, permitindo o controle abstrato de constitucionalidade.

Ademais, a objetivação da dignidade da pessoa humana implica que os direitos fundamentais funcionem como critério de interpretação e configuração do direito infraconstitucional, que deve ser entendido em conformidade com a Constituição. Quando o operador do direito estiver diante de várias interpretações possíveis para uma norma, ele deverá optar por aquela que melhor se harmonize com a afirmação de uma vida digna.

Consideradas as referidas dimensões subjetiva e objetiva do princípio constitucional da dignidade da pessoa humana, impõe-se, necessariamente, o reconhecimento da sua plena e ampla capacidade de produzir efeitos jurídicos, nas acepções positiva, negativa e hermenêutica.

A eficácia positiva consiste em reconhecer ao eventual beneficiado pela norma jurídica enunciadora de direito fundamental, ainda que de suposta eficácia limitada, o direito subjetivo de produzir tais efeitos, mediante a propositura da medida administrativa ou da ação judicial competente, de modo que seja possível obter a prestação estatal, indispensável para assegurar uma existência digna.

Embora surgidos como direitos de defesa, com a principal preocupação de salvaguardar espaços de liberdade individual ao abrigo da ingerência estatal, os direitos fundamentais constitutivos da dignidade da pessoa humana passaram a adquirir uma projeção positiva, reclamando um agir – sobremodo do Poder Público e mesmo de agentes privados – que proporcione a satisfação das necessidades e a realização dos valores jusfundamentais. O Estado está, portanto, obrigado a concretizar a dignidade da pessoa humana como igualdade substancial, elaborando normas de direitos fundamentais e implementando as correlatas políticas públicas.

De outro lado, a eficácia negativa limita a atuação do Poder Público e de particulares que atentem contra a esfera de liberdade dos cidadãos, conferindo aos sujeitos de direito a prerrogativa de questionar a validade de todas as normas infraconstitucionais que ofendam os diversos aspectos de uma existência digna, ferindo aqueles direitos fundamentais da cidadania que consubstanciam o conteúdo ético-jurídico do princípio constitucional da dignidade da pessoa humana.

Como bem leciona Ingo Sarlet[31], não restam dúvidas de que toda a atividade estatal e todos os órgãos públicos se encontram vinculados pelo princípio da dignidade da pessoa humana, impondo-lhes, nesse sentido, um dever de respeito e proteção, que se exprime tanto na obrigação por parte do Estado de abster-se de ingerências na esfera individual que sejam contrárias à dignidade pessoal quanto no dever de protegê-la contra agressões por parte de terceiros, seja qual for sua procedência.

Sendo assim, constata-se que o princípio constitucional da dignidade da pessoa humana não apenas impõe um dever de respeito ou abstenção ao Estado e aos particulares, mas também exige a realização de condutas positivas por agentes públicos e privados tendentes a efetivar e a promover a existência digna do indivíduo.

Por sua vez, no plano hermenêutico, o princípio da dignidade humana orienta a correta interpretação e aplicação dos demais princípios e regras, constitucionais

31 SARLET, Ingo Wolfgang. **A eficácia dos direitos fundamentais**. Porto Alegre: Livraria do Advogado, 1998, p. 110.

ou infraconstitucionais, de um dado sistema jurídico, a fim de que o intérprete escolha, entre as diversas opções hermenêuticas, a que melhor tutele a ideia de existência digna no caso concreto.

A dignidade da pessoa humana figura como o primeiro fundamento de todo o sistema constitucional posto e o último arcabouço da guarida dos direitos fundamentais, porquanto a busca pela realização de uma vida digna direciona o intérprete do direito à necessária concretização daqueles valores essenciais a uma existência digna.

Nesse sentido, oportuna é a lição de Flávia Piovesan[32], ao destacar a essencialidade desse princípio, quando salienta que a dignidade da pessoa humana está erigida como princípio matriz da Constituição, imprimindo-lhe unidade axiológica de sentido, condicionando a interpretação das suas normas e revelando-se, ao lado dos direitos e garantias fundamentais, como cânone constitucional que incorpora as exigências éticas de justiça de todo o sistema jurídico brasileiro.

Confere, assim, o princípio constitucional da dignidade da pessoa humana a unidade valorativa de sentido para a interpretação e aplicação dos direitos fundamentais, visto que não se podem admitir diversas leituras das Constituições e das declarações de direitos, sendo necessário ao jurista raciocinar com coerência sistemática no desenvolvimento dos seus processos hermenêuticos.

Como refere Jorge Miranda[33], longe de abrir caminho ao subjetivismo do intérprete, terá o hermeneuta de se mover no contexto do sistema, interpretando e integrando os preceitos relativos aos direitos fundamentais à luz dos princípios fundamentais que o informam, inspirado na ideia de direito justo acolhida na Constituição, mais bem traduzida a partir do reconhecimento da dignidade da pessoa humana como suporte axiológico e teleológico de intelecção da totalidade do ordenamento jurídico.

Eis a razão pela qual a relevância do princípio da dignidade da pessoa humana vem sendo afirmada pela jurisprudência pátria, na condição de fundamento do Estado Democrático de Direito, como referencial axiológico e teleológico que ilumina a interpretação de toda a normatividade jurídica constitucional e infraconstitucional do sistema jurídico brasileiro.

Desse modo, as demais normas da Constituição e do resto da ordem jurídica hão de ser interpretadas em consonância com o princípio da dignidade da pessoa

32 **Direitos humanos e o direito constitucional internacional**. 4. ed. São Paulo: Max Limonad, 2000, p. 54.

33 **Manual de direito constitucional**. Coimbra: Coimbra Ed., 2000. t. 4, p. 46.

humana. O sistema constitucional encontra coerência substancial partindo da dignidade da pessoa humana e a ela retornando, nela fundando a sua unidade material. Entre as múltiplas possibilidades de sentido de certo texto normativo, deve-se priorizar a que torne o princípio constitucional da dignidade da pessoa humana mais eficaz, ao mesmo tempo em que cada norma jurídica se encontra mais bem fundamentada e legitimada quanto mais endossá-lo diante de um caso concreto.

Capítulo

7 A dignidade da pessoa humana em sua dimensão semântica: a releitura da fundamentalidade jurídica como caminho para o direito justo

7.1. CONSIDERAÇÕES INICIAIS

Na atual fase do neoconstitucionalismo ocidental, o reconhecimento da força normativa do princípio constitucional da dignidade da pessoa humana se afigura como um dos mais importantes pilares do conhecimento jurídico, com reflexos diretos no modo de compreender e exercitar o paradigma dos direitos fundamentais dos cidadãos.

Uma vez situado no ápice do sistema jurídico, o princípio da dignidade da pessoa humana exprime as estimativas e finalidades a ser alcançadas pelo Estado e pelo conjunto da sociedade civil, irradiando-se na totalidade do direito positivo pátrio, não podendo ser pensada apenas do ponto de vista individual, enquanto posições subjetivas dos cidadãos a ser preservadas diante dos agentes públicos ou particulares, mas também vislumbrada numa perspectiva objetiva, como norma que encerra valores e fins superiores da ordem jurídica, impondo a ingerência ou a abstenção dos órgãos estatais e mesmo de agentes privados.

Tal mudança paradigmática em matéria de direitos fundamentais se coaduna com a própria natureza do constitucionalismo brasileiro, cuja natureza dirigente implica a admissão da primazia axiológica e da amplitude dos efeitos jurídicos do princípio constitucional da dignidade da pessoa humana, cujo respeito é a base para a realização de um direito justo.

Essa é a concepção esposada por Karl Larenz[1], ao sustentar que o direito justo é um peculiar modo de ser do direito positivo, que eleva os valores humanos ao pa-

1 **Derecho justo:** fundamentos de ética jurídica. Madrid: Civitas, 1993, p. 21.

tamar de normatividade jurídico-constitucional, uma vez que subjaz na Lei Fundamental o reconhecimento axiológico da dignidade da pessoa humana, sendo atribuído, para a tutela de uma vida digna, um rol de direitos fundamentais que se relacionam uns com os outros de acordo com o sentido e, por isso, podem tanto complementar-se como delimitar-se entre si.

O princípio da dignidade da pessoa humana permite, assim, reconstruir semanticamente o modo de compreensão e aplicação dos direitos fundamentais no sistema jurídico brasileiro, potencializando a realização do direito justo ao oportunizar: a aceitação da aplicabilidade direta e imediata dos direitos fundamentais; o reconhecimento da fundamentalidade dos direitos sociais de cunho prestacional; a inadequação dos conceitos de "reserva do possível" no constitucionalismo brasileiro; a aceitação da ideia de vedação ao retrocesso no campo dos direitos fundamentais; e a recusa à hipertrofia da função simbólica dos direitos fundamentais.

7.2. A ACEITAÇÃO DA APLICABILIDADE DIRETA E IMEDIATA DOS DIREITOS FUNDAMENTAIS

Um dos desdobramentos mais importantes do novo paradigma dos direitos fundamentais é a reviravolta operada no tema concernente à eficácia jurídica (aplicabilidade) das normas constitucionais. Isso porque, ao se afastar a concepção anacrônica da mera programaticidade das normas principiológicas, baseada na ideia de não obrigatoriedade do Estado e mesmo dos particulares de implementar os direitos fundamentais, abriu-se espaço para que a principiologia constitucional passasse a produzir amplos efeitos no sistema jurídico.

Ancorado na visão de José Afonso da Silva[2], o pensamento tradicional sustenta uma classificação tricotômica acerca da eficácia das normas constitucionais, marcada pela seguinte distinção: normas constitucionais de eficácia plena; normas constitucionais de eficácia contida; e normas constitucionais de eficácia limitada ou reduzida, que se subdividem ainda em: normas de princípio institutivo ou organizativo e normas de princípio programático.

Nessa linha de raciocínio, as normas constitucionais de eficácia plena são aquelas normas constitucionais de aplicabilidade direta, imediata e integral, porquanto, desde sua entrada em vigor, incidem direta e imediatamente sobre a matéria que lhes constitui objeto, independentemente de integração legislativa, como, por exemplo, as normas definidoras de direitos e garantias (§ 1º do art. 5º). As normas constitucionais

2 **Aplicabilidade das normas constitucionais**. 7. ed. São Paulo: Malheiros, 2007, p. 88.

de eficácia plena precisam ser completas, à medida que apresentem todos os elementos e requisitos para que ocorra sua incidência direta e imediata.

As normas constitucionais de eficácia contida incidem imediatamente, sem a necessidade de ulterior integração legislativa, prevendo, contudo, meios ou conceitos que possibilitam manter sua eficácia contida em certos limites. Nesse sentido, as normas constitucionais de eficácia contida são aquelas normas constitucionais de aplicabilidade direta, imediata, mas não integral, porque estão sujeitas a restrições previstas ou dependentes de regulamentação que limite sua eficácia e aplicabilidade, como se verifica, por exemplo, da leitura do art. 5º, XIII.

As normas constitucionais de eficácia limitada ou reduzida demandam a intervenção legislativa para incidirem, porque o poder constituinte não lhes emprestou normatividade jurídica suficiente para isso, razão pela qual sua aplicabilidade é indireta, mediata e reduzida. As normas constitucionais de eficácia limitada ou reduzida podem ser subdivididas em normas de princípio institutivo, que se propõem a estruturar organismos ou entidades (por exemplo, art. 18, § 2º), e normas de princípio programático, que veiculam políticas públicas ou programas de governo, que apontam para a realização dos fins sociais do Estado, como, por exemplo, os arts. 196 e 205 da Constituição Federal de 1988.

A classificação proposta por José Afonso da Silva pode ser, no entanto, criticada, pois, ao lume do postulado hermenêutico da máxima efetividade dos direitos fundamentais da Constituição, porquanto todas as normas constitucionais podem ser diretamente aplicadas pela via jurisdicional, razão pela qual deve o magistrado aplicar diretamente mesmo uma norma de eficácia limitada, desde que se configure a situação correspondente à prescrição normativa.

Não é outro o entendimento vanguardista de Dirley da Cunha Júnior[3], para quem, partindo-se da constatação de que a Constituição vincula tanto os órgãos estatais como os cidadãos, dúvidas já não podem subsistir quanto à natureza jurídica e imperativa das normas de eficácia limitada, como as ditas normas programáticas.

Nesse sentido, as normas programáticas, sobretudo as atributivas de direitos sociais e econômicos, devem ser entendidas como diretamente aplicáveis e imediatamente vinculantes de todos os órgãos dos Poderes Legislativo, Executivo e Judiciário.

Decerto, são tão jurídicas e vinculativas as normas programáticas, malgrado sua abertura ou indeterminabilidade, que, na hipótese de não realização dessas normas e desses direitos por inércia dos órgãos de direção política (Executivo e Legislativo), caracterizada estará a inconstitucionalidade por omissão.

---

3 **Controle judicial das omissões do Poder Público**. São Paulo: Saraiva, 2004, p. 101.

Todas as normas constitucionais concernentes à estrutura axiológica e teleológica dos direitos fundamentais – inclusive as ditas programáticas – geram imediatamente direitos subjetivos para os cidadãos, não obstante apresentem graus eficaciais distintos. Sendo assim, considerar as normas constitucionais programáticas meras proclamações de cunho ideológico ou político implica negar a existência delas como categorias normativas.

O Estado Constitucional pós-moderno está submetido ao ideal de uma democracia substantiva ou material, razão pela qual as eventuais inércias do Poder Legislativo e do Poder Executivo devem ser supridas pela atuação do Poder Judiciário, mediante mecanismos jurídicos previstos pela própria Constituição (por exemplo, o mandado de injunção, a ação direta de inconstitucionalidade por omissão e a arguição de descumprimento de preceito fundamental).

Desse modo, a realização da eficácia das normas constitucionais exige o fortalecimento de uma jurisdição constitucional emancipatória e progressista, assumindo o Poder Judiciário um papel fundamental no Estado Democrático de Direito, por meio de uma hermenêutica criativa e concretizante da essência axiológica e teleológica de uma Constituição, indispensável para a materialização de um direito justo.

7.3. O RECONHECIMENTO DA FUNDAMENTALIDADE DOS DIREITOS SOCIAIS DE CUNHO PRESTACIONAL

Em que pese a topologia constitucional não privilegiar o entendimento que acolhe os direitos sociais como fundamentais, sua essencialidade reside em sua ligação ao plexo axiológico dos direitos humanos que consubstancia o princípio constitucional da dignidade da pessoa humana.

O reconhecimento da força normativa do princípio constitucional da dignidade da pessoa humana requer não somente o reconhecimento da necessidade de assegurar os direitos individuais dos cidadãos (vida, liberdade, igualdade formal, propriedade, segurança), também conhecidos como direitos de primeira dimensão, cuja concretização demanda a abstenção dos órgãos estatais, mas ainda implica a necessidade de efetivar, com a maior abrangência possível, os direitos sociais (educação, saúde, trabalho, moradia, assistência social), cuja materialização exige o desenvolvimento de prestações positivas do Estado.

Para Norberto Bobbio[4], o reconhecimento dos direitos sociais suscita, além do problema da proliferação dos direitos do homem, a indispensabilidade da intervenção

4 **A era dos direitos**. Tradução de Carlos Nelson Coutinho. Rio de Janeiro: Campus, 1992, p. 72.

estatal. Isso porque a proteção desses últimos requer uma intervenção ativa do Estado, que não é requerida pela proteção dos direitos de liberdade, produzindo aquela organização dos serviços públicos de onde nasceu o Estado de Bem-estar Social. Enquanto os direitos individuais de liberdade nascem como uma contraposição ao poder do Estado – e, portanto, com o objetivo de limitar o poder –, os direitos sociais exigem, para sua realização prática, a ingerência do Estado.

Inicialmente, os direitos fundamentais de segunda geração passaram por um ciclo de baixa normatividade ou tiveram eficácia duvidosa, em virtude de sua própria natureza de direitos que exigiam do Estado determinadas prestações materiais nem sempre resgatáveis por exiguidade, carência ou limitação essencial de meios e recursos, sendo, por isso, relegados à condição de direitos subalternos, quando comparados aos direitos individuais.

Segundo Paulo Bonavides[5], os direitos sociais tiveram, tradicionalmente, a sua juridicidade questionada, sendo remetidos à chamada esfera programática, em virtude de não conterem para sua concretização aquelas garantias habitualmente ministradas pelos instrumentos processuais de proteção aos direitos individuais que enunciam as liberdades básicas. Atravessaram uma crise de observância e execução, que muito comprometeu o seu reconhecimento como direitos fundamentais.

Diante da atual fase do neoconstitucionalismo, sobretudo no âmbito do sistema constitucional brasileiro, marcado pela primazia da dignidade da pessoa humana, não se revela consistente qualquer tentativa reducionista de afastar os direitos sociais da categoria dos direitos fundamentais, subtraindo sua plena aplicabilidade e prejudicando, assim, o efetivo exercício da cidadania.

Daí por que se deve afastar a ideia de que as normas definidoras de direitos sociais estariam destituídas de prevalência axiológica no sistema jurídico brasileiro, não integrando o rol das cláusulas pétreas, como limites materiais expressos ao poder de reforma constitucional.

Nesse sentido, Flávia Piovesan[6] alerta que o movimento de esfacelamento de direitos sociais simboliza uma flagrante violação à ordem constitucional, que inclui entre suas cláusulas pétreas os direitos e garantias individuais. Na qualidade de direitos constitucionais fundamentais, os direitos sociais são direitos intangíveis e irredutíveis, sendo providos da garantia da suprema rigidez, o que torna inconstitucional qualquer ato que tenda a restringi-los ou aboli-los.

---

5 **Curso de direito constitucional**. 11. ed. São Paulo: Malheiros, 2001, p. 518.

6 **Direitos humanos e o direito constitucional internacional**. 4. ed. São Paulo: Max Limonad, 2000, p. 52.

Decerto, a partir da leitura principiológica da dignidade da pessoa humana, pode-se asseverar que o sistema constitucional brasileiro não previu nenhum regime jurídico diferenciado para os direitos fundamentais, seja para os direitos individuais, seja para os direitos sociais.

Esse entendimento se reforça pela constatação de que o Poder Constituinte pátrio optou por um modelo de constitucionalismo dirigente, a ser implementado por um Estado intervencionista no campo econômico-social (arts. 1º e 3º), além da Carta Magna, no art. 5º, § 1º, estabelecer que as normas definidoras dos direitos e garantias fundamentais têm aplicação imediata, aqui englobando todas as normas de direitos fundamentais, até mesmo aquelas que regulam os direitos sociais, e não somente as que tratam dos direitos individuais dos cidadãos.

Ademais, a opção hermenêutica pela abertura do rol dos direitos fundamentais e pela fundamentalidade dos direitos sociais é ainda robustecida quando se verifica que, no plano internacional, o Brasil foi signatário de inúmeros tratados que reconhecem os direitos sociais como direitos humanos fundamentais, tais como a Declaração Universal de Direitos Humanos, a Convenção Americana sobre Direitos Humanos e o Pacto de São José da Costa Rica, corroborando o art. 5º, § 2º, da Constituição Federal de 1988 que, expressamente, estatui que "os direitos e garantias expressos nesta Constituição não excluem outros decorrentes do regime e dos princípios por ela adotados, ou dos tratados internacionais em que a República Federativa do Brasil seja parte".

Sendo assim, revela-se, portanto, insustentável a interpretação constitucional de que os direitos sociais a prestações positivas do Estado estão excluídos da categoria dos direitos fundamentais, não apresentando eficácia plena e imediata aplicáveis, porquanto a dignidade da pessoa humana e os demais direitos fundamentais, inclusive individuais, só se realizam plenamente com o reconhecimento da aplicabilidade e efetividade dos direitos sociais.

Não é outro o entendimento de Ingo Sarlet[7], para quem o enfraquecimento dos direitos sociais atua como elemento de impulso e agravamento da crise dos demais direitos, bastando observar que o aumento dos índices de exclusão social, somado à crescente marginalização dos cidadãos, tem gerado um aumento assustador da criminalidade e violência nas relações sociais em geral, acarretando, por sua vez, um número cada vez maior de agressões ao patrimônio, à vida, à integridade corporal, à intimidade, entre outros bens jurídicos fundamentais.

---

7 SARLET, Ingo Wolfgang. **A eficácia dos direitos fundamentais**. Porto Alegre: Livraria do Advogado, 1998, p. 8.

Decerto, a dignidade da pessoa humana não somente expressa a autonomia da pessoa humana que caracteriza os direitos individuais, vinculada à ideia de autodeterminação na tomada das decisões fundamentais à existência, como também requer prestações positivas do Estado, especialmente quando fragilizada ou ausente a capacidade de determinação dos indivíduos no cenário coletivo.

Os direitos sociais de cunho prestacional encontram-se, assim, voltados para a substancialização da liberdade e da igualdade dos cidadãos, objetivando, em última análise, a tutela da pessoa humana em face das necessidades de ordem material, com vistas à garantia de uma existência digna.

Desse modo, os direitos fundamentais sociais catalisam um projeto de emancipação e de afirmação da dignidade do ser humano, oportunizando a transição da cidadania do plano jurídico-formal para o campo real das relações socioeconômicas, sem a qual não se realiza o direito justo.

7.4. A INADEQUAÇÃO DOS CONCEITOS DE "RESERVA DO POSSÍVEL" NO CONSTITUCIONALISMO BRASILEIRO

A questão da escassez de recursos econômicos como limite para o implemento estatal dos direitos fundamentais sempre desafiou a comunidade jurídica. A resposta a esse questionamento está intrinsecamente ligada ao exame do argumento da reserva do possível, a partir do qual se vislumbram o alcance da eficácia dos direitos fundamentais e o papel do Poder Judiciário no amparo das pretensões positivas dos sujeitos de direito.

Descrevendo esse cenário complexo de efetivação dos direitos fundamentais, refere Gustavo Amaral[8] que, como os direitos fundamentais valem para todos os que estão em condições de recebê-los, mas os montantes econômicos para o atendimento das demandas são finitos, surge um conflito específico por pretensões positivas, no qual será necessário tomar decisões trágicas sobre a destinação dos recursos escassos do Estado.

A teoria da reserva do possível exprime um lugar-comum (*topos*) da jurisprudência constitucional alemã, a qual assevera que a construção de direitos subjetivos à prestação material de serviços públicos pelo Estado está sujeita à condição de disponibilidade dos respectivos recursos econômicos, ao mesmo tempo em que a decisão sobre a sua disponibilidade financeira se situa no campo discricionário das decisões governamentais e parlamentares relativas à composição dos orçamentos públicos.

8 **Direito, escassez e escolha**. Rio de Janeiro: Renovar, 2001, p. 73.

Com efeito, segundo o Tribunal Constitucional Federal da Alemanha, os direitos sociais a prestações positivas estão sujeitos à égide da reserva do possível, no sentido daquilo que o sujeito de direito, de modo racional, pode almejar da sociedade, impossibilitando exigências individuais acima de certo limite básico de satisfação dos direitos fundamentais.

Conforme assinalam J. J. Gomes Canotilho e Vital Moreira[9], a efetivação dos direitos fundamentais sociais, econômicos e culturais se relaciona com uma reserva do possível no campo dos recursos econômicos, porquanto a elevação do nível da realização dos direitos fundamentais prestacionais resta sempre condicionada pelo volume de recursos suscetível de ser mobilizado pelo Estado para esse efeito.

Nesse sentido, a limitação dos recursos públicos passa a ser considerada verdadeiro limite fático à efetivação dos direitos fundamentais, mormente aqueles de natureza social, que demandam prestações positivas dos órgãos estatais, tais como a saúde, a educação, a moradia, a previdência e a assistência social.

Seguindo essa linha de raciocínio, faltaria aos juízes não somente a legitimidade democrática como também a competência necessária para, situando-se fora do processo político propriamente dito, garantir a efetivação das prestações que constituem o objeto dos direitos sociais, submetidas, muitas vezes, a condições de natureza macroeconômica, não dispondo, portanto, de critérios suficientemente seguros e claros para solucionar a questão no âmbito estrito da interpretação e argumentação jurídica.

Sucede, contudo, que o argumento da reserva do possível não deve ser utilizado indiscriminadamente para qualquer situação concreta em matéria de direitos fundamentais, sem a necessária consideração da realidade social, pois não se afigura difícil a um ente público justificar sua omissão social perante critérios de política orçamentária e financeira, mitigando a obrigatoriedade do Estado em cumprir os direitos fundamentais, especialmente aqueles direitos sociais de cunho prestacional, que, por conseguinte, restariam inoperantes.

Daí por que merece guarida o pensamento de Robert Alexy[10], para quem, no sistema jurídico tedesco, os direitos fundamentais são posições jurídicas tão relevantes que a sua concessão ou denegação não podem ficar nas mãos da simples maioria parlamentar. Logo, a questão de saber quais os direitos fundamentais sociais que o indivíduo possui é uma questão de ponderação de bens e valores cons-

---

9 CANOTILHO, J. J. Gomes; MOREIRA, Vital. **Fundamentos da Constituição**. Coimbra: Ed. Coimbra, 1991, p. 31.

10 **Teoría de los derechos fundamentales**. Madrid: CEPC, 2002, p. 494.

titucionais, passível, portanto, de controle jurisdicional. Tanto o princípio da reserva parlamentar em matéria orçamentária quanto os princípios democrático e da separação dos Poderes não figuram como absolutos, sendo possível que as pretensões individuais apresentem mais peso que as razões de política financeiras que constituem a reserva do possível.

Pode-se dizer, por isso mesmo, que a importação ao Brasil da doutrina alemã de interpretação dos direitos sociais ocorreu de forma acrítica, porquanto a não inclusão dos direitos sociais na Lei Fundamental de Bonn, tomada como paradigma para a negação do caráter fundamental dos direitos sociais, decorreu de circunstâncias próprias da experiência fracassada da Constituição de Weimar, que culminou no enfraquecimento da força normativa daquela Carta Magna e não na renúncia ao seu ideário progressista.

Como bem assinala Andreas Joachim Krell[11], a reserva do possível figura como uma verdadeira falácia no sistema jurídico brasileiro, a qual decorre de um Direito Constitucional Comparado equivocado, cuja importação acrítica não atenta para a opção político-ideológica do legislador constituinte, que formulou uma opção inequívoca pelo intervencionismo estatal no campo socioeconômico, baseado no modelo do constitucionalismo dirigente e na busca da máxima efetividade dos direitos fundamentais.

Ao revés, se os recursos financeiros do Estado brasileiro não são suficientes, devem ser, em verdade, retirados de outras áreas menos prioritárias, tais como custeamento de gabinetes governamentais ou parlamentares, em que sua aplicação não está tão intimamente ligada aos direitos mais essenciais para a realização da vida digna do ser humano.

Ademais, afigura-se inconsistente a visão tradicional em matéria de direitos fundamentais segundo a qual, para o erário público, a implementação dos direitos sociais é sempre mais custosa que a garantia dos direitos individuais dos cidadãos, como se a tutela das liberdades básicas só exigisse uma simples postura abstencionista do Estado, nos moldes preconizados pelo liberalismo econômico.

É o que advertem os juristas Stephen Holmes e Cass Sunstein[12], que, embora ideologicamente liberais, reconhecem que todos os direitos fundamentais, individuais ou sociais, exigem o aporte econômico pelo Estado, desfazendo-se a distinção

11 **Direitos sociais e controle judicial no Brasil e na Alemanha**: os (des)caminhos de um direito constitucional comparado. Porto Alegre: Sérgio A. Fabris, 2002, p. 47.

12 HOLMES, Stephen; SUNSTEIN, Cass R. **The cost of rights:** Why liberty depends on taxes. New York-London: Norton, 1999, p. 10.

extremada entre direitos negativos e direitos positivos, ante a constatação dos custos resultantes da efetividade de direitos fundamentais de primeira dimensão/geração. Isso porque a manutenção de uma estrutura de fiscalização de direitos individuais como a vida, a propriedade ou a segurança pública reclama, necessariamente, investimentos em recursos materiais e humanos, afastando a falsa percepção de que não onerariam o patrimônio público.

Eis as inúmeras razões que justificam o exame crítico do argumento da reserva do possível pelos intérpretes do direito pátrio, mormente por meio de uma nova jurisdição constitucional, a fim de maximizar o sentido e o alcance do princípio constitucional da dignidade da pessoa, sem o qual restaria frustrada a legítima expectativa de materialização de um direito justo na sociedade brasileira.

7.5. A ACEITAÇÃO DA IDEIA DE VEDAÇÃO AO RETROCESSO NO CAMPO DOS DIREITOS FUNDAMENTAIS

Quando se analisa o dever positivo do Estado de implementação de direitos fundamentais, sobretudo aqueles de natureza social, pode-se vislumbrar, correlativamente, uma imposição de abstenção, como uma obrigação anexa de não tomar medidas que atentem contra as conquistas já cristalizadas na normatividade jurídica derivada da Constituição.

Partindo dessa constatação, a jurisprudência europeia desenvolveu, na segunda metade do século XX, mormente na Alemanha e em Portugal, a ideia de vedação ao retrocesso, como cláusula geral de tutela dos direitos fundamentais, concretizados pela legislação infraconstitucional, assumindo uma função de defesa para o cidadão contra as ingerências abusivas dos órgãos estatais.

A ideia de vedação ao retrocesso deflui, originariamente, da afirmação de que as conquistas relativas aos direitos fundamentais não podem ser elididas pela supressão de normas jurídicas progressistas. A vedação ao processo permite, assim, que se possa impedir, pela via judicial, a revogação de normas infraconstitucionais que contemplem direitos fundamentais do cidadão, desde que não haja a previsão normativa do implemento de uma política pública equivalente, tanto do ponto de vista quantitativo quanto da perspectiva qualitativa.

Segundo J. J. Gomes Canotilho[13], a vedação do retrocesso desponta como o núcleo essencial dos direitos sociais, constitucionalmente garantido, já realizado e efe-

13 **Direito Constitucional e Teoria da Constituição**. 3. ed. Coimbra: Almedina, 1998, p. 321.

tivado mediante medidas legislativas, devendo-se considerar inconstitucionais quaisquer medidas estaduais que, sem a criação de outros esquemas alternativos ou compensatórios, se traduzam, na prática, em anulação, revogação ou aniquilação pura e simples desse núcleo essencial. A liberdade do legislador encontra, portanto, o núcleo essencial já realizado como o limite de sua atuação.

No sistema jurídico brasileiro, a ideia de vedação ao retrocesso em matéria de direitos fundamentais decorre da interpretação sistemática e teleológica dos princípios constitucionais do Estado Democrático de Direito (art. 1º, *caput*), do desenvolvimento nacional (art. 3º, II), da máxima eficácia das normas definidoras de direitos fundamentais (art. 5º, § 1º), da segurança jurídica (art. 5º, XXXVI), e, sobretudo, da dignidade da pessoa humana (art. 1º, III).

Embora a ideia de vedação ao retrocesso não esteja suficientemente difundida na comunidade jurídica brasileira, seus efeitos começam a ser acolhidos gradativamente no âmbito da doutrina e da jurisprudência pátria, associados à primazia axiológica do princípio constitucional da dignidade da pessoa humana, como marco para fundamentação e legitimação dos direitos fundamentais.

Decerto, negar o reconhecimento da ideia de vedação ao retrocesso no sistema jurídico pátrio significaria, em última instância, aceitar que os órgãos estatais, a despeito de estarem subordinados aos direitos fundamentais que integram a dignidade da pessoa humana, dispõem do poder de tomar livremente suas decisões, motivados por casuísmos políticos, mesmo em flagrante desrespeito ao conteúdo da Constituição brasileira e à vontade expressa do Legislador Constituinte originário.

Daí por que sustenta Luís Roberto Barroso[14] que, apesar de a vedação do retrocesso não estar explicitada na Carta Magna pátria, apresenta plena aplicabilidade, visto que, a partir da leitura axiológica do sistema jurídico-constitucional, deve-se entender que, se uma lei, ao regulamentar um mandamento constitucional, instituir determinado direito, este se incorpora ao patrimônio jurídico da cidadania e não pode ser absolutamente suprimido.

No sistema constitucional brasileiro, a ideia de vedação do retrocesso adquire ainda novo significado, distanciando-se dos contextos germânico e lusitano, pois a realidade nacional demonstra que o Brasil ainda não percorreu o caminho da efetivação de um Estado Democrático de Direito. Logo, o sentido da vedação do retrocesso não somente é negativo, ao impedir a ação lesiva do Estado no campo dos direitos fundamentais, mas também se afigura positivo, pois impõe, sobretudo aos

14 **O direito constitucional e a efetividade de suas normas**. 5. ed. Rio de Janeiro: Renovar, 2001, p. 157.

agentes públicos, o dever de catalisar o progresso social, por meio de medidas concretizadoras nos planos legislativo, administrativo e jurisdicional, proibindo-se, assim, as omissões estatais que ocasionem retrocesso social.

Sendo assim, a ideia de vedação do retrocesso atua de modo bivetorial, no plano de uma metafundamentalidade formal, limitando e dirigindo o modo pelo qual o Estado vai realizar o princípio da dignidade da pessoa humana, como marco de uma metafundamentalidade material, que engloba a ampla gama de direitos fundamentais de todas as dimensões, previstos implícita ou explicitamente na Constituição Federal de 1988.

Desse modo, deve-se reconhecer, em nome do compromisso ético da realização de um direito justo, o primado da vedação em matéria de direitos fundamentais, de molde a concretizar a força normativa e a plena dimensão eficacial do princípio da dignidade da pessoa humana, como interpretação mais compatível com os valores e fins norteadores do sistema constitucional brasileiro.

7.6. A RECUSA À HIPERTROFIA DA FUNÇÃO SIMBÓLICA DOS DIREITOS FUNDAMENTAIS

Uma das contribuições do positivismo funcionalista para a Ciência do Direito reside na afirmação do caráter simbólico das normas constitucionais definidoras de direitos fundamentais. Isso porque a simples positivação de certas normas na Constituição, como a que prevê o princípio da dignidade da pessoa humana, teria o condão de simbolizar a ideia de justiça de uma dada comunidade humana, garantindo a estabilidade no funcionamento autopoiético do sistema jurídico, nos moldes preconizados por Niklas Luhmann, cujo pensamento foi examinado anteriormente.

Como bem elucida David Dantas[15], a teoria luhmanniana do direito autopoiético esvazia o sentido ético do justo, definindo a justiça como a complexidade adequada do sistema jurídico, vale dizer, a consistência das decisões do sistema, independentemente de qualquer critério moral para orientar a conduta humana e julgar a correção das normas individuais. A noção de justiça significa que, apesar da infinidade e diversidade de decisões e procedimentos, além das irritações do meio social, o sistema jurídico consegue atingir um nível de coerência que lhe permite continuar a existir. O direito é que dirá, em última instância, o que é justo ou não, valendo-se de uma moral relativizada que adquire substância nos princípios jurídicos e, sobretudo, constitucionais.

15 DANTAS, David Diniz. **Interpretação constitucional no pós-positivismo**: teoria e casos práticos. São Paulo: Madras, 2005, p. 164.

Ocorre que os efeitos simbólicos de fórmulas normativas de justiça como a dignidade da pessoa humana podem, uma vez hipertrofiados, ocultar o grave problema da discrepância entre o mundo do dever ser (esfera normativa) e o mundo do ser (esfera da realidade), o que compromete a efetividade dos direitos fundamentais dos cidadãos.

O crescimento desmesurado da função simbólica das normas referentes aos direitos fundamentais geram, frequentemente, a falsa sensação de realização de um direito justo, como se a dignidade da pessoa humana estivesse sendo assegurada concretamente pelo sistema jurídico, ainda que, no plano real das interações sociais, se verifique o desrespeito constante à existência digna dos cidadãos.

Ao tratar da tendência de um distanciamento simbólico da Constituição, assinala Fábio Nadal[16] que a legitimidade da Carta Constitucional pode basear-se numa crença mítica, alimentada por uma fé irracional na Constituição, propiciando o urdimento de um sistema normativo de acordo com um discurso competente, de natureza ideológica, que tem a finalidade de alcançar e manter a funcionalidade da ordem jurídica, por meio da dominação, regulação e integração dos atores sociais.

Daí advêm os riscos da transformação de uma Constituição normativa numa Constituição nominalista, pois enquanto as Constituições normativas pressupõem uma força normativa que orienta as expectativas e direciona as condutas na esfera pública, as Constituições nominalistas se destacam pelo hiato radical entre texto e realidade constitucionais.

Nas Constituições nominalistas, ocorre tanto a desconstitucionalização fática, pela degradação semântica do texto constitucional e falta da generalização congruente de expectativas normativas, como a concretização desconstitucionalizante do texto constitucional, quando este se torna uma referência distante dos agentes estatais e cidadãos, cuja práxis se desenvolve, muitas vezes, à margem do modelo textual da Constituição.

Para Marcelo Neves[17], a concretização normativo-jurídica do texto constitucional é bloqueada por injunções econômicas, políticas ou ideológicas, implicando, contrariamente à codificação binária dos sistemas autopoiéticos, a quebra da autonomia operacional do sistema jurídico, ao tempo em que não se verifica a integração

16 **A Constituição como mito**: o mito como discurso legitimador da Constituição. São Paulo: Método, 2006, p. 21.

17 NEVES, Marcelo C. P. Constitucionalização simbólica e desconstitucionalização fática: mudança simbólica da Constituição e permanência das estruturas reais de poder. **Revista de Informação Legislativa**, Brasília-DF: Senado Federal, n. 132, out./dez. 1996, p. 323.

de uma esfera pública pluralista, pelo que o agir e o vivenciar normativos do subcidadão e do sobrecidadão fazem implodir a própria Constituição como modelo jurídico-político.

A constitucionalização simbólica da dignidade da pessoa humana figura, assim, como uma espécie de constitucionalismo aparente, que estabelece uma representação ilusória em face da realidade constitucional, transmitindo um modelo ideal ou retórico cuja realização somente seria possível sob condições sociais totalmente diversas, contrapondo-se um texto constitucional simbolicamente includente e uma realidade constitucional excludente.

Segundo ainda Marcelo Neves[18], essa constitucionalização simbólica de uma vida digna pode servir como álibi em favor de agentes políticos dominantes, promovendo o adiamento retórico da realização do modelo constitucional para um futuro remoto, como se isso fosse possível sem transformações radicais nas relações de poder e na estrutura social.

Uma vez obstaculizada a efetividade dos direitos fundamentais, a constitucionalização simbólica do princípio da dignidade da pessoa humana pode acarretar uma deturpação pragmática da linguagem da Constituição, comprometendo a estrutura operacional e a própria autonomia/identidade do sistema constitucional, além de conduzir, nos casos extremos, à desconfiança social no sistema político-jurídico e nos agentes públicos, abalando os alicerces do Estado Democrático de Direito e a realização do direito justo.

18 Ibid., p. 326.

Capítulo

8 A dignidade da pessoa humana em sua dimensão processual: o "devido" processo legal como "justo" processo legal

8.1. A CLÁUSULA PRINCIPIOLÓGICA DO DEVIDO PROCESSO LEGAL: SIGNIFICADO E ORIGEM HISTÓRICA

O devido processo legal pode ser considerado uma cláusula geral principiológica decorrente do princípio da dignidade da pessoa humana, estando consagrado na Carta Magna de 1988, insculpido no art. 5º, LIV, ao estabelecer que ninguém será privado da liberdade ou de seus bens sem o devido processo legal. Irradia-se, pois, para a disciplina de todas as modalidades de processo (jurisdicional, legislativo, administrativo, negocial), como modelo normativo de inegável inspiração pós-positivista.

Conforme acentua Rui Portanova[1], o devido processo legal é uma garantia da cidadania, constitucionalmente prevista em benefício de todos os cidadãos, assegurando tanto o exercício do direito de acesso ao Poder Judiciário, com as garantias processuais, como o desenvolvimento legítimo do processo de acordo com normas previamente estabelecidas. Segundo o princípio do devido processo legal, não basta que o membro da coletividade tenha direito ao processo, tornando-se também inafastável a sua absoluta regularidade formal e material, com efetividade e legitimidade.

Historicamente, a cláusula geral principiológica do devido processo legal, como um dos corolários do princípio da legalidade, surgiu no ordenamento jurídico inglês, sob a locução *law of the land*, fruto do documento imposto pelos barões ingleses ao Rei João Sem Terra. Essa garantia vigorou na antiga Inglaterra, com um

1 **Princípios do processo civil**. Porto Alegre: Livraria do Advogado, 1997, p. 145.

sentido formal, sendo posteriormente incorporada no constitucionalismo dos Estados Unidos.

Os primeiros julgados da Suprema Corte americana, que deram aplicação ao preceito do devido processo legal, fizeram-no, portanto, sob um enfoque estritamente procedimentalista, descartando as tentativas de emprestar a essa garantia constitucional um sentido substantivo. Essa vertente de entendimento sufragava a tese de que a 14ª Emenda Constitucional buscava estender a todas as pessoas nascidas nos Estados Unidos, independentemente de cor ou origem, os direitos e imunidades concernentes à condição de cidadão, entre eles a plenitude da capacidade civil, a investidura para requerer em juízo e o direito a um processo regular e justo.

Em solo norte-americano, a cláusula geral principiológica do devido processo legal passa a ser aplicada em sua dimensão substancial com o advento do *leading case* Calder *vs*. Bull, de 1798, que constitui o marco inicial da doutrina do *judicial review* submetido à apreciação da Suprema Corte norte-americana, suscitando o exame dos limites do poder governamental.

No transcurso dessa evolução histórica, duas modalidades de devido processo legal foram, portanto, sedimentadas no Ocidente: *procedural due process* e *substantive due process*.

Na primeira acepção, o devido processo legal significa o conjunto de garantias de ordem constitucional que, de um lado, asseguram às partes o exercício de suas faculdades e poderes processuais e, de outro, legitimam a própria função jurisdicional. Verifica-se, apenas, se o procedimento empregado por aqueles que estão incumbidos da aplicação das normas jurídicas viola o devido processo legal, sem se cogitar da substância do ato.

Na segunda significação, o devido processo legal refere-se à maneira pela qual a lei, o regulamento, o ato administrativo ou a decisão judicial são aplicados, de molde a otimizar a busca de uma opção hermenêutica legítima e efetiva, com base nos resultados da ponderação principiológica e do uso do postulado da razoabilidade/proporcionalidade.

O exame do sentido e alcance da cláusula do *due process of law*, em suas acepções procedimental e substantiva, não pode ser apartado da investigação sobre o significado ético-jurídico do princípio da dignidade da pessoa humana. Isso porque o devido processo legal se afigura como uma das projeções principiológicas da cláusula mais genérica da dignidade humana, despontando como o instrumento capaz de materializar e tutelar, nas lides concretas, o respeito à existência digna, síntese da imensa totalidade dos direitos fundamentais dos cidadãos.

8.2. A CLÁUSULA PRINCIPIOLÓGICA DO DEVIDO PROCESSO LEGAL EM SENTIDO FORMAL: GARANTIAS PROCESSUAIS

Conforme já referido, o devido processo legal em sua acepção formal ou procedimental (*procedural due process*) designa o conjunto de garantias de ordem constitucional que, de um lado, asseguram às partes o exercício de suas faculdades e poderes processuais e, de outro, legitimam a própria função jurisdicional. Para que seja efetivada a cláusula do *due process of law* em seu sentido formal, certas garantias devem ser postas pelo Estado em favor dos cidadãos, geralmente enunciadas na forma de princípios jurídicos.

Como ressalta Nelson Nery Junior[2], do reconhecimento do devido processo legal já defluirá toda a principiologia que garante um processo justo, daí resultando a institucionalização de inúmeras garantias para a cidadania: a) direito à citação e ao conhecimento do teor da acusação; b) direito a um rápido e público julgamento; c) direito ao arrolamento de testemunhas e à notificação delas para comparecimento perante os tribunais; d) direito ao procedimento contraditório; e) direito de não ser processado, julgado ou condenado por alegada infração às leis *ex post facto*; f) direito à plena igualdade entre acusação e defesa; g) direito contra medidas ilegais de busca e apreensão; h) direito de não ser acusado ou condenado com base em provas ilegalmente obtidas; i) direito à assistência judiciária, inclusive gratuita; j) privilégio contra a autoincriminação; k) proteção à igualdade entre as partes, direito de ação, direito de defesa e o contraditório.

Para os limites do presente trabalho, cumpre examinar as projeções mais relevantes do devido processo legal em sentido formal, como garantias processuais que, na condição de subprincípios, densificam/concretizam o macroprincípio do *procedural due process of law*. Sendo assim, merecem destaque as seguintes garantias: a isonomia; o contraditório e ampla defesa; a previsão do juiz natural; a inafastabilidade da jurisdição; a publicidade dos atos processuais; a motivação das decisões judiciais; o duplo grau de jurisdição; a proibição do uso de prova ilícita; e a duração razoável do processo.

O princípio da isonomia das partes processuais decorre da garantia constitucional que dispensa a todos os cidadãos igualdade de tratamento perante a ordem jurídica. Com efeito, o *caput* do art. 5º da Constituição Federal de 1988 prescreve que todos são iguais perante a lei, sem distinção de qualquer natureza, garantindo-se aos

2 **Princípios do processo civil na Constituição Federal**. 3. ed. São Paulo: Revista dos Tribunais, 1996, p. 29.

brasileiros e aos estrangeiros residentes no País a inviolabilidade do direito à vida, à liberdade, à igualdade, à segurança e à propriedade.

O princípio da isonomia perpassa as diversas fases da relação processual, para que ambas as partes da lide possam desfrutar de iguais faculdades e submeter-se aos mesmos ônus e deveres. Conforme se depreende do art. 125, I, do Código de Processo Civil, a igualdade de tratamento das partes é um dever do juiz e não uma faculdade. As partes e os seus procuradores merecem tratamento equânime, com ampla possibilidade de fazer valer em juízo as suas alegações.

A noção de tratamento isonômico às partes significa, entretanto, tratar igualmente os iguais e desigualmente os desiguais, na exata medida de suas desigualdades. Busca-se, assim, a denominada igualdade real ou substancial, de molde a proporcionar as mesmas oportunidades às partes processuais. Isso se manifesta porque a igualdade jurídica não pode eliminar a desigualdade socioeconômica.

Comentando o tema, Barbosa Moreira[3] assinala que existem diversos institutos no Código de Processo Civil voltados à isonomia dos polos processuais. Um dos exemplos são as regras concernentes à exceção de suspeição e incompetência do juiz, a fim de evitar que um dos litigantes, presumivelmente, tenha favorecimento por parte do órgão jurisdicional.

O princípio da isonomia processual não faculta ao magistrado igualar as partes quando a própria lei estabelece a desigualdade, em nome da supremacia do interesse público. No que tange às desigualdades criadas pela própria lei, pode-se mencionar o tratamento conferido aos polos processuais de uma relação consumerista. O Código de Defesa do Consumidor, em seu art. 4º, reconhece a vulnerabilidade do consumidor perante o fornecedor, estabelecendo a inversão do ônus da prova, em face da maior possibilidade do fornecedor de produzir meios probantes. Merecem também registro as prerrogativas do Ministério Público e da Fazenda Pública no tocante aos prazos processuais, conforme disposto no art. 188 do Código de Processo Civil.

Por sua vez, o princípio do contraditório e da ampla defesa está positivado expressamente na Constituição Federal de 1988, conforme dispõe o art. 5º, LV, *in verbis*: "aos litigantes, em processo judicial ou administrativo, e aos acusados em geral são assegurados o contraditório e ampla defesa, com os meios e recursos a ela inerentes".

---

3 MOREIRA, José Carlos Barbosa. A função social do processo civil moderno e o papel do juiz e das partes na direção e instrução do processo. **Revista de Processo**, São Paulo, a. 10, n. 37, 1985, p. 141.

As partes devem ser postas em condição de expor ao juiz as suas razões antes da prolação da decisão judicial. Os polos processuais devem poder desenvolver seus argumentos de modo pleno e sem limitações arbitrárias. Dinamizada a parcialidade das partes do processo, uma apresentando a tese e a outra oferecendo a antítese, o magistrado profere a sua decisão, cristalizando a síntese de uma bipolaridade dialética que envolve as interações dos sujeitos processuais.

Nesse sentido, é imprescindível que se conheçam os atos praticados pela parte contrária e pelo juiz, para que se possa estabelecer o contraditório e ampla defesa. Sendo assim, esse princípio processual se estriba em dois elementos: a informação à parte contrária e a possibilidade de resposta à pretensão deduzida.

De outro lado, o princípio do juiz natural pode ser encontrado na Carta Magna, art. 5º, XXXVII ("não haverá juízo ou tribunal de exceção") e LIII ("ninguém será processado nem sentenciado senão pela autoridade competente"). A ideia do juiz natural é um dos corolários do próprio princípio da reserva legal, com assento constitucional no art. 5º, XXXVII e LIII, da Carta Magna de 1988.

Sobre o princípio em comento, leciona Alexandre de Moraes[4] que a imparcialidade do Judiciário e a segurança do povo contra o arbítrio estatal encontram no princípio do juiz natural uma de suas garantias indispensáveis. O referido princípio deve ser interpretado em sua plenitude, de forma a proibir a criação de tribunais ou juízos de exceção e a assegurar respeito absoluto às regras objetivas de determinação de competência, para que não seja afetada a independência e a imparcialidade do órgão julgador.

Com efeito, o princípio do juiz natural visa a assegurar que o sujeito, ao praticar um ato jurídico, ou mesmo contrário ao direito, tenha prévio conhecimento de qual será o órgão competente para apreciar eventuais conflitos de interesses. O juiz natural é, portanto, o magistrado legalmente devido, competente e imparcial.

Nesse primeiro aspecto, o princípio do juiz natural protege a coletividade contra a criação de tribunais que não são investidos constitucionalmente para julgar, especialmente no que concerne a fatos especiais ou pessoas determinadas, sob pena de realizarem-se julgamentos eivados de convicções político-ideológicas, com o comprometimento da imparcialidade judicial e da isonomia das partes.

De outro lado, o segundo desdobramento do princípio do juiz natural prevê a garantia da existência de autoridades competentes, impondo a exigência de órgão jurisdicional cuja competência esteja previamente delimitada pela legislação em vi-

4 **Direito constitucional**. São Paulo: Atlas, 2006. p. 76.

gor. Trata-se de uma garantia ampla, porque se veda tanto o processar como o sentenciar. Com isso, exprime-se a garantia constitucional de que os jurisdicionados serão processados e julgados por alguém legitimamente integrante do Poder Judiciário, com base na Carta Magna e nas leis infraconstitucionais.

Por seu turno, o princípio da inafastabilidade da jurisdição encontra abrigo no art. 5º, XXXV, da CF/88. A Carta Magna prescreve que "a lei não excluirá da apreciação do Poder Judiciário lesão ou ameaça a direito". Em que pese o destinatário principal dessa norma seja o legislador, o comando constitucional atinge toda a comunidade jurídica. Não pode o legislador, qualquer agente público ou mesmo o particular impedir que o jurisdicionado procure o juízo para deduzir uma pretensão. Com base nesse princípio constitucional do processo, é garantida a necessária tutela estatal aos conflitos ocorrentes na sociedade, mediante o exercício do direito de ação.

Nesse compasso, a invocação da tutela jurisdicional, preconizada na Constituição Federal, deve efetivar-se pela ação do interessado que, exercendo o direito à jurisdição, cuide de preservar, pelo reconhecimento (processo de conhecimento), pela satisfação (processo de execução) ou pela asseguração (processo cautelar), direito subjetivo material violado ou ameaçado de violação.

A seu turno, o princípio da publicidade encontra-se referido em diversos preceitos da Carta Magna. Cumpre citar o art. 5º, LX, segundo o qual "a lei só poderá restringir a publicidade dos atos processuais quando a defesa da intimidade ou o interesse social o exigirem", bem como o art. 93, IX, *in verbis*: "todos os julgamentos dos órgãos do Poder Judiciário serão públicos, e fundamentadas todas as decisões, sob pena de nulidade, podendo a lei exigir, limitar a presença, em determinados atos, às próprias partes e seus advogados, ou somente a estes. Tal norma deve ser lida com a orientação supletiva do art. 131 do Código de Processo Civil, ao preceituar que "o juiz apreciará livremente a prova, atendendo aos fatos e circunstâncias constantes dos autos, ainda que não alegados pelas partes; mas deverá indicar, na sentença, os motivos que lhe formaram o convencimento".

Tratando do tema em comento, Rogério Lauria Tucci e José Rogério Cruz e Tucci[5] salientam que a garantia da publicidade não se traduz na exigência da efetiva presença do público ou dos meios de comunicação aos atos processuais, não obstante reclame mais do que uma simples potencialidade abstrata. A publicidade é garantia para o povo de uma justiça justa, que nada tem a ocultar, e é também garantia para a própria magistratura diante do povo, pois, agindo publicamente, permite o controle democrático de sua atuação.

5 **Constituição de 1988 e processo**. São Paulo: Saraiva, 1989, p. 72.

A publicidade dos atos processuais resta elencada como direito fundamental do cidadão, mas a própria Constituição Federal faz referência aos casos em que a lei admitirá o sigilo e a realização do ato em segredo de justiça. A lei cataloga os casos, nada impedindo que o juiz confira a outros, em virtude de interesse público, processamento em segredo de justiça, hipótese em que deverá justificar a tomada dessa decisão.

Merece também registro o princípio da motivação das decisões, previsto no mencionado art. 93, IX, da Constituição Federal de 1988. É importante mencionar que o texto constitucional não apenas exige a fundamentação das decisões proferidas pelos órgãos do Poder Judiciário como as declara nulas se desatenderem a esse comando.

Conforme leciona Angélica Alvim[6], motivar todas as decisões significa fundamentá-las, explicar as razões de fato e de direito que implicam o convencimento do juiz, devendo essa fundamentação ser substancial e não meramente formal, porque embasada em argumentos jurídicos sólidos e lastreados nos fatos sociais.

Garante o princípio da motivação das decisões a inviolabilidade dos direitos em face do arbítrio, visto que os órgãos jurisdicionais têm de motivar, sob pena de nulidade, o dispositivo contido no ato decisório.

Nesse sentido, Teresa Arruda Alvim[7] sustenta que a decisão judicial não pode ser confundida com um ato de imposição pura e imotivada de vontade. Sendo assim, motivar todas as decisões significa fundamentá-las, explicar as razões de fato e de direito que implicam o convencimento do juiz, devendo essa fundamentação ser substancial e não meramente formal. Daí a necessidade de que venham expressos seus motivos, sendo equivalentes, nessa perspectiva, a fundamentação deficiente e a falta de fundamentação.

O dever de motivação guarda correspondência com o sistema da livre convicção, visto que, quanto maior for o poder discricionário do magistrado, mais importante será a necessidade de fundamentar sua decisão. A falta ou deficiência da motivação produz um vício insanável, cujo reconhecimento pode dar-se em qualquer grau de jurisdição e independentemente de provocação da parte.

No sistema da persuasão racional ou do livre convencimento, também conhecido como sistema da livre convicção ou da verdade real, o juiz forma livremente o seu convencimento, porém dentro de critérios racionais, lógico-jurídicos preestabelecidos, os quais devem ser expressamente indicados.

---

6 ALVIM, Angélica Arruda. Princípios constitucionais do processo. **Revista de Processo**, São Paulo, a. 19, n. 74, 1994, p. 35.

7 **Nulidades da sentença**. 3. ed. São Paulo: Revista dos Tribunais, 1993, p. 70.

Nesse sentido, a persuasão racional, no sistema do devido processo legal, consiste no convencimento aliado com a liberdade intelectual, baseado na prova presente nos autos e acompanhado do dever de fornecer a motivação do raciocínio que conduziu o intérprete à decisão.

Trata-se, na verdade, de um sistema misto no qual o órgão julgador não fica adstrito a critérios valorativos prefixados em lei, tendo liberdade para aceitar e valorar a prova, desde que, ao final, fundamente sua convicção, dando as razões do convencimento com base no que foi colhido nos autos.

Nesse sentido, a função jurisdicional deve implicar a comprovação, cuidadosamente estruturada, da incidência de norma abstrata ao caso concreto. Seu espaço de discricionariedade no exercício de tal função está demarcado pela moldura imposta pelo legislador constitucional e infraconstitucional, não cabendo ao julgador ampliar, demasiadamente, o alcance de tal moldura, impulsionado por motivações estranhas à ordem jurídica.

Desse modo, a motivação da decisão preserva os valores de segurança jurídica e legitimidade das decisões, exigências caras ao Estado Democrático de Direito, conferindo aos cidadãos a garantia de que serão julgados conforme o devido processo legal e não estarão sujeitos ao voluntarismo do Poder Judiciário.

Ressalte-se ainda o princípio do duplo grau de jurisdição. A doutrina diverge em considerá-lo como um princípio de processo inserido na Constituição Federal de 1988, já que inexiste a sua previsão expressa no texto constitucional. De outro lado, existem autores que admitem o duplo grau de jurisdição como princípio processual implícito. Estes últimos embasam o posicionamento, considerando a competência recursal estabelecida pela própria Carta Magna. Entre outros preceitos, é possível citar o art. 5º, LV, *in verbis*: "aos litigantes, em processo judicial ou administrativo, e aos acusados em geral são assegurados o contraditório e ampla defesa, com os meios e recursos a ela inerentes"; o art. 102, segundo o qual "compete ao Supremo Tribunal Federal, precipuamente, a guarda da Constituição, cabendo-lhe: (...) II – julgar, em recurso ordinário (...); III – julgar, mediante recurso extraordinário (...)"; e o art. 105, rezando que "compete ao Superior Tribunal de Justiça: (...); II – julgar, em recurso ordinário (...); III – julgar, em recurso especial (...)".

Todo ato decisório do julgador capaz de prejudicar um direito da parte deve ser recorrível, como meio de evitar e reformar os erros inerentes aos julgamentos humanos, satisfazendo, igualmente, o sentimento de inconformismo contra decisões desfavoráveis. O princípio do duplo grau de jurisdição assevera, pois, ao litigante vencido, total ou parcialmente, o direito de submeter a matéria decidida a nova apreciação jurisdicional, no mesmo processo, desde que atendidos determinados pressupostos ou requisitos previstos em lei.

Por sua vez, não deve ser olvidado o princípio da proibição de prova ilícita. A Constituição Federal de 1988 prevê a vedação da utilização de provas ilícitas no processo civil ou penal no art. 5º, LVI, segundo o qual "são inadmissíveis, no processo, as provas obtidas por meios ilícitos". Às partes cabe o ônus de produzir as provas, na exata medida dos interesses que estejam a defender na causa; é precisamente com vistas ao exercício dessa atividade que assume especial importância o princípio da licitude dos meios de prova.

Desdobrando o preceito constitucional, o art. 332 do Código de Processo Civil menciona qual o tipo de prova admitido no processo, *in verbis*: "Todos os meios legais, bem como os moralmente legítimos, ainda que não especificados neste Código, são hábeis para provar a verdade dos fatos, em que se funda a ação ou a defesa".

Discorrendo sobre o assunto, Djanira Maria de Sá[8] ensina que por prova lícita deve entender-se aquela derivada de um ato que esteja em consonância com o direito ou decorrente da forma legítima pela qual é produzida. Desse modo, o magistrado não pode levar em consideração uma prova ilícita, seja nas sentenças/acórdãos, seja nos despachos ou no momento de inquirir testemunhas, embora convenha deixá-la nos autos, a fim de que, a todo momento, a parte processual prejudicada possa tomá-la em consideração para instaurar o contraditório e verificar o convencimento do juiz.

Acrescente-se ainda o princípio da duração razoável do processo, ao conferir o direito fundamental a um processo sem dilações indevidas. Ao art. 5º da Constituição Federal de 1988 foi agregado o inciso LXXVIII, com o seguinte teor: "a todos, no âmbito judicial e administrativo, são assegurados a razoável duração do processo e os meios que garantam a celeridade de sua tramitação".

A demora na tramitação dos processos sempre foi identificada como um dos pontos cruciais da denominada crise de jurisdição, verificada na segunda metade do século XX. Múltiplas causas conduziram a um quadro desalentador, no qual a duração da relação processual atingia, em regra, vários anos, gerando a frustração das expectativas sociais e comprometendo a legitimidade do processo como veículo de realização da justiça.

Tanto é assim que o art. 5º, XXXV, da Carta Magna, ao condensar a fórmula do princípio da inafastabilidade do controle jurisdicional, não somente passou a ser interpretado como a garantia do acesso ao Poder Judiciário (mero direito ao processo), mas, na esteira da doutrina e da jurisprudência mais avançadas, transformou-se em

8 SÁ, Djanira Maria Radamés de. **Teoria geral do direito processual civil**. 2. ed. São Paulo: Saraiva, 1998, p. 27.

verdadeira cláusula de utilidade da jurisdição. Sob essa perspectiva, o mencionado princípio passou a resguardar tanto um direito à ação e ao processo enquanto veículo da tutela jurisdicional quanto uma tutela jurisdicional potencialmente útil e eficaz.

Entre os fatores de mensuração da eficácia da tutela jurisdicional encontra-se a celeridade com que ela é prestada, porquanto a demanda judicial coloca, geralmente, em suspensão a relação jurídica que é objeto da pretensão, impedindo o imediato gozo do direito ou resolução da lide. Sendo assim, a tutela jurisdicional prestada de forma eficiente é aquela realizada em prazo razoável.

Ao vislumbrar o princípio da eficiência (art. 37, *caput*, da CF/88), poder-se-ia já conceber o postulado da tutela jurisdicional eficiente. É que a atividade jurisdicional também figura como uma atividade do Estado (administração da justiça), levada a efeito por um segmento do aparato estatal, que compreende não só o Poder Judiciário, mas também outras instituições como o Ministério Público, a Defensoria Pública e as respectivas Procuradorias. A prestação jurisdicional, por outro lado, não abarca exclusivamente a atividade do juiz, mas abrange as atividades administrativas desenvolvidas no âmbito do próprio Poder Judiciário e dessas outras instituições. O direito/garantia à celeridade processual já decorria de uma interpretação lógica do princípio da eficiência.

Não se pode estabelecer um parâmetro objetivo para quantificar o tempo requerido pelo juiz para decidir um feito. É que o magistrado deve estar convicto para decidir, não se sujeitando tal convicção a prazos rígidos. Há ainda que considerar o excesso de serviço, pelo grande volume de processos que acomete a atuação do magistrado. Entretanto, os demais fatores que integram a formação do tempo do processo podem ser medidos com a régua do princípio da eficiência, diante do parâmetro de razoabilidade, aplicável, de forma direta ou indireta, às funções do Estado.

Nesse sentido, embora, a rigor, o direito a uma jurisdição eficaz, e, portanto, célere, já estivesse assegurado na própria Constituição de 1988 antes mesmo da Emenda Constitucional n. 45/2004, não se deve reduzir o seu valor, cujo mérito foi explicitar esse direito e garantia fundamental. Ademais, a Emenda Constitucional n. 45/2004 promoveu a inclusão da exigência de celeridade no âmbito do processo administrativo, o que não estava previsto no inciso XXXV do art. 5º da CF/88.

Em face de tudo quanto foi exposto, os princípios da isonomia, do contraditório, da ampla defesa, da previsão do juiz natural, da inafastabilidade da jurisdição, da publicidade dos atos processuais, da motivação das decisões judiciais, do duplo grau de jurisdição, da proibição do uso de prova ilícita e da duração razoável do processo figuram como as projeções mais importantes do devido processo legal em sentido formal, como garantias processuais que, na condição de subprincípios, densificam/

concretizam o macroprincípio do *procedural due process of law*, assegurando aos cidadãos o livre acesso ao Poder Judiciário, a fim de proteger seus direitos, mediante julgamento público, fundamentado e imparcial de órgão competente, passível de reforma por órgãos jurisdicionais superiores, lastreado em provas lícitas, dentro de um lapso temporal razoável.

8.3. A CLÁUSULA PRINCIPIOLÓGICA DO DEVIDO PROCESSO LEGAL EM SENTIDO SUBSTANCIAL: A DIGNIDADE DA PESSOA HUMANA COMO PROPORCIONALIDADE

Conforme já referido, o devido processo legal em sua acepção substantiva refere-se ao modo pelo qual a lei, o regulamento, o ato administrativo, a decisão judicial são interpretados e aplicados, de molde a otimizar a busca de uma opção hermenêutica legítima e efetiva que assegure a realização de uma existência digna.

A progressiva substancialização do princípio do devido processo legal é o resultado de um novo tratamento epistemológico, mais consentâneo com o funcionamento dos sistemas jurídicos contemporâneos, que a doutrina atual denomina pós-positivismo jurídico. A adoção do modelo pós-positivista de compreensão do direito processual abre espaço para a valorização dos princípios constitucionais, os quais enunciam a dignidade da pessoa humana e os direitos fundamentais, que passam a incidir e presidir o desenvolvimento das relações processuais.

Nesse contexto, sedimenta-se um direito constitucional processual de inequívoca orientação principiológica, estreitando os vínculos entre o constitucionalismo, o processo e o regime democrático. No âmbito de uma democracia, o processo torna-se um espaço ético-político voltado para a realização da justiça e dos valores fundamentais da existência humana, que se consubstanciam na dignidade da pessoa humana e nos direitos fundamentais dos cidadãos.

Conforme o magistério de Ada Grinover[9], todo o direito processual tem suas linhas fundamentais traçadas pelo Direito Constitucional, que fixa a estrutura dos órgãos jurisdicionais, garante a distribuição da justiça e a declaração do direito objetivo, bem como estabelece os princípios norteadores do processo.

Com efeito, todo o direito processual, que disciplina o exercício de uma das funções fundamentais do Estado, além de ter pressupostos constitucionais – como os demais ramos do Direito –, é fundamentalmente determinado pela Constituição,

9 GRINOVER, Ada Pellegrini. **Garantia constitucional do direito de ação**. São Paulo: Revista dos Tribunais, 1973, p. 12.

em muitos de seus aspectos e institutos característicos, razão pela qual alguns dos princípios gerais que o informam são, ao menos inicialmente, princípios constitucionais ou seus corolários.

Oportuna também é a lição de José Alfredo Baracho[10], para quem, como a Constituição sofre influência do sistema político, as orientações ético-políticas recolhidas nos textos constitucionais contribuem para o desenvolvimento e a legitimação do processo nos Estados Democráticos de Direito.

Sendo assim, o processo contemporâneo apresenta-se como instrumento da tutela dos direitos fundamentais, que somente é realizada por meio dos princípios constitucionais, e a Constituição passa a pressupor a existência do processo como veículo de exteriorização da dignidade da pessoa humana e dos direitos fundamentais dos cidadãos.

Dentro dessa mudança paradigmática em favor da constitucionalização das relações processuais, a Teoria do Processo passa por profunda reconstrução, figurando o devido processo legal substancial como a via de concretização dos valores e finalidades maiores do sistema jurídico, oferecendo as condições de possibilidade de um consenso racional dos sujeitos processuais sobre as opções hermenêuticas mais justas. Representa, assim, uma exigência de legitimidade do direito processual, pressupondo que o poder político só pode desenvolver-se mediante um código jurídico institucionalizado na forma de direitos fundamentais que assegurem uma vida digna.

Como bem refere Marcelo de Oliveira[11], o devido processo legal substancial implica a legítima limitação ao poder estatal e ao poder econômico de particulares, de modo a censurar a legislação ou outro ato normativo que viole os direitos fundamentais do Estado Democrático de Direito, bem como implica proclamar a autolimitação do Estado no exercício da própria jurisdição, no sentido de que a promessa de exercê-la será cumprida com as limitações contidas nas demais garantias fundamentais, sempre segundo os padrões democráticos de uma sociedade.

Para que se concretize a dignidade da pessoa humana e os direitos fundamentais dos cidadãos, a cláusula principiológica do devido processo legal substancial desemboca na utilização do postulado ou princípio instrumental da razoabilidade/proporcionalidade, como recurso metodológico indispensável para a concretização hermenêutica de um direito processual mais legítimo e efetivo, de modo a realizar a noção de justiça mais adequada às vicissitudes da lide.

---

10 BARACHO, José Alfredo de Oliveira. **Processo constitucional**. Rio de Janeiro: Forense, 1984, p. 129.

11 OLIVEIRA, Marcelo Andrade Cattoni de. **Devido processo legislativo**. Belo Horizonte: Mandamentos, 2000, p. 70.

Etimologicamente, o vocábulo "proporcionalidade" contém uma noção de proporção, adequação, medida justa, prudente e apropriada à necessidade exigida pelo caso presente. Proporção, no entanto, é um conceito relacional, isto é, diz-se que algo é proporcional quando guarda uma adequada relação com alguma coisa à qual está ligado. A ideia de proporcionalidade reclama o apelo à prudência na determinação da adequada relação entre as coisas.

A ideia de proporcionalidade revela-se não só como um importante princípio jurídico fundamental, mas também consubstancia um verdadeiro referencial argumentativo, ao exprimir um raciocínio aceito como justo e razoável de modo geral, de comprovada utilidade no equacionamento de questões práticas, não só do Direito em seus diversos ramos, como também em outras disciplinas, sempre que se tratar da descoberta do meio mais adequado para atingir determinada finalidade.

Para Willis Guerra Filho[12], o princípio da proporcionalidade pode ser entendido como um mandamento de otimização do respeito máximo a todo direito fundamental em situação de conflito com outro(s), na medida do jurídico e faticamente possível, traduzindo um conteúdo que se reparte em três princípios parciais: a adequação, a exigibilidade e a proporcionalidade em sentido estrito.

A origem e o desenvolvimento do princípio da proporcionalidade, em sua conformação moderna, encontram-se intrinsecamente ligados à evolução dos direitos e garantias individuais da pessoa humana, verificados a partir do surgimento do Estado de Direito burguês na Europa. Dessa forma, sua origem remonta aos séculos XVII e XVIII, quando, na Inglaterra, surgiram as teorias jusnaturalistas que propugnavam ter o homem direitos imanentes a sua natureza e anteriores ao aparecimento do Estado e, por conseguinte, conclamavam ter o soberano o dever de respeitá-los.

Posteriormente, a ideia de proporcionalidade é utilizada na França como técnica voltada para o controle do poder de polícia da Administração Pública. A proporcionalidade só adquire, contudo, foro constitucional e reconhecimento como princípio em meados do século XX, na Alemanha, sendo, então, aplicado ao campo dos direitos fundamentais, vinculando, assim, a totalidade dos poderes públicos.

No sistema jurídico brasileiro, o princípio da proporcionalidade é um princípio constitucional implícito porque, apesar de derivar da Constituição, nela não consta expressamente. Por esse motivo, o fundamento normativo do princípio da proporcionalidade vem sofrendo inúmeras considerações quanto à ausência de enunciado normativo explícito. Constata-se que as Constituições de Estados Democráticos de

12 GUERRA FILHO, Willis S. Sobre o princípio da proporcionalidade. In: LEITE, George Salomão. **Dos princípios constitucionais**: considerações em torno das normas principiológicas da Constituição. São Paulo: Malheiros, 2003, p. 245.

Direito em larga medida não contêm referência expressa ao princípio, o que põe em evidência o problema da sua fundamentação normativo-constitucional.

Segundo Paulo Bonavides[13], o princípio da proporcionalidade está naquela classe de princípios que são mais facilmente compreendidos do que definidos. Sucede que, embora não esteja expresso no texto constitucional, a sua presença é inequívoca na Carta Magna. Isso porque a circunstância de o princípio da proporcionalidade decorrer implicitamente da Constituição não impede que seja reconhecida sua vigência, por força inclusive do quanto disposto no § 2º do art. 5º, segundo o qual "os direitos e garantias expressos nesta Constituição não excluem outros decorrentes do regime e dos princípios por ela adotados".

Inúmeros têm sido os caminhos para fundamentar ou justificar normativamente o princípio da proporcionalidade, ora utilizando-se do cânon da dignidade da pessoa humana (art. 1º, III, CF/88), ora recorrendo-se à ideia de devido processo legal substantivo (art. 5º, LIV, CF/88) ou mesmo da noção de um Estado Democrático de Direito (art. 1º, *caput*, CF/88).

Todos esses *standards* são vetores axiológicos e teleológicos que reforçam o mandamento constitucional de tutela da dignidade da pessoa humana, permitindo depreender o princípio da proporcionalidade, como proposta de harmonização da pluralidade dos direitos fundamentais que possibilitam uma vida digna, de molde a sintetizar as exigências de legalidade e legitimidade do ordenamento jurídico.

Conforme o magistério de Humberto Ávila[14], o princípio constitucional da proporcionalidade é aplicado somente em situações em que há uma relação de causalidade entre dois elementos empiricamente discerníveis, um meio e um fim, de tal modo que o intérprete do direito possa proceder ao exame de três parâmetros fundamentais e complementares: a adequação, a necessidade e a proporcionalidade em sentido estrito.

Esses três critérios de natureza axiológica e teleológica – a adequação, a necessidade e a proporcionalidade em sentido estrito – definem o sentido de uma atuação proporcional do Estado e dos particulares, tendo em vista a proteção da dignidade da pessoa humana.

A adequação exige uma relação empírica entre o meio e o fim: o meio deve levar à realização da finalidade normativa. Logo, a administração, o legislador, o julgador e o particular têm o dever de escolher um meio processual que simplesmente promova os fins maiores da ordem jurídica, como a realização de uma vida digna. O

13 **Curso de direito constitucional**. 11. ed. São Paulo: Malheiros, 2001, p. 356.

14 **Teoria dos princípios**. São Paulo: Malheiros, 2005, p. 116.

processo decisório, tanto na esfera pública quanto na esfera privada, será adequado somente se o fim for efetivamente realizado no caso concreto; também será adequado se o fim for realizado na maioria dos casos com a sua adoção; e será adequado, ainda, se o intérprete avaliou e projetou bem a promoção da finalidade no momento da tomada da decisão.

A necessidade envolve duas etapas de investigação: o exame da igualdade de adequação dos meios, para verificar se os diversos meios promovem igualmente o fim; e o exame do meio menos restritivo, para examinar se os meios alternativos restringem em menor medida os direitos fundamentais colateralmente afetados. A ponderação entre o grau de restrição e o grau de promoção dos direitos fundamentais em prol de uma vida digna torna-se, portanto, inafastável para a interpretação e a tomada de uma decisão jurídica.

A proporcionalidade em sentido estrito é examinada diante da comparação entre a importância da realização do fim e a intensidade da restrição aos direitos fundamentais. O julgamento daquilo que será considerado vantagem e daquilo que será considerado desvantagem depende do exame teleológico e axiológico do hermeneuta, em face das circunstâncias da lide e da apuração do binômio utilitário do custo-benefício, sempre com vistas à salvaguarda da dignidade da pessoa humana.

De acordo com Luís Roberto Barroso[15], o princípio da proporcionalidade funciona como um parâmetro hermenêutico que orienta como uma norma jurídica deve ser interpretada e aplicada no caso concreto, mormente na hipótese de incidência dos direitos fundamentais que consubstanciam uma vida digna, para a melhor realização dos valores e fins do sistema constitucional. Permite-se, assim, ao Poder Judiciário invalidar atos legislativos, administrativos, jurisdicionais ou privados nestas hipóteses: quando não houver adequação entre o fim perseguido e o instrumento empregado pela norma jurídica (*adequação*); se a medida normativa não for exigível ou necessária, havendo meio alternativo menos gravoso para chegar ao mesmo resultado (*necessidade ou vedação do excesso*); e quando não se manifestar o binômio custo-benefício, pois o que se perde com a medida normativa é de maior relevo do que aquilo que se ganha (*proporcionalidade "stricto sensu"*).

Como se deduz, o princípio da proporcionalidade funciona como importante parâmetro para orientar a atividade de sopesamento de valores do intérprete do direito, iluminando a ponderação de princípios jurídicos e, pois, de dimensões da dignidade humana eventualmente conflitantes. Descortina-se, portanto, como alternativa hermenêutica para a colisão entre os direitos fundamentais dos cidadãos, vetores que norteam uma vida digna, modulando a interpretação e a posterior tomada de uma

15 **Interpretação e aplicação da Constituição**. São Paulo: Saraiva, 2002, p. 213.

decisão, perante casos difíceis. Nos chamados *hard cases*, muito frequentes na prática processual, a subsunção se afigura insuficiente, especialmente quando a situação concreta rende ensejo para a aplicação de normas principiológicas, que sinalizam soluções axiológicas e teleológicas muitas vezes diferenciadas.

Com efeito, durante muito tempo, sob a égide de uma visão positivista do Direito, a subsunção se afigurou como a fórmula típica de aplicação normativa, caracterizada por uma operação meramente formal e lógico-dedutiva: identificação da premissa maior (a norma jurídica); a delimitação da premissa menor (os fatos); e a posterior elaboração de um juízo conclusivo (adequação da norma jurídica ao caso concreto). Se essa espécie de raciocínio ainda serve para a aplicação de algumas regras de direito (*v.g.*, CF/88, art. 40 – aposentadoria compulsória do servidor público que completa 70 anos – ou art. 18 – Brasília é a Capital Federal), revela-se, no entanto, insuficiente para lidar com o uso hermenêutico dos princípios jurídicos, como fundamentos para a decidibilidade de conflitos.

Decerto, as normas principiológicas consubstanciam valores e fins não raro distintos, apontando para perspectivas contraditórias para um mesmo problema. Logo, com a colisão de princípios jurídicos, pode incidir mais de uma norma sobre o mesmo conjunto de fatos, com o que várias premissas maiores disputam a primazia de aplicabilidade a uma premissa menor. A interpretação jurídica contemporânea, na esteira do pós-positivismo, deparou-se, então, com a necessidade de desenvolver técnicas capazes de lidar com a natureza essencialmente dialética da ordem jurídica, ao tutelar interesses potencialmente conflitantes, exigindo novo instrumental metodológico para aplicação de um direito justo e capaz de materializar a dignidade da pessoa humana. Trata-se do uso da ponderação de bens e/ou interesses.

A estrutura cognitiva da ponderação pode ser decomposta em três etapas: identificação das normas pertinentes, seleção dos fatos relevantes e atribuição geral de pesos. Na primeira etapa, cabe ao intérprete detectar no sistema as normas relevantes para a solução do caso concreto, identificando eventuais conflitos entre elas. Já na segunda etapa cabe examinar os fatos e as circunstâncias concretas do caso concreto e sua interação com os elementos normativos. Enfim, na terceira etapa, os diferentes grupos de normas e a repercussão dos fatos do caso concreto estarão sendo examinados de forma conjunta, de modo a apurar os pesos que devem ser atribuídos aos diversos elementos em disputa e, pois, qual o conjunto normativo deve preponderar no caso concreto.

Ao vislumbrar a ordem jurídica brasileira, não faltaram exemplos de aplicabilidade do raciocínio ponderativo na harmonização das dimensões da dignidade da pessoa humana: a) o debate acerca da relativização da coisa julgada em que se contrapõem o princípio da segurança jurídica e o princípio da realização da justiça; b) a discussão sobre a eficácia horizontal dos direitos fundamentais, em que se contrapõem princípios como a autonomia da vontade e a dignidade da pessoa humana; c) o debate sobre os princípios da liberdade de expressão *versus* proteção aos valores éticos e sociais da pessoa ou da família; d) a polêmica concernente aos princípios da liberdade de expressão e informação *versus* políticas públicas de proteção da saúde; e) o conflito entre os princípios da liberdade religiosa e proteção da vida, em situações que envolvam a transfusão de sangue para as testemunhas de Jeová, além de outras hipóteses ilustrativas.

Desse modo, o princípio da proporcionalidade, como *standard* juridicamente vinculante, informando a ideia de justiça ínsita a todo ordenamento, atua por meio de um mandado de otimização, no sentido de que os imperativos de adequação, necessidade e proporcionalidade em sentido estrito sejam atendidos no âmbito da realização de uma vida digna. A proporcionalidade representa, pois, uma garantia aos cidadãos, exigindo um contrabalanceamento da tutela a determinados bens jurídicos com as restrições aos direitos fundamentais. Para tanto, pressupõe a estruturação de uma relação meio-fim, na qual o fim é o objeto perseguido pela limitação, e o meio é a própria decisão (administrativa, legislativa ou judicial) que pretende tornar possível o alcance do fim almejado, no âmbito de uma relação processual.

Sendo assim, o referido princípio ordena que a relação entre o fim que se pretende alcançar e o meio utilizado deve ser adequada, necessária e proporcional, visto que os direitos fundamentais, como expressão da dignidade dos cidadãos, só podem ser limitados pelo Poder Público e por particulares quando isso for imprescindível para a proteção dos interesses e valores mais relevantes para uma dada coletividade humana, tendo em vista a realização de um direito potencialmente mais justo e, portanto, socialmente legítimo.

A existência de ponderação não priva, contudo, a doutrina e a jurisprudência de buscar parâmetros de maior objetividade para a sua aplicação, até porque não elide, por completo, as avaliações subjetivas e preferências pessoais do hermeneuta (pré-compreensão), ainda que não se admita o exercício indiscriminado e arbitrário da interpretação jurídica (voluntarismo hermenêutico). Com efeito, aponta-se a necessidade do exercício de uma competente argumentação jurídica, para a demonstração adequada do raciocínio desenvolvido e a garantia da legitimidade da opção hermenêutica, adquirindo inegável relevo o art. 93, IX, da Constituição Federal de 1988, que trata da exigência de fundamentação das decisões jurídicas.

Não há negar que, quando uma decisão envolve a técnica ponderativa dos princípios, o dever de motivar torna-se ainda mais premente e necessário, visto que o intérprete percorre um caminho mais longo e tortuoso para chegar à solução. É, portanto, dever do hermeneuta guiar a comunidade jurídica por essa viagem, descrevendo, de modo minudente, as razões que justificam uma dada direção ou um dado sentido para uma interpretação mais justa do direito, razão pela qual a ponderação se qualifica e legitima pela justificação racional das proposições normativas.

Diante do exposto, pode-se depreender que a cláusula principiológica do devido processo legal, no seu sentido substancial, nada mais é que um mecanismo de controle axiológico e teleológico da atuação dos agentes públicos ou mesmo particulares, típico do Estado Democrático de Direito, de modo a impedir toda restrição ilegítima à dignidade da pessoa humana e aos direitos fundamentais dos cidadãos.

Sob esse novo prisma, a cláusula do devido processo legal atinge não só a forma, mas também a substância do ato, pois existe a preocupação de conceder uma tutela jurisdicional mais justa, porque guiada pela ponderação principiológica e pelo postulado da razoabilidade/proporcionalidade, como ideias jurídicas fundantes da Constituição e decorrentes do respeito aos direitos fundamentais conducentes a uma existência digna.

8.4. O NOVO DEVIDO PROCESSO LEGAL E A DIGNIDADE DA PESSOA HUMANA

Com a transição paradigmática da modernidade para a pós-modernidade, importantes mudanças acometeram o direito processual do Ocidente, tendo em vista a superação do modelo formalista e hermético do processo jurisdicional, consectário lógico do positivismo jurídico.

De acordo com Marinoni[16], sob a influência dos valores do Estado Liberal de Direito, o processo jurisdicional foi criado para tutelar os direitos subjetivos privados porventura violados. A proteção dos direitos subjetivos dos particulares desembocou na elaboração da teoria da atuação da vontade da lei, abrindo margem para o surgimento das clássicas concepções de Chiovenda – a jurisdição como atuação da vontade concreta da lei – e de Carnelutti – a jurisdição como a justa composição da lide. Prevalecia, então, o primado da concepção de uma lei genérica, abstrata, coerente e fruto da vontade homogênea do parlamento.

Gradativamente, no entanto, a modernidade jurídica começou a ser solapada pelo advento de novos fatos e valores sociais, exigindo o redimensionamento da finalidade do processo jurisdicional, a fim de configurar-se como instrumento ético-

---

16 MARINONI, Luiz Guilherme. A jurisdição no Estado contemporâneo. In: **Estudos de direito processual civil:** homenagem ao Professor Egas Dirceu Moniz de Aragão. São Paulo: Revista dos Tribunais, 2005, p. 13.

-político capaz de materializar os direitos fundamentais da sociedade civil. Tais exigências oportunizam a emergência de uma teoria dos princípios constitucionais aplicados às relações processuais, cuja multifuncionalidade e eficácia vertical-horizontal permitiram tornar o processo um espaço público vocacionado para a emancipação do ser humano e, portanto, mais adequado para a concretização da dignidade da pessoa humana e dos direitos fundamentais.

Sendo assim, também o direito processual adquire as notas da pluralidade, reflexividade, prospectividade, discursividade e relatividade, que caracterizam o fenômeno jurídico na pós-modernidade jurídica.

A pluralidade do direito processual pós-moderno pode ser constatada a partir do momento em que o processo deixa de restringir-se à solução dos conflitos individuais e alcança o deslinde de litígios metaindividuais, tornando-se, assim, um instrumento mais heterogêneo e dialético, flexibilizando a legitimação para agir, com vistas à salvaguarda das diversas dimensões dos direitos fundamentais (civis, políticos, coletivos, socioeconômicos e difusos) que apontam para realização de uma vida digna.

A reflexividade do direito processual pós-moderno decorre da abertura desse campo do sistema jurídico aos novos valores e fatos sociais, propiciada pela quebra da clássica dicotomia direito substancial ou material x direito adjetivo ou formal, fruto da neutralização ético-política promovida pelo positivismo jurídico. Nesse sentido, o processo passa a apresentar maior maleabilidade em face das especificidades de cada lide, adaptando os procedimentos às exigências axiológicas e valorativas dos direitos fundamentais envolvidos nas lides.

A seu turno, a prospectividade do direito processual pós-moderno pode ser medida pela progressiva utilização das cláusulas gerais e princípios constitucionais do processo na solução dos conflitos de interesse, visto que se apresentam como estruturas normativas mais flexíveis e propensas a acompanhar a evolução histórico-social da dignidade da pessoa humana e dos direitos fundamentais.

A discursividade do direito processual pós-moderno pode ser vislumbrada pela valorização da natureza retórica do processo, concebido como um *locus* democrático em que os sujeitos processuais exercitam uma racionalidade comunicativa, cooperando para a busca de um ato decisório mais justo. Sendo assim, enfatiza-se o desenvolvimento de processos argumentativos que oportunizem e dinamizem o contraditório/ampla defesa, a fim de melhor justificar e legitimar as decisões judiciais sobre a dignidade da pessoa humana e os direitos fundamentais.

Essa nova mentalidade abre margem para a reformulação do paradigma tradicional do direito processual, em favor de um modelo dialógico-participativo, em que o processo figura como um espaço público para o debate democrático e a sedimentação dos valores fundamentais da experiência jurídica.

Nesse sentido, sustenta Karl Popper[17] que o autoritarismo da ciência estava ligado à ideia de estabelecer, de provar e de verificar as suas teorias, o que justifica a adoção de um paradigma crítico que se vincula à ideia de testar e refutar as suas conjecturas, por meio da dialética discursivo-argumentativa.

Sendo assim, com a elaboração de uma nova lógica para a conceituação do que seja científico numa perspectiva de falibilidade das afirmações (dogmatizações) do discurso do conhecimento, é possível, no campo do direito (inclusive o processual) – para considerá-lo científico –, conjecturar que o discurso legal só serviria à ciência moderna numa versão falibilista na qual o direito haveria de oferecer expressamente a possibilidade de fiscalização (correição) continuada, desde o ponto decisório de sua criação até o momento de aplicação.

Segundo Rosemiro Leal[18], o discurso da procedimentalidade fundante do direito democrático torna o processo instituição constitucionalizada de controle e regência popular soberana, legitimadora dos procedimentos como estruturas técnicas de argumentos jurídicos assegurados, numa progressiva relação espaciotemporal de criação, recriação (transformação), extinção, fiscalização, aplicação (decisão) e realização (execução) de direitos, segundo os princípios do contraditório, da isonomia e da ampla defesa.

O processo converte-se, assim, na instituição jurídica do exercício dos direitos fundamentais na construção da estrutura (espaço-tempo) do procedimento, pressupondo uma consciência participativa em que o povo total da sociedade política é a causalidade deliberativa ou justificativa das regras de criação, alteração e aplicação de direitos.

Por sua vez, a relatividade do direito processual pós-moderno se traduz pela recusa de um processo formalista e fechado, cercado de regras absolutas e inquestionáveis, e pela aceitação do papel ativo do julgador na construção hermenêutica das normas jurídicas, aspectos que merecem um exame mais minudente.

Decerto, como bem leciona Luigi Ferrajoli[19], o conceito de verdade apresenta uma especial acepção semântica, no âmbito do direito processual. Para ele, uma justiça integralmente atrelada à verdade é utópica, mas uma justiça completamente sem verdade compreende uma arbitrariedade. Logo, toda atividade judicial é uma combinação entre conhecimento *(veritas)* e decisão *(auctoritas)*.

---

17 **O mito do contexto**. Lisboa: Edições 70, 1999, p. 123.

18 LEAL, Rosemiro Pereira. **Teoria processual da decisão jurídica**. São Paulo: Landy, 2002, p. 167.

19 **Direito e razão:** teoria do garantismo penal. São Paulo: Revista dos Tribunais, 2002, p. 39.

Sustenta, pois, que a diferença entre experimento (de um fato presente) e provas (de um fato passado) fende profundamente o modelo ideal de verdade processual fática como correspondência objetiva. Pode-se afirmar, então, que a verdade processual fática, da mesma forma que a verdade histórica, em vez de ser predicável em referência direta ao fato julgado, é resultante de uma ilação dos fatos comprovados do passado com os fatos probatórios do presente. Por sua vez, a verdade processual jurídica é opinativa, pois o conceito classificatório é sempre impreciso e insuficiente. Além disso, a verdade processual jurídica deve ser produzida na moldura do direito positivo, sem desrespeitar os preceitos da ordem jurídica. Não é a verdade, portanto, que condiciona a validade, mas a validade condiciona a verdade, como verdade normativa, que está convalidada por normas, por ser obtida na observância do sistema normativo.

Partindo da ideia de que as condições para enunciar uma verdade processual dependem do modo pelo qual está formado o sistema legal, Ferrajoli define a verdade processual como uma verdade aproximativa, semelhante à veracidade das teses científicas, em que a noção de não refutabilidade sobrepuja a ideia de comprovação. Sendo assim, a verdade processual é uma verdade aproximada, a despeito do ideal moderno da perfeita correspondência com o mundo empírico, devendo ser entendida como a projeção da razoabilidade, em conformidade com a moldura do direito vigente e com os elementos probatórios trazidos pelos sujeitos processuais para a solução da lide.

De outro lado, a visão mecanicista e silogística de que, no âmbito do processo, o juiz se limita a atualizar a vontade concreta da lei. Isso porque a delimitação semântica da lei exige a prévia atribuição de sentido ao caso concreto, assim como a própria definição do caso concreto requer a consideração da lei. Sendo assim, a jurisdição, após delinear o caso concreto, deve conformar a lei, mormente quando a decisão é prolatada com base nos princípios constitucionais que enunciam a dignidade da pessoa humana e os direitos fundamentais dos cidadãos.

Seguindo ainda a lição de Luiz Guilherme Marinoni[20], pode-se dizer que a interpretação do magistrado produz norma jurídica e que a singularidade da norma criada pelo juiz é a necessidade da sua fundamentação. A jurisdição se define pelo seu dever de concretizar os valores e fins da principiologia constitucional, devendo, pois, considerar as necessidades do direito material controvertido. O controle da subjetividade do julgador requer a necessidade de explicitação da correção da tutela jurisdicional, mediante o exercício de uma argumentação jurídica racional, que utilize recursos metodológicos mais compatíveis como o direito pós-moderno, a exemplo da ponderação/balanceamento dos direitos fundamentais, e o postulado da razoabilidade/proporcionalidade.

---

20 MARINONI, 2005, p. 60.

Desse modo, afirma-se o direito fundamental a uma tutela jurisdicional efetiva e legítima, capaz de incidir sobre a atuação do juiz como diretor do processo, outorgando-lhe o dever de extrair das regras processuais a potencialidade necessária para dar efetividade a qualquer direito material, inclusive aos direitos fundamentais, e, ainda, a obrigação de suprir as lacunas que impedem que a tutela jurisdicional seja prestada de modo efetivo a qualquer espécie de direito. Somente assim a argumentação jurídica será exercida em prol da técnica processual adequada ao direito fundamental à tutela jurisdicional, realizando as exigências em prol de uma vida digna.

8.5. A DIGNIDADE DA PESSOA HUMANA E A INDISSOCIABILIDADE DO DIREITO MATERIAL E DO DIREITO PROCESSUAL

A proposta de uma compreensão unitária das acepções substancial e formal do devido processo legal, como consequência da afirmação da dignidade da pessoa humana e dos direitos fundamentais, contribui decisivamente para a aceitação da indissociabilidade entre o direito material e o direito processual.

Tradicionalmente, a distinção entre direito material e processual tem residido na tradicional dicotomia forma *versus* conteúdo.

Nesse sentido, seguindo os ensinamentos de Antônio Carlos de Araújo Cintra, Ada Pellegrini Grinover e Cândido Rangel Dinamarco[21], pode-se dizer que o direito material é o corpo de normas que disciplinam as relações jurídicas referentes a bens e utilidades da vida, enquanto o direito processual se afigura como o complexo de normas que regem o exercício conjunto da jurisdição pelo Estado, da ação pelo demandante e da defesa pelo demandado.

Parece-nos, contudo, não subsistir ontologicamente tal distinção, seja porque o vocábulo "processo" deve alcançar semanticamente os processos negocial, administrativo ou legislativo, seja porque a exteriorização de qualquer direito exige um procedimento adequado e legítimo, dissolvendo, assim, as supostas fronteiras entre direito substancial e direito processual.

Ademais, como refere Hans Kelsen[22], em todos os escalões do direito positivo as normas são produzidas em conformidade com os parâmetros de validade material (conteúdo) e formal (competência e procedimento), estabelecidos pela nor-

21 ARAÚJO CINTRA, Antônio Carlos de; GRINOVER, Ada Pellegrini; DINAMARCO, Cândido Rangel. **Teoria Geral do Processo**. 14. ed. São Paulo: Malheiros, 1997, p. 40

22 **Teoria Pura do Direito**. São Paulo: Martins Fontes, 1995, p. 221.

matividade jurídica superior, não sendo possível apartar o direito substancial do direito processual.

Se o sistema moral se rege pelo simples postulado estático-material (fundamentação/derivação de conteúdo), o mesmo não pode ser dito em face do sistema jurídico, submetido que está não só ao mencionado postulado, mas também à exigência dinâmico-processual (fundamentação/derivação formal), através do qual o Direito regula sua própria produção. Nesse sentido, o sistema de normas que se apresenta como uma ordem jurídica tem essencialmente um caráter dinâmico. Uma norma jurídica não vale porque tem determinado conteúdo, quer dizer, porque o seu conteúdo pode ser deduzido pela vida de um raciocínio lógico de uma norma fundamental pressuposta, mas porque é criada de uma forma determinada.

Ademais, a construção de uma Teoria Geral do Processo, constitucionalmente adequada e despida do formalismo de sua matriz positivista, exige os contributos de uma Teoria Geral do Direito, o que permite vislumbrar o processo como um meio para a realização dos valores e fins da ordem jurídica, restando umbilicalmente ligados o direito material e o direito processual, abrindo margem para a concretização de princípios que reunificam o conteúdo e a forma do fenômeno jurídico para realizar a justiça, tais como o devido processo legal e a dignidade da pessoa humana.

Com efeito, a principiologia constitucional exerce influência no campo processual, de molde a tornar o processo um fenômeno confiável, efetivo, seguro, célere, parcimonioso, equitativo, visto que o processo deve estar pautado nos princípios constitucionais processuais, bem como nas garantias constitucionais asseguradas ao cidadão, tendentes a materializar o valor da dignidade da pessoa humana e, portanto, o direito justo.

Por mais que o direito processual e o direito material sejam autônomos entre si, eles são, também, harmônicos e possuem, necessariamente, o dever de andarem concomitantemente, visto que um não subsistiria sem o outro. O direito processual e o direito material são, assim, entes indissociáveis, ante a constatação de que o processo figura como um instrumento ético-político, orientado por princípios constitucionais, que visam à realização de uma vida digna.

Conforme assinala Rui Portanova[23], a instrumentalidade do sistema processual é alimentada pela visão do resultado. Assim, deve-se abandonar o aspecto negativo (tradicional) da instrumentalidade que concebe o processo como mero receptáculo do direito substancial, visto que, sob a orientação teleológica, a instrumentalidade

23 **Motivações ideológicas da sentença.** 5. ed. Porto Alegre: Livraria do Advogado, 2003, p. 114.

adquire uma dimensão positiva, voltada para a busca de resultados decisórios socialmente eficazes e legítimos.

Diante da imbricação do processo com a justiça, depreende-se uma íntima aproximação entre o direito processual e o direito material, porquanto o meio para o processo exteriorizar soluções justas para os conflitos de interesse consiste na realização do direito material em face do caso concreto.

Para Kazuo Watanabe[24], do conceptualismo e das abstrações dogmáticas que caracterizam a ciência processual e que lhe deram foros de ciência autônoma partem hoje os processualistas para a busca de um instrumentalismo mais efetivo do processo, dentro de uma ótica mais abrangente de toda a problemática sociojurídica. Não se trata de negar os resultados alcançados pela ciência processual até esta data. O que se pretende é fazer dessas conquistas doutrinárias e de seus melhores resultados um sólido patamar para, com uma visão crítica e mais ampla da utilidade do processo, proceder ao melhor estudo dos institutos processuais – prestigiando ou adaptando ou reformulando os institutos tradicionais, ou concebendo institutos novos –, sempre com a preocupação de fazer com que o processo tenha plena e total aderência à realidade sociojurídica a que se destina, cumprindo sua primordial vocação, a de servir de instrumento à efetiva realização dos direitos. É a tendência ao instrumentalismo que se denominaria substancial em contraposição ao instrumentalismo meramente nominal ou formal.

Nesse sentido, o processo há de ser um instrumento eficaz para o acesso à ordem jurídica justa, de molde a extrair do processo, como instrumento, o máximo de proveito quanto à obtenção dos resultados propostos. Para tanto, exige-se que o processo seja compreendido como uma fórmula institucional fluida e maleável, já que a inflexibilidade e a rigidez são próprias de um formalismo ultrapassado, incompatível com os reclamos de processo socialmente legítimo.

Não é outro o entendimento de José Roberto Bedaque[25], para quem a noção mais importante do direito processual moderno é a de instrumentalidade, no sentido de que o processo constitui instrumento para a tutela do direito substancial. Está a serviço deste, para garantir sua efetividade. A consequência dessa premissa é a necessidade de adequação e adaptação do instrumento ao seu objeto. O processo é um instrumento e, como tal, deve adequar-se ao objeto com que opera. Suas regras técnicas devem ser aptas a servir ao fim que se destinam, motivo pelo qual se pode afirmar ser relativa à autonomia do direito processual.

---

24 **Da cognição no processo civil**. 2. ed. Campinas-SP: Bookseller, 2000, p. 19.

25 BEDAQUE, José Roberto dos Santos. **Direito e processo:** influência do direito material sobre o processo. São Paulo: Malheiros, 1995, p. 14.

Valendo-nos do paradigma do direito processual constitucional, cumpre ainda referir que o princípio do devido processo legal, como corolário da dignidade da pessoa humana, reclama, para sua concretização, uma tutela adequada à realidade de direito material, definindo o procedimento, a espécie de cognição, a natureza do provimento e os meios executórios adequados às vicissitudes da situação controvertida de direito material.

O princípio da adequação do processo compreende dois momentos básicos: a) o pré-jurídico, referente à produção legislativa, porque a própria construção abstrata do procedimento deve ser feita com base nos caracteres do objeto do processo, porquanto um procedimento inadequado ao direito material pode importar verdadeira negação da tutela jurisdicional; b) o processual, possibilitando ao julgador o procedimento de modo a melhor amoldá-lo às peculiaridades da causa.

Como assinala Galeno Lacerda[26], o princípio da adequação do processo à situação substancial resgata o valor do procedimento, durante muito tempo esquecido pela moderna Ciência Processual, permitindo vislumbrar o processo como uma série coordenada de atos, teleologicamente organizada, desenvolvida a partir de uma relação jurídica que vincula os sujeitos processuais. A realização das finalidades do processo exige, portanto, a manipulação de formas adequadas para a exteriorização dos valores e fins maiores da ordem jurídica, especialmente quando se trata de direitos fundamentais.

Assim, a busca dessa ordem jurídica justa tem estreita relação com o devido processo legal. Isso porque o *due process of law* deve oferecer o meio e o fim para a concretização de um direito justo. Se, de um lado, prevê os caminhos procedimentais para a obtenção de uma solução justa, de outro lado, configura a própria solução justa almejada, porque compatível com os padrões ético-sociais de uma dada sociedade.

Sendo assim, na pós-modernidade, o devido processo legal figura como uma cláusula de abertura do sistema constitucional-processual na materialização de resultados formal e substancialmente justos. Essa amplitude de meio e de resultado é que caracteriza a cláusula principiológica do devido processo legal nas sociedades contemporâneas, definindo o perfil democrático do processo brasileiro na obtenção de decisões jurídicas mais efetivas e legítimas, capazes de materializar a dignidade da pessoa humana e os direitos fundamentais.

---

26 O Código como sistema legal de adequação do processo. **Revista do Instituto dos Advogados do Rio Grande do Sul – Comemorativa do Cinquentenário**, Porto Alegre, 1976, p. 164.

8.6. A DIGNIDADE DA PESSOA HUMANA E A NOVA PROCEDIMENTALIZAÇÃO DO DIREITO

Diante da constatação de que o devido processo legal deve ser compreendido e operacionalizado com base no princípio da dignidade da pessoa humana, a procedimentalização do direito adquire um sentido menos formalista, à medida que os procedimentos se articulam com os princípios enunciadores dos direitos fundamentais.

Desenvolvendo essa linha de raciocínio, merece registro a obra de Robert Alexy, surgida no cenário germânico, a qual se propõe a examinar as possibilidades de uma racionalização discursivo-procedimental para o direito justo, capaz de garantir a justiça como a correção argumentativa das proposições jurídicas.

Com efeito, Alexy[27] parte de uma teoria da argumentação prática geral que ele projeta para o campo do direito. O resultado é considerar o discurso jurídico como um caso especial do discurso prático geral da moralidade. Valendo-se da contribuição de Habermas, entende ele que as questões prático-morais, incluindo as jurídicas, podem ser decididas por meio da razão, por meio da força do melhor argumento, e que o resultado do discurso prático pode ser racionalmente motivado, a expressão de uma vontade racional ou um consenso justificado, razão pela qual as questões práticas são suscetíveis de verdade e, portanto, de justiça.

O discurso jurídico figura como um caso especial do discurso prático geral, porque são debatidas questões práticas, erige-se uma pretensão de correção, associada à ideia de justiça, e isso se faz dentro de determinados limites. O discurso jurídico não pretende sustentar que determinada proposição seja mais racional, mas, em verdade, que ela pode ser fundamentada racionalmente na moldura do ordenamento jurídico vigente. Se, por um lado, o procedimento do discurso jurídico se define pelas regras e formas do discurso prático geral, por outro lado, é influenciado pelas regras e formas específicas do discurso jurídico, que exprimem, sinteticamente, a sujeição à lei, aos precedentes judiciais e à Ciência do Direito.

Para Alexy[28], existiriam seis grupos de regras ou formas procedimentais do discurso prático racional, aplicáveis ao discurso jurídico:

a) as regras fundamentais, cuja validade é condição para qualquer comunicação linguística, quer se trate de verdade, quer de correção, isto é, aplicam-se tanto ao discurso teórico quanto ao discurso prático. São elas: Nenhum falante pode contradizer-se (princípio da não contradição); Todo falante só pode afirmar aquilo em

27 ALEXY, Robert. **Teoria da argumentação jurídica**. São Paulo: Landy, 2001, p. 211.

28 ALEXY, 2001, p. 293.

que crê (princípio da sinceridade); Todo falante que aplique um predicado a um objeto ou afirme juízos de valor ou imputativos, deve estar disposto a aplicar esse predicado também a qualquer outro objeto ou a todas as situações iguais, em seus aspectos relevantes (princípio da universalidade); Falantes diferentes não podem usar a mesma expressão com sentidos diferentes (princípio do uso comum da linguagem);

b) as regras da razão, que definem as condições mais importantes da racionalidade do discurso. Com relação às questões práticas, essas regras só são cumpridas de modo aproximado: elas referem um ideal (situação ideal de fala habermasiana), do qual devem aproximar-se por meio da prática e de medidas organizadoras. São elas: Todo falante deve fundamentar o que afirma (regra geral de fundamentação); Quem pode falar pode participar do discurso (igualdade de direitos); Todos podem problematizar ou introduzir qualquer asserção no discurso (universalidade); A nenhum falante se pode impedir de exercer, mediante coerção interna ou externa ao discurso, seus direitos inerentes ao diálogo (não coerção);

c) as regras sobre a carga da argumentação, cujo sentido é facilitar e dinamizar a argumentação. São elas: Quem pretende tratar uma pessoa A de maneira diferente da pessoa B deve fundamentar isso; Quem ataca uma proposição ou uma norma que não é objeto da discussão deve dar uma razão para isso; Quem apresentou um argumento só está obrigado a dar mais argumentos em caso de contra-argumentos; Quem introduz, no discurso, uma nova asserção tem, se isso lhe é pedido, de fundamentar por que introduziu essa afirmação ou manifestação;

d) as formas de argumento específicas do discurso prático. Alexy parte de que há duas maneiras de fundamentar um enunciado normativo singular (N): por referência a uma regra (R) ou então assinalando-se as consequências de N (F, de *Folge* – consequência). Se é seguida a primeira via, além da regra, deve-se pressupor um enunciado de fato que descreve as condições de aplicação dela (T, de *tatsache* – caso concreto). Se for seguida a segunda via, é preciso subentender também a existência de uma regra que diz que a produção de certas consequências é obrigatória ou é algo bom. Trata-se de subformas de uma forma geral de argumento que estabelece que um enunciado normativo qualquer é fundamentado apresentando-se uma regra de qualquer nível e uma razão (G, de *Ground* – razão, fundamento), o que se assemelha ao esquema básico de Toulmin: G-R-N;

e) as regras de fundamentação, que dizem respeito às características da argumentação prática e regulam como levar a cabo a fundamentação por meio das formas anteriores. São elas: A pessoa que afirma uma proposição normativa deve poder aceitar as consequências dessa regra também no caso hipotético de que ela se encontrasse na situação daquelas pessoas (princípio da troca de papéis); As consequências de cada regra para a satisfação dos interesses de cada um devem poder ser aceitas por todos (princípio do consenso); Toda regra deve poder ser ensinada de forma aberta e geral (princípio da publicidade); As regras morais devem poder passar na prova da sua gênese histórico-crítica, permanecendo passível de justificação racional ao longo do tempo; As regras morais devem poder passar na prova da sua gênese histórico-individual, quando estabelecidas sobre a base de condições de socialização justificáveis;

f) as regras de transição, que dizem respeito ao uso de outras formas de discurso para a resolução dos problemas do discurso prático. São elas: Para qualquer falante e em qualquer momento, é possível passar para um discurso teórico (empírico); Para qualquer falante e em qualquer momento, é possível passar para um discurso de análise de linguagem; Para qualquer falante e em qualquer momento, é possível passar para um discurso de teoria do discurso.

Segundo Alexy, as regras do discurso prático geral mencionadas não garantem, contudo, que se possa alcançar um acordo para cada questão prática (problema de conhecimento), isso porque elas só podem ser utilizadas de modo aproximado; nem todos os passos da argumentação estão determinados; todo discurso depende das convicções normativas dos participantes, que são históricas e, portanto, variáveis; ainda segundo Alexy, as aludidas regras do discurso prático geral também não garantem que, caso se alcançasse esse acordo, todo mundo estaria disposto a segui-lo (problema de cumprimento). Essa dupla limitação das regras do discurso prático suscita a necessidade de estabelecer um sistema jurídico que sirva, em certo sentido, para preencher tal lacuna de racionalidade.

Divisam-se ainda três tipos de procedimentos, a ser acrescidos ao procedimento do discurso prático geral, regulado pelas regras anteriores. O primeiro procedimento é a criação estatal das normas jurídico-positivas, o que permite selecionar algumas das normas discursivamente possíveis, afastando o risco da incompatibilidade normativa. Entretanto, nenhum sistema normativo é capaz de garantir que todos os casos sejam resolvidos de forma puramente lógica, por diversos motivos: indefinição da linguagem jurídica; imprecisão das regras do método jurídico e impossibilidade de prever todos os casos possíveis. Justifica-se, assim, um segundo procedimento, chamado de argumentação jurídica ou discurso jurídico, que, no entanto, não proporciona sempre uma única resposta correta para cada caso. É preciso, então, um novo procedimento, chamado de processo judicial, a fim de restar, mediante a tomada de decisão, apenas uma resposta entre as discursivamente possíveis.

Ademais, Alexy[29] distingue dois aspectos na justificação das decisões jurídicas – a justificação interna e a justificação externa –, de maneira que há, também, dois tipos de regras e formas do discurso jurídico.

29 ALEXY, 2001, p. 211.

No que se refere à justificação interna, para a fundamentação de uma decisão jurídica, deve-se apresentar pelo menos uma norma universal. A decisão jurídica deve ser seguida logicamente de, pelo menos, uma norma universal, junto com outras proposições. Torna-se, contudo, insuficiente nos casos complicados, nos quais não se pode efetuar diretamente a inferência dedutiva. Então, é preciso recorrer a um modo de justificação interna, que estabeleça diversos passos de desenvolvimento, de maneira que a aplicação da norma ao caso já não seja discutível. É preciso, assim, articular o maior número possível de passos de desenvolvimento discursivo.

Por outro lado, a justificação externa se refere à justificação das premissas. Estas podem ser: regras de direito positivo, enunciados empíricos (máximas da presunção racional e regras processuais da importância da prova) e um terceiro tipo de enunciados (reformulações de normas), para cuja fundamentação é preciso recorrer à argumentação jurídica. Distinguem-se, também, seis grupos, já incluindo as regras e formas da argumentação prática geral, e a regra pela qual se pode, em qualquer momento, passar da argumentação a um discurso empírico.

Outrossim, Alexy[30] divisa ainda seis grupos de argumentos interpretativos: semânticos, genéticos, teleológicos, históricos, comparativos e sistemáticos. As formas anteriores de interpretação se revelam frequentemente incompletas, daí resultando saturada toda forma de argumento que se deva incluir entre os cânones da interpretação. Formulam-se também regras de argumentação dogmática, a saber: caso seja posto em dúvida, todo enunciado dogmático deve ser fundamentado mediante o emprego de, pelo menos, um argumento prático de tipo geral; todo enunciado dogmático deve ser bem-sucedido numa comprovação sistemática, tanto no sentido estrito quanto no sentido amplo; se são possíveis os argumentos dogmáticos, eles devem ser usados.

Por sua vez, o uso do precedente justifica-se, do ponto de vista da teoria do discurso, porque o campo do discursivamente possível não poderia ser preenchido com decisões mutáveis e incompatíveis entre si. O uso do precedente significa aplicar uma norma e, nesse sentido, é mais uma extensão do princípio da universalidade. Eis as regras: quando se puder citar um precedente a favor ou contra uma decisão, isso deve ser feito; quem quiser afastar-se de um precedente assume a carga da argumentação.

Ademais, verificam-se três formas de argumentos jurídicos usados especialmente na metodologia jurídica, casos especiais do discurso prático geral: o argumento *a contrario sensu* (esquema de inferência válido logicamente), a analogia (exigência do princípio da universalidade) e a redução ao absurdo (consideração das consequências). Do mesmo modo que ocorre com os cânones interpretativos, o uso dessas

30 ALEXY, 2001, p. 297.

formas só é racional na medida em que sejam saturadas e os enunciados inseridos na saturação possam ser fundamentados no discurso jurídico.

De outro lado, a teoria da argumentação jurídica só revela todo o seu valor prático quando se afigura capaz de unir dois modelos diferentes de sistema jurídico: o procedimental e o normativo. O primeiro representa o lado ativo, composto de quatro procedimentos (discurso prático geral, criação estatal do direito, discurso jurídico e processo judicial). O segundo é o lado passivo, constituído por regras e princípios. Esse modelo de Direito tridimensional (regras, princípios e procedimentos) não permite atingir sempre uma única resposta correta para cada caso concreto, mas, em contrapartida, potencializa um maior grau de racionalidade prática para a obtenção do direito justo.

Sobre a principiologia jurídica, leciona Robert Alexy[31] que a diferença entre regras e princípios não reside simplesmente numa diferença de grau, e sim de tipo qualitativo ou conceitual. Para ele, as regras são normas que exigem um cumprimento pleno e, desse modo, podem apenas ser cumpridas ou descumpridas. Se uma regra é válida, então é obrigatório fazer precisamente o que ela ordena, nem mais nem menos. As regras contêm determinações no campo do que é fática e juridicamente possível. A forma característica de aplicação das regras é, por isso, a subsunção. Os princípios, contudo, são normas que ordenam a realização de algo na maior medida possível, relativamente às possibilidades jurídicas e fáticas. As normas principiológicas figuram, por conseguinte, como mandados de otimização, podendo ser cumpridos em diversos graus. A forma característica de aplicação dos princípios é, portanto, a ponderação.

Como bem refere Atienza[32], embora não seja possível construir uma teoria dos princípios que os coloque numa hierarquia estrita, Alexy concebe uma ordem procedimental frouxa entre eles, que permita sua aplicação ponderada (de maneira que sirvam como fundamento para decisões jurídicas), e não o seu uso puramente arbitrário (como ocorreria se eles não passassem de um inventário de *topoi*). Esse novo procedimento flexível se compõe dos seguintes três elementos: a) um sistema de condições de prioridade, que fazem com que a resolução das colisões entre os princípios, num caso concreto, também tenha relevo para novos casos. As condições sob as quais um princípio prevalece sobre outro formam o caso concreto de uma regra que determina as consequências jurídicas do princípio prevalecente; b) um sistema de estruturas de ponderação que derivam da natureza dos princípios como mandados

31 ALEXY, 2001, p. 248.

32 ATIENZA, Manuel. **As razões do direito:** teorias da argumentação jurídica. São Paulo: Landy, 2003, p. 182.

de otimização; c) um sistema de prioridades *prima facie*: a prioridade estabelecida de um princípio sobre outro pode ceder no futuro, mas quem pretende modificar essa prioridade se encarrega da importância da prova.

Como se infere do pensamento de Robert Alexy[33], descortina-se um traço característico dos ordenamentos jurídicos contemporâneos: a procedimentalização do direito. Ao desenvolver uma proposta de racionalidade procedimental-discursiva para o direito, Alexy tornou possível vislumbrar o procedimento como verdadeiro direito fundamental, cuja realização oportuniza a dinamização de um espaço comunicativo necessário para o exercício da dignidade da pessoa humana e dos demais direitos fundamentais.

A fórmula procedimental emerge, assim, como uma alternativa democrática e racional para dar conta dos problemas cada vez mais complexos que as sociedades atuais apresentam, já que implica a solução dos problemas pelo envolvimento dos interessados num debate dialético, voltado para a efetivação dos valores constitutivos de uma existência digna.

Conforme o magistério autorizado de Willis Guerra[34], diante da complexidade do mundo pós-moderno, as soluções melhores dos problemas hão de surgir do confronto entre opiniões divergentes, desde que se parta de um consenso básico – a possibilidade de chegar a um consenso mútuo, sem ideias preconcebidas. A procedimentalização se mostra como a resposta adequada ao desafio principal do Estado Democrático de Direito, de atender a exigências sociais, garantindo a participação coletiva e a liberdade dos indivíduos, pois não se impõem medidas sem antes estabelecer um espaço público para sua discussão, pela qual os interessados deverão ser convencidos da conveniência de perseguir certo objetivo e da adequação dos meios a serem empregados para atingir essa finalidade.

Sendo assim, os procedimentos jurídicos (*v.g.*, legislativo, eleitoral, negocial, administrativo, jurisdicional) adquirem uma narratividade emancipatória, em plena consonância com os movimentos sociais, culturais e econômicos de reivindicação da dignidade da pessoa humana e dos direitos fundamentais. Daí sobreleva a importância do Poder Judiciário na tomada de decisões sobre interesses coletivos e conflitos interindividuais, muitas vezes não regulamentados de forma suficiente. Para tanto, é imperioso aperfeiçoar a cidadania ativa, com instrumentos processuais como as ações coletivas (ação popular e ação civil pública) e mesmo ações diretas de inconstitucio-

33 **Teoría de los derechos fundamentales**. Madrid: CEPC, 2002, p. 455.

34 GUERRA FILHO, Willis S. **Autopoiese do direito na sociedade pós-moderna**. Porto Alegre: Livraria do Advogado, 1997a, p. 71.

nalidade, bem como reconfigurar institutos tradicionais como a legitimidade de agir, garantindo a participação de sujeitos coletivos ou permitindo a formulação de interpretações jurídicas pelos diversos segmentos da sociedade (pluralismo jurídico) e a própria coisa julgada (vinculação para casos futuros semelhantes e possibilidade de modificação, diante da experiência adquirida em sua aplicação).

Em face de tudo quanto foi exposto, verifica-se que a observância dos procedimentos, combinada com a otimização valorativa dos princípios jurídicos, afigura-se como o caminho mais seguro para a fundamentação correta das proposições jurídicas, de molde a oferecer, no plano da argumentação discursiva, uma adequada proposta de concretização da dignidade da pessoa humana e, portanto, de um direito justo, harmonizando a legalidade e a legitimidade como pilares do Estado Democrático de Direito.

Capítulo

9 A materialização do direito justo no pós-positivismo brasileiro: a aplicação da dignidade da pessoa humana pela jurisprudência do Supremo Tribunal Federal

Como já examinado anteriormente, uma das mais importantes dimensões da semiótica jurídica é a dimensão pragmática, que cuida do uso efetivo das mensagens veiculadas pelo sistema normativo.

No plano da pragmática jurídica, em se tratando da interpretação do princípio constitucional da dignidade da pessoa humana, torna-se necessário neutralizar a carga emotiva, presente em qualquer discussão irracional sobre o sentido de uma vida digna, para verificar o efetivo uso concedido pelos intérpretes à expressão linguística "dignidade da pessoa humana", cuja materialização varia em conformidade com o contexto histórico-cultural e com as especificidades do caso concreto.

Ao decodificar a expressão linguística estampada no modelo normativo, o intérprete opera verdadeira paráfrase, reconstruindo o discurso jurídico, pois, como a ordem jurídica não fala por si só, o hermeneuta exterioriza os seus significados por meio de uma atividade compreensiva e, pois, aberta aos fatos e valores incidentes no caso concreto. São essas pautas axiológicas que modulam a amplitude da paráfrase interpretativa, possibilitando ao intérprete a eleição do sentido normativo mais adequado e justo para as circunstâncias do caso concreto. Somente assim a decisão garante a persuasão da comunidade jurídica e a correlata decidibilidade dos conflitos sociais.

Segundo Tercio Sampaio[1], ao se utilizar de seus métodos, a hermenêutica jurídica identifica o sentido da norma, dizendo como ele deve ser – o chamado dever ser

1 FERRAZ JÚNIOR, Tercio Sampaio. **Introdução ao estudo do direito**: técnica, decisão e dominação. São Paulo: Atlas, 1994, p. 282.

ideal. Ao fazê-lo, porém, não cria um sinônimo para o símbolo normativo, mas realiza uma paráfrase, isto é, uma reformulação de um texto cujo resultado é um substituto mais persuasivo, pois exarado em termos mais convenientes. Assim, a paráfrase interpretativa não elimina o texto, pondo outro em seu lugar, mas o mantém de uma forma mais conveniente.

Sendo assim, interpretar significa, do ponto de vista semiótico, descobrir o sentido e o alcance dos signos normativos, procurando a significação dos conceitos jurídicos. O operador do direito, ao aplicar a norma ao caso *sub judice*, a interpreta, pesquisando o seu significante. Isso porque a letra da norma permanece, mas seu sentido se adapta a mudanças que a evolução e o progresso operam na vida social.

Com efeito, a interpretação jurídica implica selecionar possibilidades comunicativas da complexidade discursiva do ordenamento jurídico, razão pela qual o intérprete deverá utilizar o conhecimento das regras de controle das combinatórias possíveis (regras sintáticas), de controle da denotação e conotação (regras semânticas) e, sobretudo, de controle das funções (regras pragmáticas), para melhor compreender o sentido do respeito à vida digna, como expressão de um direito justo.

Como não se pode determinar uma única e absoluta definição de dignidade da pessoa humana, mas, em verdade, diversas conformações de direito justo, a depender das singularidades de cada caso concreto, o problema da delimitação do sentido de uma existência digna deve ser vislumbrado não somente no campo semântico, senão também no plano pragmático do uso da linguagem jurídica, no âmbito concreto das lides ou conflitos de interesse. Isso porque o exame da dialética concreta de interpretações e argumentações que movimenta o processo jurisdicional possibilita delimitar, com alguma razoabilidade, o consenso momentâneo e pontual sobre o significado conferido por uma dada comunidade jurídica, por meio dos tribunais, ao cânone ético-jurídico da dignidade da pessoa humana.

Não é outro o entendimento perfilhado por Thomas Fleiner[2], quando afirma, categoricamente, que a proteção à dignidade e aos direitos humanos não deve ser confiada somente às autoridades políticas, visto que juízes independentes, dotados de competências constitucionais, podem garantir que parlamentares, governantes, funcionários públicos e particulares não abusem de suas prerrogativas, assumindo a magistratura enorme relevância na concretização e salvaguarda de uma existência digna.

Sendo assim, no plano dialógico e intersubjetivo da pragmática jurídica, por meio do exame da concretização jurisprudencial dos valores e fins positivados em dado sistema jurídico, será possível delinear uma tábua mínima de valores mediante

2 **O que são direitos humanos?** São Paulo: Max Limonad, 2003, p. 151.

a qual potencialize a realização do direito justo pela otimização do uso progressista do princípio da dignidade da pessoa humana.

No sistema jurídico brasileiro, esse esforço pragmático demanda a análise crítica do direito vivo e concreto produzido pela jurisprudência pátria, tendo em vista, sobretudo, o modo com que o Supremo Tribunal Federal, enquanto guardião da Constituição Federal, vem interpretando e aplicando o princípio constitucional da dignidade da pessoa humana para a tutela e promoção dos direitos fundamentais dos cidadãos.

Com efeito, a jurisprudência do Supremo Tribunal Federal, no período ulterior à promulgação da Carta Magna de 1988, passou a invocar, reiteradamente, o princípio constitucional da dignidade da pessoa humana, como fundamento para efetivação de inúmeros direitos fundamentais, englobando diversos ramos jurídicos, tanto na esfera das relações públicas quanto no âmbito das interações mantidas entre agentes privados.

Saliente-se, ainda, que essa construção pretoriana da Corte Constitucional vem, também, levando em conta a necessidade da especial tutela das vulnerabilidades de grupos ou sujeitos minorizados, possibilitando, assim, a fixação de importantes marcos normativos para a afirmação de uma cidadania mais efetiva, plural e inclusiva, pressuposto para a substancialização de um verdadeiro Estado Democrático de Direito.

Como bem salienta Luís Roberto Barroso[3], a invocação da dignidade da pessoa humana pela jurisprudência pátria tem ocorrido como reforço argumentativo de algum outro preceito normativo. Isso ocorre porque, com o grau de minudência da Constituição brasileira, dotada de extenso catálogo de direitos fundamentais, muitas das situações que em outros sistemas jurídicos implicam a necessidade de uso mais abstrato do princípio da dignidade da pessoa humana, no ordenamento jurídico nacional já se encontram disciplinadas em princípios ou regras que apresentam maior especificidade. No plano do neoconstitucionalismo brasileiro, as principais hipóteses de incidência do princípio da dignidade da pessoa humana manifestam-se em casos de polissemia da linguagem normativa, de lacunas jurídicas, de colisões entre direitos fundamentais e/ou nos problemas que envolvem um desacordo moral razoável.

Nesse sentido, mesmo considerando a multiplicidade de usos hermenêuticos da dignidade da pessoa humana, convém elencar alguns julgamentos emblemáticos da

3 BARROSO, Luís Roberto. **A dignidade da pessoa humana no direito constitucional contemporâneo:** a construção de um conceito jurídico à luz da jurisprudência mundial. Belo Horizonte: Fórum, 2013, p. 115-116.

Corte Constitucional referentes à concretização desse relevante princípio ético-jurídico, que reforçam as características e diretrizes do paradigma pós-positivista, sem embargo de outros valiosos e ilustrativos precedentes firmados pelo Pretório Excelso nas últimas décadas.

Dessa forma, cumpre examinar alguns importantes casos julgados pela Corte Constitucional.

O Supremo Tribunal Federal já entendeu ser a dignidade da pessoa humana um limite ético-jurídico para o exercício do direito fundamental de liberdade de expressão, ao examinar um caso referente à publicação de livro de caráter antissemita, que fazia apologia de ideias preconceituosas e discriminatórias contra a comunidade judaica. O Pretório Excelso entendeu configurar-se crime de racismo, a teor do art. 5º, XLII, da Constituição Federal de 1988, considerando que, com o mapeamento do genoma, cientificamente, não restariam diferenças biológicas entre os seres humanos. Em verdade, a discriminação racial dos seres humanos resultaria de um processo político-social. O fundamento segregacionista da ideologia nazista era de que os judeus e os arianos formariam raças distintas, afrontando os padrões ético-jurídicos do sistema jurídico pátrio, que se funda no Estado Democrático de Direito, na dignidade do ser humano e na paz social. Ademais, segundo a Alta Corte, o Brasil aderiu a tratados e acordos internacionais, que repudiam quaisquer distinções oriundas de raça, etnia, credo, descendência ou origem. A edição de obras escritas que veiculam ideias antissemitas, baseadas na pretensa inferioridade do povo judeu, equivaleria à incitação ao racismo, com os efeitos penais decorrentes. Segundo a Corte Constitucional, a liberdade de expressão não se revelaria absoluta, porquanto os direitos humanos fundamentais não seriam incondicionais, jamais se podendo ocultar da memória dos povos aqueles eventos pretéritos que permitiram a expansão de discursos de ódio por motivos raciais. Por fim, a ausência de prescrição nos crimes de racismo figura como alerta para as gerações, a fim de que se evite o retorno desses ultrapassados conceitos, hoje repelidos fortemente pela consciência ético-jurídica[4].

Do mesmo modo, o Supremo Tribunal Federal utilizou o princípio da dignidade da pessoa humana como fundamento ético-jurídico para apreciar a constitucionalidade do marco legal da biossegurança – Lei n. 11.105/2005 –, entendendo que não caberia ao STF decidir sobre a prevalência da pesquisa com células-tronco adultas ou aquela incidente sobre células-tronco embrionárias. Segundo o Pretório Excelso, a pesquisa científica com células-tronco embrionárias objetivaria a cura de patologias,

---

4 HC 82.424, rel. Moreira Alves, rel. p/ o ac. Maurício Corrêa, Tribunal Pleno, j. 17-9-2003, *DJ* de 19-3-2004, pp-00024, *Ement*. vol-02144-03, pp-00524.

não significando um desprezo pelo embrião *in vitro*, mas, ao revés, uma disposição fraterna em favor da saúde. Nesse sentido, a Corte Constitucional entendeu inexistirem ofensas ao direito à vida e à dignidade da pessoa humana, pois a pesquisa com células-tronco embrionárias significaria a celebração solidária de uma vida digna e feliz. A Carta Magna de 1988 não teria disciplinado o início da vida humana, indicando, pois, a atribuição desse poder normativo para a legislação ordinária. O embrião regulado na Lei de Biossegurança não seria uma vida a caminho de outra vida virginalmente nova, porquanto lhe faltaria possibilidades de desenvolver as primeiras terminações nervosas, sem as quais o ser humano não tem factibilidade enquanto de vida autônoma. O embrião, antes do implante, seria um bem a ser protegido, mas não uma pessoa no sentido biográfico. A Lei de Biossegurança não autorizaria, contudo, extirpar do corpo feminino esse ou aquele embrião, e tampouco interromper gravidez humana. A decisão por uma descendência ou filiação traduziria o direito ao planejamento familiar, fundamentado este nos princípios da dignidade humana e da paternidade responsável. A opção do casal por um processo *in vitro* de fecundação artificial de óvulos é implícito direito de idêntica matriz constitucional, sem acarretar para esse casal o dever jurídico do aproveitamento reprodutivo de todos os embriões eventualmente formados e que se revelem geneticamente viáveis. Conforme a Corte Constitucional, o princípio da dignidade da pessoa humana ofereceria o suporte constitucional para um casal de adultos recorrer a técnicas de reprodução assistida conducentes à fertilização artificial. O recurso a processos de fertilização artificial não implicaria o dever da tentativa de nidação no corpo da mulher de todos os óvulos afinal fecundados. Para que ao embrião *in vitro* fosse reconhecido o pleno direito à vida, necessário seria reconhecer a ele o direito a um útero. A saúde, positivada como um dos direitos sociais (art. 6º), e também como o primeiro dos direitos constitutivos da seguridade social (art. 194), é direito de todos e dever do Estado (art. 196, *caput*), garantida mediante ações e serviços de pronto qualificados como de relevância pública (art. 197). A Lei de Biossegurança oportunizaria o encontro do direito à saúde com a própria ciência. A regra de que o Estado promoverá e incentivará o desenvolvimento científico, a pesquisa e a capacitação tecnológicas (art. 218, *caput*) restaria complementada com o preceito (art. 218, § 1º) que autoriza a edição de normas, como a constante do art. 5º da Lei de Biossegurança. Assegurada, sempre, a dignidade da pessoa humana, a Constituição Federal de 1988 dotaria o conjunto normativo posto no art. 5º da Lei n. 11.105/2005 do necessário fundamento para dele afastar qualquer invalidade jurídica, tendo em vista o pressuposto da intrínseca dignidade da existência humana, concreta ou potencial[5].

5 ADI 3.510, rel. Ayres Britto, Tribunal Pleno, j. 29-5-2008, *DJe*-096, Divulg. 27-5-2010, Public. 28-5-2010, *Ement.* vol-02403-01, pp-00134, *RTJ* vol-00214-01, pp-00043.

A seu turno, o Supremo Tribunal Federal se valeu do princípio da dignidade da pessoa humana para sanar omissão estatal e validar a intervenção judicial concretizadora do direito à educação infantil, que assegura às crianças, para efeito de seu desenvolvimento integral, o atendimento em creche e o acesso à pré-escola (art. 208, IV, da CF/88). Conforme entendimento da Corte Constitucional, tal prerrogativa jurídica estabeleceria a obrigação estatal de criar condições que possibilitem, de maneira concreta, em favor das crianças até 5 anos de idade, o efetivo acesso e atendimento em creches e unidades de pré-escola. Dessa forma, a educação infantil não se exporia, em seu processo de concretização, a avaliações meramente discricionárias da Administração Pública, e tampouco se submeteria ao pragmatismo governamental. Segundo a Corte Constitucional, embora reste inquestionável que caiba, primariamente, aos Poderes Legislativo e Executivo a prerrogativa de formular e executar políticas públicas, seria possível, todavia, ao Poder Judiciário, excepcionalmente, determinar o seu implemento, sempre que os órgãos estatais competentes viessem a comprometer, com a sua omissão, a eficácia e a integridade de direitos sociais. Logo, o ativismo judicial, notadamente na área da educação infantil, objetivaria neutralizar os efeitos lesivos, decorrentes da omissão estatal. A escassez de recursos públicos instauraria situações de conflito, que impõem, ao Estado, o encargo de superá-los mediante opções por determinados valores, compelindo o Poder Público, ante a insuficiência de disponibilidade financeira e orçamentária, a realizar verdadeiras escolhas trágicas, em decisão governamental cujo parâmetro, fundado na dignidade humana, deverá observar a intangibilidade do mínimo existencial. De acordo com a Corte Constitucional, a cláusula da reserva do possível encontraria insuperável obstáculo na garantia constitucional do mínimo existencial, expressão da dignidade da pessoa humana. Por sua vez, o princípio da proibição do retrocesso social, incidente no direito à educação, impediria que fossem desconstituídas as conquistas já alcançadas pelo cidadão ou pela comunidade, obstaculizando que os níveis de concretização de tais prerrogativas fossem reduzidos ou suprimidos, porquanto o Estado, reconhecidos os direitos prestacionais, cumpriria os deveres não somente de torná-los efetivos, mas, também, de preservá-los, abstendo-se de frustrar os direitos sociais concretizados[6].

De outro lado, o Supremo Tribunal Federal, com base em hermenêutica aberta, prospectiva e humanista, tutelou o direito fundamental à orientação sexual, tendo já assegurado a plena legitimidade ético-jurídica da união homoafetiva como entidade familiar, atribuindo-lhe verdadeiro estatuto de cidadania, a fim de possibilitar relevantes efeitos jurídicos, notadamente no plano previdenciário e, também, no campo

---

6 ARE 639.337 AgR, rel. Celso de Mello, Segunda Turma, j. 23-8-2011, *DJe*-177, Divulg. 14-9-2011, Public. 15-9-2011, *Ement*. vol-02587-01, pp-00125.

das relações familiares. Deveras, a extensão do mesmo regime jurídico aplicável à união estável entre pessoas de gêneros distintos restaria justificado pela aplicação dos princípios constitucionais da dignidade humana, da igualdade, da liberdade, da segurança jurídica e da busca da felicidade. Logo, toda pessoa teria o direito fundamental de constituir família, independentemente de sua orientação sexual ou de identidade de gênero. A família resultante da união homoafetiva não poderia sofrer discriminação, cabendo-lhe os mesmos direitos, prerrogativas, benefícios e obrigações que se mostrassem acessíveis a uniões heteroafetivas. Conforme a Corte Constitucional, cumpriria à ordem jurídica valorizar o afeto como valor jurídico, inspirando a formulação de novo conceito de família. O postulado da dignidade da pessoa humana, dotado de significativo vetor interpretativo, traduziria um dos fundamentos da ordem republicana e democrática. Por sua vez, o princípio constitucional da busca da felicidade, resultante desse postulado da dignidade humana, assumiria papel de extremo relevo no processo de afirmação, gozo e expansão dos direitos fundamentais, neutralizando práticas ou omissões lesivas cuja ocorrência possa comprometer, afetar ou esterilizar direitos individuais. A proteção das minorias e dos grupos vulneráveis se revelaria como fundamento imprescindível para a legitimação do Estado Democrático de Direito. Para a Corte Constitucional, incumbiria ao STF desempenhar função contramajoritária, a fim de conferir efetiva proteção às minorias contra excessos ou omissões dos grupos majoritários. Nesse diapasão, a força normativa da principiologia constitucional e o fortalecimento da jurisdição constitucional seriam elementos integrantes do novo paradigma do neoconstitucionalismo[7].

Por sua vez, o Pretório Excelso também se amparou no uso do princípio da dignidade da pessoa humana para examinar a constitucionalidade da Lei n. 12.990/2014, que reserva a pessoas negras 20% das vagas oferecidas nos concursos públicos para provimento de cargos efetivos e empregos públicos no âmbito da Administração Pública Federal direta e indireta. Inicialmente, a Corte Constitucional entendeu que a desequiparação promovida por essa política de ação afirmativa está em consonância com o princípio da isonomia, tendo em vista a necessidade de superar o racismo, estrutural e institucional, bem como garantir a isonomia material entre os cidadãos, por meio da distribuição equitativa de bens sociais e da promoção do reconhecimento da população afrodescendente. Ademais, considerou o Supremo Tribunal Federal não haver ofensa aos princípios do concurso público e da eficiência, porquanto a reserva de vagas para negros não os isentaria da aprovação no concurso público. Como qualquer outro candidato, o beneficiário da política deveria alcançar a nota necessária para que fosse considerado apto a exercer, de forma ade-

7 RE 477.554 AgR, rel. Celso de Mello, Segunda Turma, j. 16-8-2011, *DJe*-164, Divulg. 25-8-2011, Public. 26-8-2011, *Ement*. vol-02574-02, pp-00287, *RTJ* vol-00220-01, pp-00572.

quada e eficiente, o cargo em questão. Além disso, a incorporação do fator "raça" como critério de seleção, em vez de comprometer o princípio da eficiência, contribuiria para sua realização, criando uma burocracia representativa, capaz de garantir que os interesses de toda população sejam considerados na tomada de decisões estatais. Em terceiro lugar, a medida observaria o princípio da proporcionalidade. A existência de uma política de cotas para o acesso de negros à educação superior não tornaria a reserva de vagas nos quadros da Administração Pública desnecessária ou desproporcional em sentido estrito. Ademais, a Corte Constitucional entendeu legítima a utilização, além da autodeclaração, de critérios subsidiários de heteroidentificação, resguardada a dignidade da pessoa humana e garantidos o contraditório e a ampla defesa[8].

Outrossim, a Corte Constitucional, com base no princípio da dignidade da pessoa humana, reconheceu a impossibilidade de discriminação e hierarquização entre espécies de filiação. Com efeito, o Pretório Excelso considerou que a família, à luz dos preceitos introduzidos pela Carta Magna de 1988, apartou-se definitivamente da vetusta distinção entre filhos legítimos, legitimados e ilegítimos que informava o Código Civil de 1916, cujo regramento legal, baseado na centralidade do casamento, desconsiderava tanto o critério biológico quanto o afetivo. A família reclamaria a reformulação do tratamento jurídico dos vínculos parentais à luz do princípio da dignidade humana e da busca da felicidade. A superação de óbices legais ao pleno desenvolvimento das famílias construídas pelas relações afetivas interpessoais se revelaria corolário do princípio da dignidade humana. O direito à busca da felicidade, elevando o indivíduo à centralidade do ordenamento jurídico-político, reconheceria as suas capacidades de autodeterminação, autossuficiência e liberdade de escolha. O indivíduo jamais poderia ser reduzido a mero instrumento de consecução das vontades dos governantes, pelo que o direito à busca da felicidade protegeria o ser humano perante tentativas estatais de enquadrar a sua realidade familiar em modelos preconcebidos pela lei. A Constituição de 1988, em caráter meramente exemplificativo, reconhece como legítimos modelos de família independentes do casamento, como a união estável (art. 226, § 3º) e a família monoparental (art. 226, § 4º), além de enfatizar que espécies de filiação extramatrimoniais merecem equivalente tutela legal, sendo vedadas a discriminação e a hierarquização entre elas (art. 227, § 6º). As uniões estáveis homoafetivas conduziram à necessária interpretação não reducionista do conceito de família como instituição que também se forma por vias distintas do casamento civil. A aceitação dessas variadas entidades familiares exige a ampliação da tutela normativa de todas as formas de parentalidade. A evolução científica res-

---

8 ADC 41, rel. Roberto Barroso, Tribunal Pleno, j. 8-6-2017, *DJe*-180, Divulg. 16-8-2017, Public. 17-8-2017.

ponsável pela popularização do exame de DNA conduziu ao reforço de importância do critério biológico, tanto para fins de filiação, quanto para materializar o direito fundamental à busca da identidade genética, como natural emanação do direito de personalidade. A paternidade responsável, na perspectiva da dignidade humana e da busca pela felicidade, impõe o acolhimento tanto dos vínculos de filiação construídos pela relação afetiva entre os envolvidos, quanto daqueles originados da ascendência biológica, sem que seja necessário decidir entre um e outro vínculo, quando o melhor interesse do descendente for o reconhecimento jurídico de ambos. Para a Alta Corte, esses arranjos familiares não poderiam restar ao desabrigo da tutela a situações de pluriparentalidade, requerendo a tutela jurídica concomitante dos vínculos parentais de origem afetiva e biológica, ante os princípios constitucionais da dignidade da pessoa humana e da paternidade responsável[9].

Noutra senda, o Supremo Tribunal Federal considerou a incidência do princípio da dignidade da pessoa humana no processo penal, em matéria de condução coercitiva, como fundamento do direito à não autoincriminação, do direito ao tempo necessário à preparação da defesa, do direito à liberdade de locomoção e do direito à presunção de não culpabilidade. Com efeito, o Pretório Excelso deliberou sobre a incompatibilidade com a Constituição Federal de 1988 da condução coercitiva de investigados ou de réus para interrogatório. Conforme manifestação da Corte Constitucional, a condução coercitiva representaria restrição temporária da liberdade de locomoção mediante condução sob custódia por forças policiais, em vias públicas, não sendo tratamento normalmente aplicado a pessoas inocentes. O indivíduo deveria ser reconhecido como um membro da sociedade dotado de valor intrínseco, em condições de isonomia e com direitos iguais. Tornar o ser humano mero objeto no Estado, consequentemente, contrariaria a dignidade humana. Na condução coercitiva, restaria evidente que o investigado é conduzido para demonstrar sua submissão à força, o que desrespeita a dignidade da pessoa humana. Sendo assim, a condução coercitiva representaria uma supressão absoluta, ainda que temporária, da liberdade de locomoção. Há potencial violação ao direito à não autoincriminação, na modalidade direito ao silêncio, direito consistente na prerrogativa do implicado a recursar-se a depor em investigações ou ações penais contra si movimentadas, sem que o silêncio seja interpretado como admissão de responsabilidade, com base no art. 5º, LXIII, combinado com os arts. 1º, III, e 5º, LIV, LV e LVII. Os direitos ao silêncio, a ser advertido, a fazer-se aconselhar por seu advogado e de ausência do investigado ou acusado restariam previstos na legislação, sendo aplicáveis à ação penal e ao interrogatório policial, tanto ao indivíduo preso quanto ao solto, conforme os arts. 6º,

9 RE 898.060, rel. Luiz Fux, Tribunal Pleno, j. 21-9-2016, *DJe*-187, Divulg. 23-8-2017, Public. 24-8-2017.

V, e 186 do Código de Processo Penal. Para a Alta Corte, a restrição temporária da liberdade e a condução sob custódia por forças policiais em vias públicas não se apresentariam tratamentos que normalmente pudessem ser aplicados a pessoas inocentes, ocorrendo também potencial violação à presunção de não culpabilidade[10].

O Pretório Excelso também se valeu do princípio da dignidade da pessoa humana para impedir a discriminação por orientação sexual em face da restrição de doação de sangue a grupos e não condutas de risco, declarando a inconstitucionalidade do inciso IV do art. 64 da Portaria n. 158/2016 do Ministério da Saúde e da alínea *d* do inciso XXX do art. 25 da Resolução da Diretoria Colegiada n. 34/2014 da Agência Nacional de Vigilância Sanitária. Nesse diapasão, a responsabilidade com o outro agente social imporia uma desconstrução do direito posto para tornar a justiça possível, incutindo o compromisso com um tratamento igual e digno a pessoas que desejam exercer a alteridade e doar sangue. O estabelecimento de grupos de risco implicaria discriminação e ofensa à dignidade humana e ao direito à igualdade, pois ensejaria interpretação infundada, segundo a qual os homossexuais e bissexuais seriam possíveis vetores de transmissão de variadas enfermidades. Logo, o princípio da dignidade da pessoa humana buscaria proteger, integralmente, o sujeito na qualidade de pessoa vivente em sua existência concreta. A restrição à doação de sangue por homossexuais afrontaria a sua autonomia privada, pois se impede que elas escolhessem plenamente suas opções existenciais, bem como a sua autonomia pública, pois se vedaria a possibilidade de auxiliarem necessitados de transfusão de sangue. Com efeito, essa política restritiva afrontaria a igualdade, pois impactaria, desproporcionalmente, sobre os homens homossexuais e bissexuais e/ou seus parceiros ou parceiras, ao obstaculizar fruição livre e segura da própria sexualidade para exercício do nobre ato de doação de sangue. Para a Corte Constitucional, restaria configurada discriminação injustificável, pois não se poderia tratar os homens que fazem sexo com outros homens e/ou suas parceiras como sujeitos inferiores, comprometendo-se a possibilidade de serem como são, de serem solidários e de participarem plenamente da vida social[11].

A Corte Constitucional enfrentou ainda o problema da omissão legislativa no tocante à criminalização das práticas de homofobia e de transfobia, embasando seu entendimento, dentre outros fundamentos, no princípio da dignidade da pessoa humana. O Pretório Excelso firmou o entendimento que, até que sobrevenha lei federal

---

10 ADPF 444, rel. Gilmar Mendes, Tribunal Pleno, j. 14-6-2018, *DJe*-107, Divulg. 21-5-2019, Public. 22-5-2019.

11 ADI 5.543, rel. Edson Fachin, Tribunal Pleno, j. 11-5-2020, *DJe*-211, Divulg. 25-8-2020, Public. 26-8-2020.

para implementar os mandados de criminalização definidos nos incisos XLI e XLII do art. 5º da Carta Constitucional, os comportamentos homofóbicos e transfóbicos, que envolvem aversão odiosa à orientação sexual ou à identidade de gênero de alguém, por traduzirem expressões de racismo, ajustam-se aos preceitos primários de incriminação estabelecidos na Lei n. 7.716/89, constituindo, também, na hipótese de homicídio doloso, circunstância qualificadora, por configurar motivo torpe, a teor do art. 121, § 2º, I, *in fine*, do Código Penal. Conforme o pronunciamento da Alta Corte, os integrantes do grupo vulnerável LGBTQIAPN+ nascem iguais em dignidade, possuindo igual capacidade de autodeterminação quanto às suas escolhas pessoais em matéria afetiva e amorosa. Logo, o conceito de racismo, compreendido em sua dimensão social, irradia-se para além de aspectos estritamente biológicos ou fenotípicos, pois resulta, enquanto manifestação de poder, de uma construção histórico-cultural que justifica a desigualdade, promovendo o controle ideológico, a dominação política, a subjugação social e a negação da alteridade, da dignidade e da humanidade, com a consequente exclusão do sistema jurídico. Para a Corte Constitucional, a repressão penal a estas práticas ilícitas não alcançaria, nem restringiria ou limitaria o exercício da liberdade religiosa, qualquer que seja a denominação confessional professada, a cujos fiéis e ministros é assegurado o direito de pregar e de divulgar, livremente, pela palavra, pela imagem ou por qualquer outro meio, o seu pensamento e de externar suas convicções conforme seus códigos sagrados, podendo conquistar prosélitos e praticar os atos de culto e respectivas liturgias, independentemente do espaço de sua atuação individual ou coletiva, desde que tais manifestações não configurem discursos de ódio. Sendo assim, o verdadeiro sentido da proteção constitucional à liberdade de expressão consistiria não apenas em garantir o direito daqueles que pensam como nós, mas, igualmente, em proteger o direito dos que sustentam ideias minoritárias. Logo, restaria imperioso construir espaços de liberdade para que as ideias, especialmente de natureza confessional, possam florescer em ambiente democrático, que legitime a instauração do dissenso e viabilize a concretização dos valores do pluralismo e da tolerância. Segundo o Pretório Excelso, a omissão estatal qualifica-se como grave comportamento, porquanto a inércia do Poder Público também impede, por ausência ou insuficiência de medidas concretizadoras, a própria aplicabilidade dos postulados constitucionais, em frontal desrespeito aos direitos das minorias expostas a situações de vulnerabilidade[12].

O Pretório Excelso utilizou, igualmente, o princípio da dignidade da pessoa humana, ao reconhecer a impossibilidade de percepção do benefício de aposentadoria especial independentemente do afastamento do beneficiário das atividades laborais

12 ADO 26, rel. Celso de Mello, Tribunal Pleno, j. 13-6-2019, *DJe*-243, Divulg. 5-10-2020, Public. 6-10-2020.

nocivas a sua saúde. Com efeito, manifestou-se em favor da constitucionalidade do art. 57, § 8º, da Lei n. 8.213/91, sustentando a inexistência de qualquer tipo de conflito entre ele e os arts. 5º, XIII, 7º, XXXIII, e 201, § 1º, da Lei Fundamental. Segundo a Corte Constitucional, a referida norma se prestaria, de forma razoável e proporcional, para homenagear o princípio da dignidade da pessoa humana, bem como os direitos à saúde, à vida, ao ambiente de trabalho equilibrado e à redução dos riscos inerentes ao trabalho. Logo, resta vedada a simultaneidade entre a percepção da aposentadoria especial e o exercício de atividade especial, seja essa última aquela que deu causa à aposentação precoce ou não. A concomitância entre a aposentadoria e o labor especial acarreta a suspensão do pagamento do benefício previdenciário. A Corte Constitucional sustentou ainda que, nas hipóteses em que o segurado solicitasse a aposentadoria e continuasse a exercer o labor especial, a data de início do benefício seria a data de entrada do requerimento, remontando a esse marco, inclusive, os efeitos financeiros; efetivada, contudo, seja na via administrativa, seja na senda judicial, a implantação do benefício, uma vez verificada a continuidade ou o retorno ao labor nocivo, cessará o benefício previdenciário em questão[13].

Noutro giro, o Supremo Tribunal Federal utilizou o princípio da dignidade da pessoa humana para reconhecer a possibilidade de remarcação de teste de aptidão física de candidata grávida, independente de previsão editalícia. Segundo o Pretório Excelso, o teste de aptidão física para a candidata gestante poderia ser remarcado, tendo em vista os direitos fundamentais à igualdade de gênero, à busca pela felicidade e à liberdade reprodutiva. A remarcação do teste de aptidão física, como único meio possível de viabilizar que a candidata gestante continue participando do certame, oportunizaria o acesso mais isonômico a cargos públicos. O princípio da igualdade seria ainda observado pelo fato de a candidata, superado o estado gravídico, ter de comprovar que possui a mesma aptidão física exigida para os outros candidatos. Deveras, a família goza de especial proteção estatal (art. 226), sendo certo que a Constituição de 1988 se posicionou a favor da proteção à maternidade (art. 6º), assegurando direito ao planejamento familiar (art. 226, § 7º), além de encontrar especial tutela no direito de previdência social (art. 201, II) e no direito de assistência social (art. 203, I). O direito à saúde requer especial proteção, uma vez que a prática de esforços físicos incompatíveis com a fase gestacional poderia colocar em risco a saúde da gestante ou mesmo do bebê. O constituinte expressamente vedou qualquer forma coercitiva por parte de instituições oficiais ou privadas que obstaculize o planejamento familiar (art. 226, § 7º), assim como assegurou o acesso às informações e meios para sua efetivação, impondo o dever de propiciar recursos educacionais e científicos para o exercício

13 RE 791.961, rel. Dias Toffoli, Tribunal Pleno, j. 8-6-2020, *DJe*-206, Divulg. 18-8-2020, Public. 19-8-2020.

desse direito. A ampla acessibilidade a cargos, empregos e funções públicas resta assegurada expressamente em nosso sistema jurídico, como resultante dos princípios da isonomia, da participação política e da eficiência administrativa. Para o Pretório Excelso, a continuidade do concurso em geral, com reserva de vagas em quantidade correspondente ao número de candidatas gestantes, permitiria que a Administração Pública suprisse sua deficiência de contingente profissional, escopo último do concurso, assim como permitiria que os candidatos aprovados pudessem ser, desde logo, nomeados e empossados, respeitada a ordem de classificação. Sendo assim, o adiamento fundamentado na condição gestatória se estenderia pelo período necessário para superação da condição, cujas condições e prazos devem ser determinados pela Administração Pública, preferencialmente em edital, resguardados a discricionariedade do administrador público e o princípio da vinculação às cláusulas editalícias. Segundo a Corte Constitucional, a inexistência de previsão em edital do direito à remarcação não afastaria o direito da candidata gestante, porquanto fundado em valores constitucionais essenciais, que se projetam por todo o sistema jurídico[14].

O Supremo Tribunal Federal, no tocante à questão da identidade de gênero, reconheceu o direito subjetivo à alteração do nome e da classificação de gênero no assento de nascimento, independentemente de procedimento cirúrgico de redesignação, com base nos princípios da dignidade da pessoa humana, da personalidade, da intimidade, da isonomia, da saúde e da felicidade, harmonizando-os, através de ponderação de bens e interesses, com os princípios da publicidade, da informação pública, da segurança jurídica, da veracidade dos registros públicos e da confiança. O Pretório Excelso sustentou que, como a tutela do ser humano e a afirmação da plenitude de seus direitos se apresentam como elementos centrais para o desenvolvimento da sociedade, resta imperativo o reconhecimento do direito do indivíduo ao desenvolvimento pleno de sua personalidade, tutelando-se os conteúdos mínimos que compõem a dignidade do ser humano, a saber, a autonomia e a liberdade do indivíduo, sua conformação interior e sua capacidade de interação social e comunitária. Logo, é mister que se afaste qualquer óbice jurídico que represente restrição ou limitação ilegítima, ainda que meramente potencial, à liberdade do ser humano para exercer sua identidade de gênero e se orientar sexualmente. O sistema jurídico brasileiro deve avançar para além da tradicional identificação de sexos para abarcar também o registro daqueles cuja autopercepção difere do registro no momento de seu nascimento. A Corte Suprema entendeu, ainda, que a alteração do prenome e da classificação de sexo do indivíduo, independente de ocorrer pela via judicial ou administrativa, deverá ser coberta pelo sigilo durante todo o trâmite, procedendo-se a sua

14 RE 1.058.333, rel. Luiz Fux, Tribunal Pleno, j. 21-11-2018, *DJe*-185, Divulg. 24-7-2020, Public. 27-7-2020.

anotação à margem da averbação, ficando vedada a inclusão, mesmo que sigilosa, do termo – transexual – ou da classificação de sexo biológico no respectivo assento ou em certidão pública[15].

A Excelsa Corte declarou, também, as inconstitucionalidades formal e material de parte do § 1º do art. 3º, bem como dos incisos I e II do art. 4º da Lei n. 14.715, de 4 de fevereiro de 2004, oriunda do Estado de Goiás, por violação ao princípio da igualdade, da dignidade humana e do quanto disposto nos arts. 7º, XXXI; 23, II; 24, XIV; 37, VIII; 203, IV; e 227, § 1º, II, da Carta Constitucional de 1988. Conforme posicionamento da Corte Constitucional, a legislação sobre a proteção e a integração social das pessoas portadoras de deficiência é prevista constitucionalmente como de competência concorrente pelo art. 24, XIV, da Constituição da República. Ao Estado é permitido o exercício da competência plena apenas na ausência de legislação federal que fixe as normas gerais. O Pretório Excelso constatou a existência, ao tempo da vigência da lei estadual impugnada, de lei federal acerca da proteção e da integração social das pessoas portadoras de deficiência. A legislação estadual contrastava a normativa geral nacionalmente estabelecida. A lei impugnada fragilizava o princípio constitucional da igualdade e a proteção à dignidade humana. Inconstitucionalidade material por apresentar infundados limites à sistemática de inclusão almejada e delineada pela Constituição da República[16].

O Supremo Tribunal Federal reconheceu, ainda, a hipótese do estado de coisas inconstitucional, a fim de tutelar os grupos vulneráveis do sistema penitenciário, desempenhando a função contramajoritária no exercício de sua jurisdição constitucional. Com efeito, o Pretório Excelso entendeu que teria legitimidade para realizar o controle jurisdicional das políticas públicas, inclusive em matéria penitenciária, solucionando a tensão entre a reserva do possível e a necessidade das escolhas trágicas pela preponderância do mínimo existencial, considerando, ainda, a possibilidade de impetração de *habeas corpus* coletivo, notadamente nos casos de tutela jurisdicional de direitos individuais homogêneos. Para a Corte Constitucional, existiria, no âmbito do sistema penitenciário pátrio, um "estado de coisas inconstitucional", resultante da omissão estatal em efetivar medidas estruturantes que neutralizem a situação de reiterada violação dos direitos humanos fundamentais. A inércia do Estado brasileiro permitiria a transgressão do direito básico do sentenciado de receber tratamento penitenciário justo e adequado, que não implique exposição do apenado a meios cruéis, lesivos ou moralmente degradantes, como regula o art. 5º, XLVII e XLIX, da

15 RE 670.422, rel. Dias Toffoli, Tribunal Pleno, j. 15-8-2018, *DJe*-051, Divulg. 9-3-2020, Public. 10-3-2020.

16 ADI 4.388, rel. Rosa Weber, Tribunal Pleno, j. 3-3-2020, *DJe*-053, Divulg. 11-3-2020, Public. 12-3-2020.

Constituição Federal de 1988, fazendo-se respeitar, desse modo, a dignidade da pessoa humana. Logo, restou consignado ser verdadeiro paradoxo reconhecer-se, de um lado, o "direito à saída da cela por 2 (duas) horas diárias para banho de sol", previsto no art. 52, IV, da Lei de Execução penal, em favor de quem se acha submetido, por razões de subversão da ordem ou disciplina internas no sistema penitenciário, ao severo regime disciplinar diferenciado, instituído pela Lei n. 10.792/2003, e negar, de outro, o exercício de igual prerrogativa de ordem jurídica a quem se acha recolhido a pavilhões destinados à execução de medidas disciplinares ordinárias e à proteção de detentos ameaçados. Para a Corte Constitucional, a decisão governamental há de conferir precedência à intangibilidade do mínimo existencial, em ordem a atribuir real efetividade aos direitos positivados na Lei Fundamental e aos valores consagrados nas diversas convenções internacionais de direitos humanos. A cláusula da reserva do possível, por isso mesmo, seria inoponível à concretização do mínimo existencial, em face da preponderância dos valores e direitos que nele encontram seu fundamento legitimador[17].

O Pretório Excelso passou a admitir a impetração de *habeas corpus* coletivo como via processual legítima, racional, adequada e isonômica na tutela do direito à liberdade ambulatorial, inclusive no caso de superação dos limites da taxa de ocupação relativamente à capacidade projetada em unidades de cumprimento da medida socioeducativa de internação em Estados da federação. Inobstante alguns desses Estados tenham implementado esforços no sentido de amenizar os graves problemas de ordem estrutural detectados nas unidades de execução de medidas socioeducativas em meio fechado, tais iniciativas estatais não se consubstanciam justificativas idôneas a obstar a inafastabilidade da prestação jurisdicional ante as violações aos direitos fundamentais dos adolescentes internos. A seletividade e a reação estatal aos atos infracionais reproduziriam as mesmas variáveis detectadas no sistema prisional brasileiro. A dificuldade de assimilação das diretrizes normativas advindas da doutrina da proteção integral e do seu microssistema regulamentador pela rede de atendimento atingiria diretamente os adolescentes internados e produziria nítidos prejuízos ao atendimento por parte das equipes técnicas, a fim de reclamar atenção à violência estrutural inerente à superlotação crônica, à falta de pessoal e à manutenção negligente da maioria das unidades de execução da medida socioeducativa de internação. No plano normativo, seria possível constatar nítida opção pela inclusão e manutenção dos vínculos comunitários do adolescente que pratica o ato infracional orientada por instrumentos nacionais e internacionais, dos quais o Brasil é signatário. Nesse diapasão, as políticas públicas direcionadas aos adolescentes, aqui

---

17 HC 172.136, rel. Celso de Mello, Segunda Turma, j. 10-10-2020, *DJe*-283, Divulg. 30-11-2020, Public. 1º-12-2020.

incluídos os internados, devem contemplar medidas que garantam os direitos assegurados pelo Estatuto da Criança e do Adolescente, mormente o direito à vida, à saúde, à liberdade, ao respeito, à dignidade, à convivência familiar e comunitária, à educação, à cultura, ao esporte e ao lazer, à profissionalização e à proteção no trabalho. Assim, a medida socioeducativa, principalmente a privação de liberdade, deve ser aplicada somente quando for imprescindível, nos limites da lei e pelo menor tempo possível. Logo, a situação aflitiva não deve perdurar além do necessário para a inclusão, desaprovação e responsabilização do adolescente pelo seu ato infracional. A superpopulação nas instituições, somada a outros problemas infraestruturais, viola normas convencionais de direitos humanos, além de oportunizar lamentáveis situações de violência e abusos entre os próprios internos, ou entre estes e os funcionários. Nesse contexto, segundo o Pretório Excelso, os deveres estatais de proteção não poderiam ser traduzidos como mera exigência de ampliação da severidade na imposição e execução das medidas socioeducativas aos adolescentes. Nesse sentido, a limitação do ingresso de adolescentes nas unidades de internação em patamar superior à capacidade de vagas projetadas, além de cessar as possíveis violações, resguardaria os preceitos normativos que asseguram a proteção integral, materializando as garantias dispostas no art. 227 da Carta Constitucional, além de concretizar o postulado de respeito à condição peculiar de pessoa em desenvolvimento e o princípio da dignidade da pessoa humana, previsto no art. 1º, III, da Constituição Federal de 1988 e no art. 124, V, do Estatuto da Criança e do Adolescente. Dessa forma, a Corte Constitucional decidiu que as unidades de execução de medida socioeducativa de internação de adolescentes não deveriam superar a capacidade projetada de internação prevista para cada unidade, propondo parâmetros a serem observados pelos magistrados nas unidades de internação que operam com a taxa de ocupação dos adolescentes superior à capacidade projetada[18].

O Pretório Excelso explorou as íntimas conexões entre os princípios da dignidade da pessoa humana e do devido processo legal, quando considerou a impossibilidade de ato decisório ter como único suporte probatório elementos de informação produzidos, unilateralmente, no âmbito de inquérito policial ou de procedimento de investigação criminal instaurado pelo próprio Ministério Público, sob pena de ofensa aos princípios do contraditório e da plenitude de defesa. A Corte Constitucional considerou que o processo penal deve ser um instrumento de salvaguarda da liberdade das pessoas sob persecução criminal, reconhecendo, ainda, a inadmissibilidade de invocação da fórmula *in dubio pro societate* para justificar a decisão de pronúncia, tendo em vista a absoluta incompatibilidade com a presunção

18 HC 143.988, rel. Edson Fachin, Segunda Turma, j. 24-8-2020, *DJe*-221, Divulg. 3-9-2020, Public. 4-9-2020.

constitucional de inocência. Decerto, o sistema jurídico-constitucional brasileiro não admite a possibilidade de prolação de decisão de pronúncia com apoio exclusivo em elementos de informação produzidos, única e unilateralmente, na fase de inquérito policial ou de procedimento de investigação criminal instaurado pelo Ministério Público, sob pena de frontal violação aos postulados fundamentais que asseguram a qualquer acusado o direito ao contraditório e à plenitude de defesa. Os elementos ofertados não bastam, isoladamente considerados, para legitimar a decisão de pronúncia e a consequente submissão do acusado ao Plenário do Tribunal do Júri. Conforme entendimento da Corte Constitucional, a regra *in dubio pro societate*, refutada pelo modelo constitucional que consagra o processo penal democrático, afigura-se incompatível com a presunção de inocência, a qual, ao longo de seu transcurso histórico, tem predominado nas sociedades civilizadas, enquanto valor fundamental e exigência básica de respeito à dignidade da pessoa humana[19].

O Supremo Tribunal Federal também se socorreu do princípio da dignidade da pessoa humana, ao apreciar a exigência da vacinação compulsória contra o coronavírus, prevista na Lei n. 13.979/2020. Entendeu a Corte Constitucional que a vacinação em massa da população constitui medida adotada pelas autoridades de saúde pública, com caráter preventivo, apta a reduzir a morbimortalidade de doenças infecciosas transmissíveis e a provocar imunidade de rebanho, a fim de proteger a coletividade, mormente os grupos e sujeitos mais vulneráveis. A obrigatoriedade da vacinação não pode contemplar quaisquer medidas invasivas, aflitivas ou coativas, em face dos direitos à intangibilidade, à inviolabilidade e à integridade do corpo humano, afigurando-se, pois, inconstitucional toda determinação legal, regulamentar ou administrativa que implemente a vacinação sem expresso consentimento informado das pessoas. A previsão de vacinação obrigatória, excluída a imposição de vacinação forçada, afigura-se legítima, desde que observados os critérios constantes da mencionada legislação sanitária, nos incisos I, II, e III do § 2º do art. 3º, a saber, os direitos à informação, à assistência familiar, ao tratamento gratuito e ao pleno respeito à dignidade, aos direitos humanos e às liberdades fundamentais das pessoas, bem como os princípios da razoabilidade e da proporcionalidade. A competência do Ministério da Saúde para coordenar o Programa Nacional de Imunizações e definir as vacinas integrantes do calendário nacional de imunização não exclui a dos demais entes federativos para estabelecer medidas profiláticas e terapêuticas destinadas a enfrentar a pandemia decorrente do coronavírus, em âmbito regional ou local, no exercício do poder-dever de cuidar da saúde e assistência pública que lhes é cometido pelo art. 23, II, da Constituição Federal de 1988. Logo, a Corte Constitucional pronunciou-se

19 HC 180.144, rel. Celso de Mello, Segunda Turma, j. 10-10-2020, *DJe*-255, Divulg. 21-10-2020, Public. 22-10-2020.

no sentido de que a vacinação deve ser universal, gratuita e compulsória, podendo ser implementada por meio de medidas indiretas, compreendida a restrição ao exercício de certas atividades ou à frequência de determinados lugares, desde que previstas em lei, ou dela decorrentes, com base em evidências científicas e análises estratégicas pertinentes, acompanhada de ampla informação sobre os imunizantes, respeitando-se a dignidade humana e os direitos fundamentais das pessoas, à luz dos critérios de razoabilidade e proporcionalidade[20].

O STF realizou interpretação, conforme à Constituição, dos arts. 23, II, e 25, *caput* e parágrafo único, do Código Penal, bem como do art. 65 do Código de Processo Penal, para afastar a chamada legítima defesa da honra como suposta causa excludente de ilicitude, por considerá-la tese dissonante da dignidade da pessoa humana (art. 1º, III, da CF), da proteção à vida e da igualdade de gênero (art. 5º, *caput*, da CF). Segundo entendimento do Pretório Excelso, a traição se encontra inserida no contexto das relações amorosas, porquanto seu desvalor reside no âmbito moral. Logo, quem pratica feminicídio ou usa de violência com a justificativa de reprimir um adultério não está a se defender, mas a atacar uma mulher de forma desproporcional e, portanto, criminosa. O adultério não se afigura agressão injusta apta a excluir a antijuridicidade de um fato típico. A legítima defesa da honra revela-se como recurso argumentativo reprovável, quando utilizado pelas defesas de acusados de feminicídio ou agressões contra a mulher. Trata-se de resquício odioso de institucionalização da desigualdade de gênero, bem como naturalização da violência doméstica, as quais não têm amparo na Constituição de 1988, que ofende o princípio da dignidade da pessoa humana, o direito à vida e à isonomia entre homens e mulheres, previstos no art. 1º, III, e no art. 5º, *caput*, I, da Constituição Federal de 1988. Com efeito, a Alta Corte entendeu que devem prevalecer a dignidade da pessoa humana, a vedação a todas as formas de discriminação, o direito à igualdade e o direito à vida, tendo em vista os riscos elevados e sistêmicos decorrentes da naturalização, da tolerância e do incentivo à cultura da violência doméstica e do feminicídio, pelo que, na hipótese de a defesa invocar, direta ou indiretamente, a tese da legítima defesa da honra, restará configurada a nulidade da prova, do ato processual ou dos debates por oportunidade da sessão do júri, cabendo ao acusador manejar a impugnação processual pertinente[21].

A Corte Constitucional tratou, ainda, da proteção do direito ao trabalho digno ao enfrentar o problema da redução à condição análoga à de escravo, a modalidade de escravidão na contemporaneidade, ante a constatação de condições laborais de-

20 ADI 6.586, rel. Ricardo Lewandowski, Tribunal Pleno, j. 17-12-2020, *DJe*-063, Divulg. 6-4-2021, Public. 7-4-2021.

21 ADPF 779 MC-Ref, rel. Dias Toffoli, Tribunal Pleno, j. 15-3-2021, *DJe*-096, Divulg. 19-5-2021, Public. 20-5-2021.

gradantes e a desnecessidade de cerceamento da liberdade de locomoção. Com efeito, o Pretório Excelso entendeu que o bem jurídico objeto de tutela, pelo art. 149 do Código Penal, vai além da liberdade individual, pois a prática da conduta em questão acaba por vilipendiar outros bens jurídicos protegidos constitucionalmente, como a dignidade da pessoa humana, os direitos trabalhistas e previdenciários, indistintamente considerados. No caso julgado pelo Pretório Excelso, não se tratava de distantes conjecturas ou de meras irregularidades no cumprimento da legislação trabalhista, porquanto restou demonstrado que os trabalhadores foram submetidos a condições degradantes de trabalho, tais como ausência de água potável para beber e alimentação destinada ao consumo em estado de putrefação, trabalhadores executando serviços descalços e dormindo no chão, dentre outras condições desumanas, todas situações aptas a configurar o crime tipificado como redução à condição análoga à de escravo, previsto no art. 149 do Código Penal brasileiro[22].

O Pretório Excelso entendeu que o pagamento de remuneração inferior ao salário mínimo a servidor público civil que labore em jornada de trabalho reduzida contraria o disposto nos arts. 7º, IV, e 39, § 3º, da Constituição Federal de 1988, bem como o valor social do trabalho, o princípio da dignidade da pessoa humana, o mínimo existencial e o postulado da vedação do retrocesso de direitos sociais. No caso julgado, o Supremo Tribunal Federal desenvolveu interpretação sistemática e teleológica da Carta de Outubro, demonstrando a inconstitucional restrição ao direito fundamental imposta pela lei municipal, por violar os referidos preceitos constitucionais, que conferiram o direito fundamental ao salário mínimo aos servidores públicos, sem qualquer indicativo de que este poderia ser flexibilizado, pago a menor, mesmo em caso de jornada reduzida ou previsão em legislação infraconstitucional. Desse modo, a Corte Constitucional buscou preservar a garantia do mínimo existencial para os integrantes da Administração Pública direta e indireta, em favor da fixação do menor patamar remuneratório admissível nos quadros estatais[23].

Ademais, a Excelsa Corte invocou o princípio da dignidade da pessoa humana ante a necessidade de adoção de medidas eficazes para prevenir a violência contra a mulher, sustentando a constitucionalidade de medida protetiva de urgência para o afastamento imediato do agressor do local de convivência com a ofendida, a ser excepcionalmente concedida por delegado de polícia ou policial, com a imprescindibilidade de referendo pela autoridade judicial. Nesse sentido, a tutela da

22 RE 1.279.023 AgR, rel. Edson Fachin, Segunda Turma, j. 11-5-2021, *DJe*-208, Divulg. 19-10-2021, Public 20-10-2021.

23 RE 964.659, rel. Dias Toffoli, Tribunal Pleno, j. 8-8-2022, *DJe*-174, Divulg. 31-8-2022, Public. 1º-9-2022.

dignidade da pessoa humana não somente validaria, como também legitimaria a atuação do aparelho de segurança pública para resguardar direitos da vítima de violência doméstica e familiar. Logo, fazendo ponderação de bens e interesses, o Supremo Tribunal Federal considerou que, independentemente de ordem judicial ou prévio consentimento do seu morador, o art. 5º, XI, da Constituição Federal de 1988 admite que qualquer do povo e, com maior razão, os integrantes de carreira policial ingressem em domicílio alheio nas hipóteses de flagrante delito ou para prestar socorro, incluída a hipótese de excepcional urgência identificada em um contexto de risco atual ou iminente à vida ou à integridade física ou psicológica da mulher em situação de violência doméstica e familiar. Para a Corte Suprema, a antecipação administrativa de medida protetiva de urgência para evitar que mulheres vítimas de violência doméstica e familiar permaneçam expostas às agressões e hostilidades ocorridas na privacidade do lar, não exclui o último pronunciamento do Poder Judiciário, a quem compete decidir sobre sua manutenção ou revogação, bem como sobre a supressão e reparação de eventuais excessos ou abusos decorrentes do Poder Público[24].

Dessarte, como se pode depreender do universo de amostragem ora apresentado, que representa o uso da dignidade da pessoa humana pela Excelsa Corte, o Supremo Tribunal Federal vem utilizando frequentemente esse relevante princípio ético-jurídico, como importante marco axiológico e teleológico da interpretação e aplicação dos diversos ramos que integram o sistema jurídico brasileiro, a partir de uma leitura que consagra a força vinculante e a máxima eficácia das normas definidoras de direitos fundamentais.

Pode-se verificar que o Supremo Tribunal Federal, no atual contexto histórico-cultural de desenvolvimento da experiência jurídica pátria, avança na concretização de um direito justo, enfatizando o uso do princípio constitucional da dignidade da pessoa humana, tanto para amparar a tutela dos direitos individuais dos cidadãos, obstaculizando-se as condutas dos agentes públicos e privados que sejam atentatórias às liberdades civis, como para embasar o reconhecimento da efetividade dos direitos sociais e difusos, exigindo o cumprimento de prestações materiais pelo Estado, em favor da promoção da existência digna do ser humano.

---

24 ADI 6.138, rel. Alexandre de Moraes, Tribunal Pleno, j. 23-3-2022, *DJe*-112, Divulg. 8-6-2022, Public. 9-6-2022.

Considerações finais

Em face de tudo quanto foi exposto, pode-se sintetizar que:

1) o problema da legitimidade de um direito justo e as variações sobre a justiça são vislumbrados ora como a busca de uma estrutura universal e racional que legitima o direito e o reconhece como ilegítimo, ora como um sentimento subjetivo, irracional e, portanto, incognoscível;

2) a busca de uma estrutura universal e racional para o direito justo encontra a sua expressão mais emblemática no jusnaturalismo, ao oferecer o direito natural como a fórmula perene e imutável de justiça, subordinando a validade à legitimidade da ordem jurídica;

3) a doutrina do direito natural ofereceu diversos fundamentos para a compreensão de um direito justo ao longo da história do Ocidente: o jusnaturalismo cosmológico, vigente na Antiguidade Clássica; o jusnaturalismo teológico, surgido na Idade Média, tendo como fundamento jurídico a ideia da divindade; o jusnaturalismo racionalista, surgido no seio das revoluções liberais burguesas, tendo como fundamento a razão humana universal; o jusnaturalismo contemporâneo que enraíza a justiça no plano histórico-social de cada cultura;

4) a doutrina jusnaturalista desempenhou a função relevante de sinalizar a necessidade de um tratamento axiológico para o Direito. Isso porque o jusnaturalismo permite uma tematização dos valores jurídicos, abrindo espaço para a discussão sobre a justiça e sobre os critérios de edificação de um direito justo;

5) o jusnaturalismo é criticado por confundir os planos do ser e do dever ser, pressupor a justiça como uma estimativa a-histórica e identificar os atributos normativos da validade e legitimidade, ao afirmar que a norma jurídica vale se for justa, o que compromete as exigências de ordem e segurança jurídica, que se traduzem no respeito à legalidade dos Estados Democráticos de Direito;

6) a procura por um direito justo num sentimento subjetivo e arbitrário costuma ser o caminho percorrido pelas variadas manifestações de positivismo jurídico, ao

rejeitar o debate racional sobre a justiça, subordinando o problema da legitimidade à validade normativa;

7) a concepção do positivismo jurídico nasce quando o direito positivo passa a ser considerado direito no sentido próprio, ocorrendo a redução de todo o direito a direito positivo, com a exclusão do direito natural da categoria ontológica de juridicidade;

8) a busca positivista pela objetividade científica, com ênfase na realidade empírica, apartou o Direito da Moral e dos valores transcendentes, concebendo o fenômeno jurídico como uma emanação normativa do Estado com caráter imperativo e coativo;

9) o positivismo jurídico, em suas mais diversas manifestações, revela propostas limitadas e insatisfatórias, porque a identificação entre direito positivo e direito justo e a excessiva formalização da validez normativa não propiciam uma compreensão mais adequada das íntimas relações entre direito, legitimidade e justiça;

10) o positivismo legalista desemboca numa ideologia conservadora que ora identifica a legalidade com o valor-fim da justiça, em face da crença na divindade do legislador, ora concebe a ordem positivada pelo sistema normativo como valor-meio suficiente para a realização de um direito justo;

11) o positivismo lógico da Teoria Pura do Direito abdica o tratamento racional do problema da justiça, ao afastar quaisquer considerações fáticas e, sobretudo, valorativas do plano da Ciência Jurídica, de molde a assegurar os votos de castidade axiológica do jurista. A busca do direito justo passa a depender das inclinações político-ideológicas de cada indivíduo, relegando ao campo do cepticismo e do relativismo a compreensão do direito justo;

12) o positivismo funcionalista, em nome da operacionalidade autopoiética do direito, sustenta que a legitimidade das normas figura como uma ilusão funcionalmente necessária, apresentando-se o direito justo como uma fórmula de contingência que não afeta a autonomia sistêmica, o que torna irrelevante uma teoria da justiça como critério exterior ou superior do sistema jurídico;

13) a crise da modernidade jurídica oportuniza o surgimento de um direito plural, reflexivo, prospectivo, discursivo e relativo, abrindo margem para a emergência de um conjunto amplo e difuso de reflexões acerca da função e interpretação do Direito, que costuma ser definido como pós-positivismo jurídico;

14) o pós-positivismo, como movimento que busca superar a dicotomia jusnaturalismo x positivismo jurídico na fundamentação do significado de um direito justo, reintroduz as noções de justiça e legitimidade para a compreensão axiológica e teleológica do sistema jurídico;

15) os reflexos do pós-positivismo jurídico podem ser verificados em vários campos da Ciência do Direito, descortinando novas possibilidades de realização do direito justo. Para os fins do presente trabalho, importa destacar os contributos do movimento pós-positivista nos seguintes campos: o delineamento de uma nova hermenêutica jurídica; a transição do pensamento sistemático para o pensamento tópico; a desformalização da lógica jurídica; e a valorização da principiologia jurídica;

16) o movimento pós-positivista permite a superação do reducionismo do fenômeno jurídico a um sistema formal e fechado de regras legais, abrindo margem para o tratamento axiológico do direito e a utilização efetiva dos princípios jurídicos como espécies normativas que corporificam valores e finalidades;

17) o pós-positivismo, baseado no uso dos princípios, oferece um instrumental metodológico mais compatível com o funcionamento dos sistemas jurídicos contemporâneos, a fim de harmonizar legalidade com legitimidade e reafirmar os laços éticos privilegiados entre o direito e a moralidade social;

18) os princípios jurídicos apresentam morfologia e estrutura normativa diversas daquelas verificadas no exame das regras de direito, visto que as regras disciplinam uma situação jurídica determinada, em termos definitivos, sendo aplicadas por subsunção, enquanto as normas principiológicas expressam uma opção valorativa, sem regular situação jurídica específica nem se reportar a uma circunstância particular, sendo aplicadas por ponderação;

19) os princípios jurídicos procuram realizar as funções supletiva, fundamentadora e hermenêutica, oferecendo, nesta última hipótese, os parâmetros para uma interpretação/aplicação do direito que, ao superar o modelo subsuntivo, revela-se mais legítima e compatível com os fatos sociais;

20) a consolidação de um paradigma pós-positivista passou a formular novas propostas de compreensão do significado de um direito justo, buscando compatibilizar as exigências de validade e legitimidade da ordem jurídica, mediante o delineamento de variadas alternativas teóricas, com destaque, dentro do paradigma neoconstitucionalista, para a valorização do princípio constitucional da dignidade da pessoa humana, como alternativa de fundamentação e legitimação das opções hermenêuticas e decisórias;

21) o neoconstitucionalismo é a expressão do pós-positivismo no Direito Constitucional, que designa um modelo jurídico emergente que se propõe a recompor a grande fratura existente entre legalidade e legitimidade, norma e valor, democracia e constitucionalismo;

22) o neoconstitucionalismo requer o processo de normativização da Constituição, que deixa de ser considerada um diploma legal com um valor mera-

mente programático para operar como uma normatividade jurídica com eficácia direta e imediata, além de incorporar conteúdos materiais que adotam a forma de princípios, dotados de amplo grau de indeterminação e de forte carga axiológica;

23) a afirmação neoconstitucionalista da natureza principiológica da Constituição pressupõe a positivação jurídica de pautas axiológicas de conteúdo ético, daí advindo importantes consequências, tais como a necessidade de adotar uma posição de participante para explicar o funcionamento do Direito, bem como a necessidade de superar a ideia positivista de uma separação entre o Direito e a Moral;

24) as diversas concepções neoconstitucionalistas convergem para o entendimento de que o Direito é um constructo axiológico e teleológico, que impõe a compreensão e aplicação de princípios jurídicos, especialmente aqueles de natureza constitucional, de modo a potencializar a realização da justiça, o que se manifesta plenamente com a aplicação do princípio constitucional da dignidade da pessoa humana;

25) o princípio ético-jurídico da dignidade da pessoa humana importa o reconhecimento e tutela de um espaço de integridade físico-moral a ser assegurado a todas as pessoas por sua existência ontológica no mundo, relacionando-se tanto com a manutenção das condições materiais de subsistência quanto com a preservação dos valores espirituais de um indivíduo que sente, pensa e interage com o universo circundante;

26) a dignidade da pessoa humana, antes mesmo de seu reconhecimento jurídico nas Declarações Internacionais de Direito e nas Constituições de diversos países, figura como um valor, que brota da própria experiência axiológica de cada cultura humana, submetida aos influxos do tempo e do espaço;

27) a proclamação da normatividade do princípio da dignidade da pessoa humana, na maioria das Declarações Internacionais e Constituições contemporâneas, conduziu ao reconhecimento dos princípios como normas basilares de todo o sistema jurídico, afastando-se a concepção de programaticidade, que justificava a neutralização da eficácia dos valores e fins norteadores dos sistemas constitucionais;

28) a dignidade da pessoa humana está erigida como princípio fundamental da Constituição brasileira, imprimindo-lhe unidade de sentido, condicionando a interpretação das suas normas e revelando-se, ao lado dos direitos e garantias fundamentais, como cânone constitucional que incorpora as exigências de justiça e dos valores éticos, como suporte axiológico e teleológico a todo o sistema jurídico brasileiro;

29) o princípio constitucional da dignidade da pessoa humana se desdobra em inúmeros outros princípios e regras constitucionais, conformando um arcabouço de valores e finalidades a ser realizadas pelo Estado e pela sociedade civil, como forma de concretizar a multiplicidade de direitos fundamentais, expressos ou implícitos, da

Carta Magna brasileira e, por conseguinte, da normatividade infraconstitucional derivada;

30) o intérprete do sistema constitucional brasileiro deve enfrentar o desafio de delimitar, à luz do caso concreto, o sentido e alcance da cláusula principiológica da dignidade da pessoa humana, a fim de materializar o exercício dos direitos fundamentais e da cidadania;

31) a defesa da dignidade humana gira em torno de um corpo de intenções referidas à liberdade, à igualdade, à vida e a tantos outros elementos constitutivos da estrutura ontológica da pessoa humana, enquanto ser situado na circunstância histórica, visto que a essência da dignidade humana consiste no fato da própria existência humana, pois basta vir ao mundo para que a pessoa humana incorpore a sua dignidade;

32) o sentido ético-jurídico do princípio da dignidade da pessoa humana se traduz pela preservação da igualdade, pelo impedimento à degradação e coisificação da pessoa e pela garantia de um patamar material satisfatório para a subsistência do ser humano;

33) o princípio fundamental da dignidade da pessoa humana, como importante vetor axiológico e teleológico do sistema jurídico, compreende a totalidade do catálogo aberto de direitos fundamentais, em sua permanente indivisibilidade e interação histórico-dialética;

34) os preceitos referentes à dignidade da pessoa humana não podem ser pensados apenas do ponto de vista individual, enquanto posições jurídicas dos cidadãos diante do Estado, mas também devem ser vislumbrados numa perspectiva comunitária, como valores e fins superiores da ordem jurídica que reclamam a ingerência ou a abstenção dos órgãos estatais, dotados de plena eficácia jurídica nas relações públicas e privadas;

35) o reconhecimento da normatividade do princípio constitucional da dignidade da pessoa humana demanda, para a concretização do direito justo, o reconhecimento de sua ampla e plena eficácia jurídica positiva, negativa e interpretativa;

36) o princípio da dignidade da pessoa humana permite reconstruir o modo de compreensão e aplicação dos direitos fundamentais no sistema jurídico brasileiro, potencializando a realização da justiça ao oportunizar: a aceitação da aplicabilidade direta e imediata dos direitos fundamentais; o reconhecimento da fundamentalidade dos direitos sociais de cunho prestacional; a inadequação dos conceitos de "reserva do possível" no constitucionalismo brasileiro; a aceitação da ideia de vedação ao retrocesso no campo dos direitos fundamentais; e a recusa à hipertrofia da função simbólica dos direitos fundamentais;

37) o exame do sentido e alcance da cláusula do *due process of law*, em suas acepções procedimental e substantiva, não pode ser apartado da investigação sobre o significado ético-jurídico do princípio da dignidade da pessoa humana, porquanto o devido processo legal se afigura como uma das projeções principiológicas da cláusula mais genérica da dignidade humana, despontando como o instrumento capaz de materializar e tutelar o respeito à existência digna, como síntese da totalidade dos direitos fundamentais dos cidadãos;

38) o direito constitucional processual estreita os vínculos entre o constitucionalismo e o regime democrático, tornando o processo um espaço ético-político voltado para a realização da justiça e dos valores fundamentais da existência humana, que se consubstanciam na dignidade da pessoa humana e nos direitos fundamentais dos cidadãos;

39) a observância dos procedimentos, combinada com a otimização valorativa dos princípios jurídicos, afigura-se como o caminho mais seguro para a fundamentação correta das proposições jurídicas, de molde a oferecer, no plano da argumentação discursiva, uma adequada proposta de concretização da dignidade da pessoa humana e, portanto, de um direito justo, harmonizando a legalidade e a legitimidade como pilares do Estado Democrático de Direito;

40) o exame pragmático do discurso constitucional da dignidade da pessoa humana, no sistema jurídico brasileiro, requer a análise crítica do direito vivo e concreto produzido pela jurisprudência pátria, tendo em vista, sobretudo, o modo com que o Supremo Tribunal Federal, enquanto guardião da Constituição Federal de 1998, vem interpretando e aplicando o princípio constitucional da dignidade da pessoa humana para a tutela e promoção dos direitos fundamentais dos cidadãos;

41) o Supremo Tribunal Federal, no atual contexto histórico-cultural de desenvolvimento da experiência jurídica brasileira, tem avançado na concretização de um direito justo, ao utilizar o princípio constitucional da dignidade da pessoa humana tanto para justificar a tutela dos direitos individuais dos cidadãos, obstaculizando condutas dos agentes públicos e privados que sejam atentatórias aos direitos individuais, como para embasar o reconhecimento da efetividade dos direitos sociais e difusos, exigindo-se o cumprimento de prestações materiais do Poder Público, em prol da existência digna do ser humano.

Referências

AARNIO, Aulis. **Lo racional como razonable**: un tratado sobre la justificación jurídica. Madrid: Centro de Estudios Constitucionales, 1991.

ADEODATO, João Maurício. **Filosofia do direito**: uma crítica à verdade na ética e na ciência. São Paulo: Saraiva, 2005.

ALEXY, Robert. **Teoria da argumentação jurídica**. São Paulo: Landy, 2001.

________. Teoría de los derechos fundamentales. Madrid: CEPC, 2002.

________. **Constitucionalismo discursivo**. Porto Alegre: Livraria do Advogado, 2007.

ALVIM, Angélica Arruda. Princípios constitucionais do processo. **Revista de Processo**, São Paulo, a. 19, n. 74, 1994.

ALVIM, Teresa Arruda. Nulidades da sentença. 3. ed. São Paulo: **Revista dos Tribunais**, 1993.

AMARAL, Gustavo. **Direito, escassez e escolha**. Rio de Janeiro: Renovar, 2001.

ANDRADE, Christiano José de. **O problema dos métodos da interpretação jurídica**. São Paulo: Revista dos Tribunais, 1992.

ARAÚJO CINTRA, Antônio Carlos de; GRINOVER, Ada Pellegrini; DINAMARCO, Cândido Rangel. **Teoria Geral do Processo**. 14. ed. São Paulo: Malheiros, 1997.

ARIZA, Santiago Sastre. La ciencia jurídica ante el neoconstitucionalismo. In: CARBONELL, Miguel (Org.). **Neoconstitucionalismo(s)**. Madrid: Trotta, 2003.

ARRUDA JÚNIOR, Edmundo Lima de; GONÇALVES, Marcus Fabiano. **Fundamentação ética e hermenêutica**: alternativas para o direito. Florianópolis: CESUSC, 2002.

ATIENZA, Manuel. **As razões do direito**: teorias da argumentação jurídica. São Paulo: Landy, 2003.

ÁVILA. Humberto. **Teoria dos princípios**. São Paulo: Malheiros, 2005.

BARACHO, José Alfredo de Oliveira. **Processo constitucional**. Rio de Janeiro: Forense, 1984.

BARCELLOS, Ana Paula de. **A eficácia jurídica dos princípios constitucionais**: o princípio da dignidade da pessoa humana. Rio de Janeiro: Renovar, 2002.

BARROSO, Luís Roberto. **O direito constitucional e a efetividade de suas normas**. 5. ed. Rio de Janeiro: Renovar, 2001.

________. **Interpretação e aplicação da Constituição**. São Paulo: Saraiva, 2002.

________. **A nova interpretação constitucional**. Rio de Janeiro: Renovar, 2006.

________. **A dignidade da pessoa humana no direito constitucional contemporâneo**: a construção de um conceito jurídico à luz da jurisprudência mundial. Belo Horizonte: Fórum, 2013.

BAUMAN, Zygmunt. **O mal-estar da pós-modernidade**. Rio de Janeiro: Zahar, 1998.

BEDAQUE, José Roberto dos Santos. **Direito e processo**: influência do direito material sobre o processo. São Paulo: Malheiros, 1995.

BERGEL, Jean-Louis. **Teoria geral do direito**. São Paulo: Martins Fontes, 2001.

BERMAN, Marshall. **Tudo o que é sólido desmancha no ar**: a aventura da modernidade. São Paulo: Companhia das Letras, 1986.

BETTI, Emilio. **Interpretación de la ley y de los actos jurídicos**. Madrid: Editoriales de Derecho Reunidas, 1956.

BITTAR, Eduardo Carlos Bianca. **Curso de filosofia do direito**. São Paulo: Atlas, 2001.

BOBBIO, Norberto. **A era dos direitos**.Tradução de Carlos Nelson Coutinho. Rio de Janeiro: Campus, 1992.

________. **Teoria do ordenamento jurídico**. Brasília: UnB, 1996.

________. **O positivismo jurídico**: lições de filosofia do direito. São Paulo: Ícone, 1999a.

________. **Teoría generale del derecho**. Santa Fe de Bogotá: Temis, 1999b.

BONAVIDES, Paulo. **Curso de direito constitucional**. 11. ed. São Paulo: Malheiros, 2001.

BRASIL. Constituição (1988). **Constituição da República Federativa do Brasil**. Brasília-DF: Senado Federal, 1988.

________. Supremo Tribunal Federal. **Jurisprudência do Supremo Tribunal Federal.** Disponível em: https://jurisprudencia.stf.jus.br. Acesso em: 2 nov. 2022.

BRITO, Edvaldo. **Limites da revisão constitucional**. Porto Alegre: Sérgio A. Fabris, Editor, 1993.

________. Teoria da decisão. **Revista do Magistrado**, Salvador: Tribunal de Justiça, n. 2, 2005.

CAMARGO, Marcelo Novelino. **Leituras complementares de direito constitucional**. Salvador: Juspodivm, 2007.

CANARIS, Claus Wilhelm. **Pensamento sistemático e conceito de sistema na ciência do direito.** Tradução de A. Menezes Cordeiro. Lisboa: Fundação Calouste Gulbenkian, 1989.

CANOTILHO, J. J. Gomes. **Direito Constitucional e Teoria da Constituição**. Coimbra: Almedina, 1991; 3. ed., 1998.

CANOTILHO, J. J. Gomes; MOREIRA, Vital. **Fundamentos da Constituição**. Coimbra: Ed. Coimbra, 1991.

CASTRO, Auto de. **A ideologia jusnaturalista**: dos estoicos à ONU. Salvador: S. A. Artes Gráficas, 1954.

COELHO, Fábio Ulhoa. **Roteiro de lógica jurídica**. São Paulo: Max Limonad, 1997.

COMPARATO, Fábio Konder. **A afirmação histórica dos direitos humanos**. São Paulo: Saraiva, 2005.

________. **Ética**: direito, moral e religião no mundo moderno. São Paulo: Companhia das Letras, 2006.

CUNHA JÚNIOR, Dirley da. **Controle judicial das omissões do Poder Público**. São Paulo: Saraiva, 2004.

________. **Controle de constitucionalidade**: teoria e prática. Salvador: Juspodivm, 2006.

DANTAS, David Diniz. **Interpretação constitucional no pós-positivismo**: teoria e casos práticos. São Paulo: Madras, 2005.

DIDIER JÚNIOR, Fredie. Curso de direito processual civil. 6. ed. Salvador: Juspodivm, 2006. v. 1.

DIMOULIS, Dimitri; MARTINS, Leonardo. **Teoria geral dos direitos fundamentais**. São Paulo: Revista dos Tribunais, 2007.

DINIZ, Maria Helena. **Compêndio de introdução à ciência do direito**. São Paulo: Saraiva, 2005.

DWORKIN, Ronald. **Los derechos en serio**. Tradução de Marta Guastavino. Barcelona: Ariel, 1997.

________. **Uma questão de princípio**. Tradução de Luís Carlos Borges. São Paulo: Martins Fontes, 2000.

ENGISCH, Karl. **El ámbito de lo no jurídico**. Córdoba: Universidad Nacional de Córdoba, 1960.

________. **Introdução ao pensamento jurídico**. Lisboa: Fundação Calouste Gulbenkian, 1988.

ENTERRÍA, Eduardo García de. **Reflexiones sobre la ley y los principios generales del derecho**. Madrid: Civitas, 1986.

ESPÍNDOLA, Ruy Samuel. **Conceitos de princípios constitucionais**: elementos para uma dogmática constitucionalmente adequada. São Paulo: Revista dos Tribunais, 1999.

FERRAJOLI, Luigi. Direito e razão: teoria do garantismo penal. São Paulo: Revista dos Tribunais, 2002.

FERRAZ JUNIOR, Tercio Sampaio. **A ciência do direito**. São Paulo: Atlas, 1980.

________. **Introdução ao estudo do direito**: técnica, decisão e dominação. São Paulo: Atlas, 1994.

FLEINER, Thomas. **O que são direitos humanos?** São Paulo: Max Limonad, 2003.

GADAMER, Hans-Georg. **Verdade e método**: fundamentos de hermenêutica filosófica. Petrópolis-RJ: Vozes, 1997.

GOMES, Orlando. **A crise do direito**. São Paulo: Max Limonad, 1955.

________. **Raízes históricas e sociológicas do Código Civil brasileiro**. São Paulo: Martins Fontes, 2003.

GRAU, Eros Roberto. **Ensaio e discurso sobre a interpretação/aplicação do direito**. São Paulo: Malheiros, 2002.

GRINOVER, Ada Pellegrini. **Garantia constitucional do direito de ação**. São Paulo: Revista dos Tribunais, 1973.

________. **Teoria Geral do Processo**. 14. ed. São Paulo: Malheiros, 1997.

GUERRA FILHO, Willis S. **Autopoiese do direito na sociedade pós-moderna**. Porto Alegre: Livraria do Advogado, 1997a.

________. **Dos direitos humanos aos direitos fundamentais**. Porto Alegre: Livraria do Advogado, 1997b.

________. Sobre o princípio da proporcionalidade. In: LEITE, George Salomão. **Dos princípios constitucionais**: considerações em torno das normas principiológicas da Constituição. São Paulo: Malheiros, 2003.

GUIBOURG, Ricardo A. et al. **Introducción al conocimiento científico**. Buenos Aires: Editorial Universitaria de Buenos Aires, 1996.

GUIMARÃES, Aquiles Côrtes. **Fenomenologia e direitos humanos**. Rio de Janeiro: Lumen Juris, 2007.

GUSMÃO, Paulo Dourado de. **Filosofia do direito**. Rio de Janeiro: Forense, 1985.

HÄBERLE, Peter. The constitutional state and its reform requirements. **Ratio juris**, Oxford: Blackwell, v. 13, n. 1, 2000.

HABERMAS, Jürgen. **Direito e Democracia:** entre facticidade e validade. Tradução de Flávio Beno Siebeneichler. Rio de Janeiro: Tempo Brasileiro, 1997.

HEIDEGGER, Martin. **Ser e Tempo**. Petrópolis-RJ: Vozes, 1997.

HOLMES, Stephen; SUNSTEIN, Cass R. **The cost of rights**: why liberty depends on taxes. New York-London: Norton, 1999.

HORKHEIMER, Max. **Eclipse da razão**. Rio de Janeiro: Labor, 1976.

KANT, Immanuel. **Crítica da Razão Prática**. Tradução de Rodolfo Schaefer. São Paulo: Martin Claret, 2005.

KELSEN, Hans. **Teoria Pura do Direito**. São Paulo: Martins Fontes, 1994.

________. **Teoria Pura do Direito**. São Paulo: Martins Fontes, 1995.

________. **O que é Justiça?** São Paulo: Martins Fontes, 2001.

________. **O problema da justiça**. São Paulo: Martins Fontes, 2003.

KRELL, Andreas Joachim. **Direitos sociais e controle judicial no Brasil e na Alemanha**: os (des)caminhos de um direito constitucional comparado. Porto Alegre: Sérgio A. Fabris, Editor, 2002.

KUHN, T. S. **A estrutura das revoluções científicas**. São Paulo: Perspectiva, 1994.

JORGE JÚNIOR, Alberto Gosson. **Cláusulas gerais no novo Código Civil**. São Paulo: Saraiva, 2004.

LACERDA, Galeno. O Código como sistema legal de adequação do processo. Revista do Instituto dos Advogados do Rio Grande do Sul – Comemorativa do Cinquentenário, Porto Alegre, 1976.

LARENZ, Karl. **Metodologia da ciência do direito**. Lisboa: Fundação Calouste Gulbenkian, 1989.

________. **Derecho Justo**: fundamentos de ética jurídica. Madrid: Civitas, 1993.

LEAL, Rosemiro Pereira. **Teoria processual da decisão jurídica**. São Paulo: Landy, 2002.

LUHMANN, Niklas. **El derecho de la sociedad**. México, D.F.: Universidad Iberoamericana, 2002.

MACHADO NETO, Antônio Luís. **Sociologia do direito natural.** Salvador: Progresso, 1957.

________. **Dois estudos de eidética sociológica**. Salvador: Universidade Federal da Bahia, 1975.

________. **Sociologia jurídica**. São Paulo: Saraiva, 1987.

MARCONDES, Danilo. **Iniciação à história da filosofia**. Rio de Janeiro: Zahar, 1997.

MARINONI, Luiz Guilherme. A jurisdição no estado contemporâneo. In: Estudos de direito processual civil: homenagem ao Professor Egas Dirceu Moniz de Aragão. São Paulo: Revista dos Tribunais, 2005.

MARMOR, Andrei. **Direito e interpretação**. Tradução de Luís Carlos Borges. São Paulo: Martins Fontes, 2000.

MARQUES, Cláudia Lima. **Contratos no Código de Defesa do Consumidor**. São Paulo: Revista dos Tribunais, 2002.

MARTINS-COSTA, Judith; BRANCO, Gerson Luiz Carlos. **Diretrizes teóricas do novo Código Civil brasileiro**. São Paulo: Saraiva, 2002.

MELLO, Celso Antônio Bandeira de. **Discricionariedade e controle jurisdicional**. São Paulo: Malheiros, 1998.

MIRANDA, Jorge. **Manual de direito constitucional**. Coimbra: Coimbra Ed., 2000. t. 4.

MONTESQUIEU, Charles de Secondat, Baron de. O espírito das leis: as formas de governo, a federação, a divisão dos poderes, presidencialismo *versus* parlamentarismo. Introdução, tradução e notas de Pedro Vieira Mota. São Paulo: Saraiva, 1996.

MORAES, Alexandre de. **Direito constitucional**. São Paulo: Atlas, 2006.

MORAES, Maria Celina Bodin de. O conceito de dignidade humana: substrato axiológico e conteúdo normativo. In: SARLET, Ingo Wolfgang. **Constituição, direitos fundamentais e direito privado**. Porto Alegre: Livraria do Advogado, 2003.

MOREIRA, José Carlos Barbosa. A função social do processo civil moderno e o papel do juiz e das partes na direção e instrução do processo. **Revista de Processo**, São Paulo, a. 10, n. 37, 1985.

MORIN, Edgar. **Para sair do século XX**. Tradução de Vera Harvey. Rio de Janeiro: Nova Fronteira, 1986.

MOURULLO, Gonzalo Rodríguez. **Aplicación judicial del derecho y lógica de la argumentación jurídica**. Madrid: Civitas, 1988.

NADAL, Fábio. **A Constituição como mito**: o mito como discurso legitimador da Constituição. São Paulo: Método, 2006.

NADER, Paulo. **Filosofia do direito**. Rio de Janeiro: Forense, 2000.

NERY JUNIOR, Nelson. **Princípios do processo civil na Constituição Federal**. 3. ed. São Paulo: Revista dos Tribunais, 1996.

NEVES, Marcelo C. P. **A constitucionalização simbólica**. São Paulo: Acadêmica, 1994.

________. Constitucionalização simbólica e desconstitucionalização fática: mudança simbólica da Constituição e permanência das estruturas reais de poder. **Revista de Informação Legislativa**, Brasília-DF: Senado Federal, n. 132, out./dez. 1996, p. 321-330.

NINO, Carlos Santiago. **Consideraciones sobre la dogmática jurídica (con referencia particular a la dogmática penal)**. México: UNAM, 1974.

NUNES, Luiz Antônio Rizzatto. **O princípio constitucional da dignidade da pessoa humana**. São Paulo: Saraiva, 2002.

OLIVEIRA, Marcelo Andrade Cattoni de. **Devido processo legislativo**. Belo Horizonte: Mandamentos, 2000.

PALMER, Richard E. **Hermenêutica**. Lisboa: Edições 70, 1999.

PARDO, Davi Wilson de Abreu. **Os direitos fundamentais e a aplicação judicial do direito**. Rio de Janeiro: Lumen Juris, 2003.

PASQUALINI, Alexandre. Hermenêutica: uma crença intersubjetiva na busca da melhor leitura possível. In: BOUCAULT, Carlos E. de Abreu; RODRIGUEZ, José Rodrigo. **Hermenêutica plural**. São Paulo: Martins Fontes, 2002.

PECES-BARBA, Gregório Martínez. **La dignidad de la persona desde la filosofía del derecho**. Madrid: Dykinson, 2003.

PERELMAN, Chaïm. **Lógica jurídica**: nova retórica. Tradução de Virginia Pupi. São Paulo: Martins Fontes, 1998.

________. **Ética e direito**. Tradução de Maria Ermantina Galvão. São Paulo: Martins Fontes, 1999.

PETRINI, João Carlos. **Pós-modernidade e família**: um itinerário de compreensão. Bauru-SP: EDUSC, 2003.

PIOVESAN, Flávia. **Direitos humanos e o direito constitucional internacional**. 4. ed. São Paulo: Max Limonad, 2000.

POPPER. Karl. **O mito do contexto**. Lisboa: Edições 70, 1999.

PORTANOVA, Rui. **Princípios do processo civil**. Porto Alegre: Livraria do Advogado, 1997.

________. **Motivações ideológicas da sentença.** 5. ed. Porto Alegre: Livraria do Advogado, 2003.

RASELLI, Alessandro. **Studi sul potere discrezionale del giudice civile**. Milano: Giuffrè, 1975.

REALE, Miguel. **Fundamentos do direito**. São Paulo: Revista dos Tribunais/ Universidade de São Paulo, 1972.

________. **Teoria tridimensional do direito**. São Paulo: Saraiva, 1994.

________. **Filosofia do Direito**. São Paulo: Saraiva, 1995.

RICOEUR, Paul. **Do texto à acção**. Porto: Rés Ed., 1989.

ROUANET, Paulo Sérgio. **Mal-estar na modernidade**. São Paulo: Companhia das Letras, 1993.

SÁ, Djanira Maria Radamés de. **Teoria geral do direito processual civil**. 2. ed. São Paulo: Saraiva, 1998.

SALDANHA, Nelson. **Ordem e hermenêutica**. Rio de Janeiro: Renovar, 1988.

SANTOS, Boaventura de Sousa. **Pela mão de Alice**: o social e o político na pós-modernidade. São Paulo: Cortez, 1995.

________. **Crítica da razão indolente**: contra o desperdício de experiência. São Paulo: Cortez, 2001.

SARLET, Ingo Wolfgang. **A eficácia dos direitos fundamentais**. Porto Alegre: Livraria do Advogado, 1998.

________. **Dignidade da pessoa humana e direitos fundamentais na Constituição Federal de 1988**. Porto Alegre: Livraria do Advogado, 2001.

SCHLEIERMACHER, Friedrich. **Hermenêutica**. Petrópolis-RJ: Vozes, 1999.

SICHES, Luis Recaséns. **Tratado general de filosofía del derecho**. México: Porrúa, 1959.

________. **Nueva filosofía de la interpretación de derecho**. México: Fondo de Cultura Económica, 1980.

SILVA, José Afonso da. **Aplicabilidade das normas constitucionais**. 7. ed. São Paulo: Malheiros, 2007.

SOARES, Ricardo Maurício Freire. **Hermenêutica e interpretação jurídica**. São Paulo: Saraiva, 2019.

________. **Teoria geral do direito**. São Paulo: Saraiva, 2019.

________. **Sociologia e antropologia do direito**. São Paulo: Saraiva, 2022.

SOUSA, António Francisco de. **Conceitos indeterminados no direito administrativo**. Coimbra: Almedina, 1994.

SOUZA, Carlos Aurélio Mota de. **Segurança jurídica e jurisprudência**: um enfoque filosófico-jurídico. São Paulo: LTr, 1996.

STRECK, Lenio Luiz. **Hermenêutica jurídica e(m) crise**: uma exploração hermenêutica da construção do direito. Porto Alegre: Livraria do Advogado, 2001.

TEPEDINO, Gustavo. **A parte geral do novo Código Civil**: estudos na perspectiva civil-constitucional. Rio de Janeiro: Renovar, 2002.

TEUBNER, Gunther. **O direito como sistema autopoiético**. Lisboa: Fundação Calouste Gulbenkian, 1993.

TORRES, Ricardo Lobo (Org.). **Legitimação dos direitos humanos**. Rio de Janeiro: Renovar, 2002.

TOURAINE, Alain. **Crítica da modernidade**. Petrópolis-RJ: Vozes, 1994.

TUCCI, Rogério Lauria; TUCCI, José Rogério Cruz e. **Constituição de 1988 e processo**. São Paulo: Saraiva, 1989.

VALDÉS, Joaquín Arce y Flórez. **Los principios generales del derecho y su formulación constitucional**. Madrid: Civitas, 1990.

VERDÚ, Pablo Lucas. **Teoría de la Constitución como ciencia cultural**. 2. ed. Madrid: Dykinson, 1998.

VIEHWEG, Theodor. **Tópica e jurisprudência**. Brasília-DF: Departamento de Imprensa Nacional, 1979.

VIEIRA, Oscar Vilhena. **Direitos fundamentais**: uma leitura da jurisprudência do STF. São Paulo: Malheiros, 2006.

WATANABE, Kazuo. **Da cognição no processo civil**. 2. ed. Campinas-SP: Bookseller, 2000.